세계미래보고서 2022

The Millennium Project

세계미래보고서
2022

박영숙 · 제롬 글렌 지음

메타 사피엔스가 온다

비즈니스북스

일러두기

- 인간의 상상력과 기술이 결합해 이전과는 전혀 다른 세상이 펼쳐지고 있으며 인류는 거대한 문명의 패러다임 전환기를 맞고 있다. 이 책에서는 코로나 팬데믹 이후 새롭게 재편된 세상에서 살아갈 신인류를 '메타 사피엔스'Meta Sapiens라 지칭한다. 학계에서 정리된 용어는 아니지만, 시대상을 반영한 관용적 합성어들이 널리 쓰이고 있는 점을 고려해 사용한 상징적 표현이다.
- 한화 표기는 2021년 9월 17일의 환율을 기준으로 정리하였다.

세계미래보고서 2022

1판 1쇄 발행 2021년 10월 19일
1판 12쇄 발행 2022년 9월 7일

지은이 | 박영숙 · 제롬 글렌
발행인 | 홍영태
편집인 | 김미란
발행처 | (주)비즈니스북스
등 록 | 제2000-000225호(2000년 2월 28일)
주 소 | 03991 서울시 마포구 월드컵북로6길 3 이노베이스빌딩 7층
전 화 | (02)338-9449
팩 스 | (02)338-6543
대표메일 | bb@businessbooks.co.kr
홈페이지 | http://www.businessbooks.co.kr
블로그 | http://blog.naver.com/biz_books
페이스북 | thebizbooks
ISBN 979-11-6254-240-8 03320

The Millennium Project

밀레니엄 프로젝트
글로벌 미래연구 싱크탱크

미국 워싱턴 소재 밀레니엄 프로젝트The Millennium Project는 글로벌 미래를 연구하는 그룹으로, 유엔을 비롯해 유엔 산하의 각 연구기관 및 EU, OECD 등 다양한 국제기구와 긴밀한 협조를 통해 인류의 지속가능성을 위한 문제 해결 방안을 연구하고 있다.

밀레니엄 프로젝트는 1988년 유엔의 새천년 미래예측 프로젝트를 기반으로 해 1996년 비정부기구NGO로 창립되었다. 1996년부터 2007년까지 유엔대학교United Nations University, UNU 미국위원회American Council의 후원을 받다가 2008년에는 유엔경제사회이사회 산하 유엔협회세계연맹 World Federation of United Nations Associations, WFUNA 소속으로 활동했으며, 2009년 독립적 국제 비정부기구로 유엔경제사회이사회 산하 NGO로 전환되었다.

전 세계 66개 지부, 각 분야 4,500여 명의 정부공무원, 기업인, 학자 및 전문가를 이사로 두고 지구촌 15대 과제의 대안, 국제사회에 필요한 장기 비전을 제시하고 그에 따른 기회와 위기를 분석하며 필요한 정책 및 전략을 제안하고 보고함으로써 과학적 미래예측을 통해 미래 사회의 위험을 사전에 경고하는 일을 하고 있다.

《세계미래보고서》State of the Future는 밀레니엄 프로젝트 내 4,500여 명의 전문가들이 SoFi, RTD, 퓨처스 휠, 시나리오 기법 등 다양한 미래예측 기법을 활용해 10년 후 미래를 예측하며, 여기에 국제기구 선행연구들을 분석한 자료를 더해 각국 미래연구팀과 유엔 등에 보고하는 보고서로서, 매년 개최되는 세계미래회의Worl Future Society, WFS 콘퍼런스에서 발표하고 있다.

밀레니엄 프로젝트 한국지부는 (사)유엔미래포럼이다.

밀레니엄 프로젝트 네트워크(알파벳순)

아르헨티나 Argentina
Miguel Angel Gutierrez
Latin American Center for
Globalization & Prospective
Buenos Aires, Argentina

호주 Australasia
Anita Kelleher
Designer Futures
Inglewood, Australia

아제르바이잔 Azerbaijan
Reyhan Huseynova
Azerbaijan Future Studies Society
Baku, Azerbaijan

볼리비아 Bolivia
Veronica Agreda
Franz Tamayo University
La Paz & Santa Cruz, Bolivia

브라질 Brazil
Arnoldo José de Hoyos   Rosa Alegria
São Paulo Catholic University   Perspektiva
São Paulo, Brazil   São Paulo, Brazil

벨기에 Brussels—Area
Philippe Destatte
The Destree Institute
Namur, Belgium

불가리아 Bulgaria
Mariana Todorova   Boyan Ivantchev
Bulgarian Academy   Advance Equity and School
for of Sciences   Finance and Insurance
                       Sofia, Bulgaria

캐나다 Canada
Karl Schroeder
Idea Couture
Toronto, ON, Canada

칠레 Chile
Luis Lira
EspecialistaenDesarrollo y Planificación Territorial
Santiago, Chile

중국 China
Zhouying Jin
Chinese Academy of Social Sciences
Beijing, China

콜롬비아 Colombia
Francisco José Mojica
Universidad Externado
Bogotá, Colombia

크로아티아 Croatia
Zoran Aralica and Diana Šimic
Croatian Institute for Future Studies
Zagreb, Croatia

체코 Czech Republic
Pavel Novacek
Palacky University
Olomouc, Czech Republic

도미니카 공화국 Dominican Republic
Yarima Sosa
FUNGLODE
Santo Domingo, Dominican Republic

이집트 Egypt
Kamal Zaki Mahmoud Shaeer
Egyptian—Arab Futures Research Ass.
Cairo, Egypt

핀란드 Finland
Sirkka Heinonen
Finland Futures Research Centre
Helsinki, Finland

프랑스 France
Saphia Richou
Prospective—Foresight Network
Paris, France

독일 Germany
Cornelia Daheim
Future Impacts Consulting
Cologne, Germany

그리스 Greece
Stavros Mantzanakis   Cristofilopoulos Epaminondas
Emetris SA   Phemonoe Lab/Emetris, SA
Thessaloniki, Greece   Thessaloniki, Greece

쿠웨이트 Gulf Region
Ismail Al—Shatti   Ali Ameen
Gulf Inst. for Futures and   Kuwait Oil Company
Strategic Studies   Kuwait City, Kuwait
Kuwait City, Kuwait

헝가리 Hungary
ErzsébetNováky   Mihály Simai
Corvinus University of   Hungarian Academy of
Budapest   Sciences
Budapest, Hungary   Budapest, Hungary

인도 India
Mohan K. Tikku   Sudhir Desai
Futurist/Journalist   Srishti Institute
New Delhi, India   New Delhi, India

이란 Iran
Mohsen Bahrami
Iranian Space Organization
Tehran, Iran

이스라엘 Israel
Yair Sharan
The EPI/FIRST
Jerusalem, Israel

Aharon Hauptman
Tel Aviv University
Tel Aviv, Israel

이탈리아 Italy
Mara DiBerardo
J&J Production Company
Teramo Area, Italy

일본 Japan
Sungjoo Ogino
Chiba, Japan

Shinji Matsumoto
CSP Corporation
Tokyo, Japan

케냐 Kenya
Arthur Muliro
Society for International Development
Nairobi, Kenya

대한민국 Republic of Korea
Youngsook Park
UN Future Forum
Seoul, Republic of Korea

말레이시아 Malaysia
Carol Wong
Genovasi
Kuala Lumpur, Malaysia

멕시코 Mexico
Concepción Olavarrieta
El Proyecto Del Milenio, A.C.
Mexico City, Mexico

몬테네그로 Montenegro
Milan Maric
S&T Montenegro
Podgorica, Montenegro

파키스탄 Pakistan
Puruesh Chaudhary
AGAHI and Foresight Lab
Islamabad, Pakistan

Shahid Mahmud
Interactive Group
Islamabad, Pakistan

파나마 Panama
Gabino Ayarza Sánchez
City of Knowledge Foundation Clayton
Ancón, Panama City, Panama

페루 Peru
Fernando Ortega
Peruvian Association of Prospective and Future Studies
Lima, Peru

폴란드 Poland
Norbert Kolos and Piotr Jutkiewicz
4CF –Strategic Foresight
Warsaw, Poland

루마니아 Romania
Adrian Pop
Centre for Regional and Global Studies
Romanian Scientific Society for Interdisciplinary Research
Bucharest, Romania

남아프리카 공화국 South Africa
Rasigan Maharajh
Tshwane University of Technology
Tshwane, South Africa

스페인 Spain
Ibon Zugasti
PROSPEKTIKER, S.A.
Donostia–San Sebastian, Spain

러시아 Russia
Nadezhda Gaponenko
Institute for Economy, Policy & Law
Moscow, Russia

미국 USA
Brock Hinzmann
Futurist Consultant
Palo Alto, CA, USA

John J. Gottsman
Clarity Group
San Francisco, CA, USA

슬로바키아 Slovakia
Ivan Klinec
Academy of Science
Bratislava, Slovakia

슬로베니아 Slovenia
Blaz Golob
SmartIScity Ltd.
Ljubljana, Slovenia

탄자니아 Tanzania
Ali Hersi
Society for International Development
Dar es Salaam, Tanzania

터키 Turkey
Eray Yuksek
Turkish Futurists Association
Istanbul, Turkey

밀레니엄 프로젝트 네트워크(알파벳순)

우간다 Uganda
Arthur Muliro
Society for International Development
Kampala, Uganda

아랍 에미리트 United Arab Emirates

Hind Almualla
Knowledge and Human
Development Authority
Dubai, UAE

Paul Epping
Philips Healthcare
Dubain, UAE

영국 United Kingdom
Rohit Talwar
Fast Future Research
London, England, UK

우루과이 Uruguay
Lydia Garrido
FacultadLatinoamericana de
CienciasSociales – FLACSO
Montevideo, Uruguay

베네수엘라 Venezuela
José Cordeiro
Red Iberoamericana de Prospectiva, RIBER
Caracas, Venezuela

예술/미디어 네트워크 Arts/Media—Node
Kate McCallum
c3: Center for Conscious Creativity
Los Angeles, CA, USA

메타 사피엔스가 알아야 할
20가지 미래 코드

메타 풍요

세계적으로 풍요로움은 지속적으로 증가한다. 전 세계적으로 중산층 인구가 계속 늘어남에 따라 상대적으로 극빈층 인구는 계속 감소하고 있는 추세다. 고대역폭 및 저비용 통신, 클라우드의 유비쿼터스 인공지능, 인공지능 지원교육 및 인공지능 기반 의료의 발전 등이 끼친 영향으로 풍요는 증가하고 있다. 금융, 보험, 교육 및 엔터테인먼트가 디지털화되는 것은 물론이고 가상현실과 만나 메타버스의 세계로 편입되고 있다. 이러한 변화 덕분에 산업은 더욱 다양하게 확장될 것이며 그로 인한 기회 창출과 수익 역시 상당할 것이다.

메타 연결

글로벌 기가비트 연결은 매우 낮은 비용으로 모든 사람과 모든 것을 어디서나 연결한다. 6G가 배포되고 다양한 글로벌 위성 네트워크, 즉 원웹OneWeb, 스타링크Starlink 등을 출시하면 수조 개의 장치를 연결할 수 있다. 이론상 6G는 5G보다 최대 50배 빠른 통신기술로 1초에 1조 비트를 전송하는 1테라비트란 어마어마한 속도를 가졌다. 나아가 모든 사람이 값싼 유비쿼터스를 활용해 커뮤니케이션할 수 있다. 급속히 늘어나는 초연결 덕분에 추가로 30억 명의 개인이 온라인에 접속하게 되며, 수십조 달러의 글로벌 경제가 성장한다. 이것은 저비용 우주 인터넷, 하드웨어 발전, 5G 네트워크, 인공지능, 재료과학 및 급증하는 컴퓨팅 파워의 융합에 의해 주도된다.

메타 장수

인간의 평균 건강수명이 10년 이상 증가한다. 현재 임상 1상, 2상, 3상 단계에 있는 12개의 획기적인 생명공학 및 제약 설루션이 10년이면 소비자에게 도달 가능해진다. 여기에 해당하는 기술에는 줄기세포 공급 복원, Wnt 경로 조작, 세놀리틱 의약품Senolytic Medicines, 차세대 엔도 백신Endo-Vaccin, GDF-11, NMD/NAD+ 보충 등이 포함된다. 인공지능은 계속 성장하는 머신러닝 덕분에 새로운 의약품 개발에 박차를 가하고, 임상시험 준비가 된 수많은 신약 후보들은 수명 연장에 일조한다. 게놈 시퀀싱, 크리스퍼 유전자 편집 기술, 인공지능, 양자컴퓨팅 및 세포의학이 융합함으로써 이러한 흐름은 더욱 가속화된다.

메타 자본

자본이 풍요해지면 그 자본을 필요로 하는 여러 곳에 자본이 쓰일 수 있다. 지난 몇 년 동안 종자 자본, 벤처 자본 및 국부 펀드 투자 등 전 세계 자본 흐름은 사상 최고치를 기록했다. 이러한 추세는 향후 경기 침체로 인해 약간의 기복이 있겠지만 전체적인 상승 궤도는 계속된다. 이처럼 풍부한 자본은 혁신적이며 상상력 넘치는 기업가적 아이디어를 실현하는 데 쓰이고, 다양한 테스트를 도울 것이다. 풍요로운 자본은 결국 혁신을 가속화한다. 이미 2025년까지 3,000억 달러(약 355조 원)의 크라우드 펀딩이 예상되어 전 세계 기업가의 자본 접근을 민주화하고 있다. 이 변화는 글로벌 연결성, 비물질화, 민주화 및 민주화의 수렴에 의해 주도된다.

메타버스와 아바타

증강현실과 공간 웹은 유비쿼터스에 의해 더욱 강력해진다. 소규모 가게에서부터 광고, 교육, 금융, 엔터테인먼트, 정치에 이르기까지 산업과 분야를 막론하고 상당한 영향을 미치고 있다. 소비자는 디지털이 만들어낸 가상의 세상에서 하루 종일 놀고 배우고 쇼핑하며 살아가게 된다. 자신의 아바타를 통해 현실과는 구별되는 다른 삶을 살게 되는데, 심지어 그곳에서 경제활동도 가능하다. 이러한 미래는 하드웨어, 5G 네트워크, 인공지능, 블록체인, 딥리얼 기술과 컴퓨팅 파워의 융합으로 더욱 가속화될 전망이다.

메타 센서

모든 것이 스마트하고 지능적이다. 저비용 현미경 센서의 폭발적인 증가와 고대역폭 네트워크의 배포가 결합되어 10년 안에 모든 장치가 지능화되는 세상을 맞이한다. 장난감에 부착된 센서 덕분에 아이들이 갖고 노는 장난감은 아이의 얼굴과 이름을 기억한다. 집 안의 사물들은 알아서 창문을 열고, 내가 좋아하는 음악을 틀어주며, 집 안의 온도를 조절한다. 아이의 생일파티에 참석한 모든 아이들이 안전하게 집으로 돌아갈 수 있도록 드론은 그들을 성실하게 따라가며 동영상을 찍어 전송한다. 그뿐 아니다. 칫솔, 변기, 이불 등 우리가 사용하는 모든 물건에 스마트 센서가 장착되어 있는 웨어러블 기기 덕분에 우리는 실시간으로 건강 상태를 체크하고 관리할 수 있다. 혈당 수치, 심장 박동수, 혈압, 바이러스 감염 여부, 혈액이나 세포의 상태 등 모든 것을 세밀하게 진단하고 이상이 감지될 경우 그것을 알려줌은 물론 치료법도 찾아 제시한다.

메타 인공지능

과학자이자 미래학자인 레이먼드 커즈와일_{Raymond Kurzweil}이 예측했듯이, 인공지능은 2030년까지 인간 수준에 도달할 정도로 성능이 고도화된다. 2020년대에 인공지능 알고리즘과 머신러닝 도구는 클라우드에서 사용 가능한 오픈소스가 되어 누구나 활용 가능해진다. 이로써 인터넷에 연결된 개인들이 인지능력을 보완하고 문제해결 능력을 강화하며, 새로운 도전을 할 수 있다. 이 미래 코드는 글로벌 고대역폭 연결, 신경망 및 클라우드 컴퓨팅의 융합에 의해 주도된다. 산업디자인, 의료, 교육 및 엔터테인먼트에 이르는 모든 산업이 영향을 받아 지금과는 사뭇 다른 모습으로 발전한다.

인공지능-인간 협업

'AIaaS' AI as a Service 플랫폼의 부상으로 인해 인간은 모든 산업에서 인공지능과 협력하며 파트너 관계를 맺을 수 있다. 이는 작업의 모든 측면에서 그리고 모든 수준에서 가능해진다. 인공지능은 일상적인 비즈니스 운영에 뿌리를 내리고 창의적인 작업을 지원하며 새로운 아이디어 생성을 도와준다. 이를 통해 이전에는 이루기 힘들었던 혁신을 가능하게 해주고, 함께 일하는 인간 직원의 인지적Cognative 협력자 역할을 한다. 일부 분야에서는 인공지능과의 파트너십이 필수 요건이 될 수도 있다. 예를 들어, 특정 진단을 내리기 위해 인공지능의 상담이 필수 요건이 되는 미래를 가정한다면, 의사가 인공지능 없이 독단적으로 특정 진단을 내릴 경우 과실로 간주될 수 있다.

로봇과의 공생

대부분의 사람들은 삶의 질을 향상시키기 위해 자비스JARVIS와 같은 '소프트웨어 셀'을 채택한다. 알렉사Alexa, 구글 홈Google Home 및 애플 홈팟Apple Homepod과 같은 서비스의 기능이 확장됨에 따라 이러한 서비스는 집에서만 사용되지 않고 영역이 확장될 것이다. 이들은 24시간 내내 모든 대화를 듣고, 이메일을 읽고, 혈액화학을 모니터링하는 등의 권한을 부여하는 안전한 자비스 유사 소프트웨어 셀이 된다. 이러한 데이터에 접속할 수 있는 인공지능 지원 소프트웨어 셀은 사용자의 선호도를 학습하고 사용자의 요구를 예측한다. 반려 기능을 하는 로봇, 의료 행위를 하는 로봇, 치매 환자를 돕는 로봇, 섹스 로봇 등이 보급되면서 인간이 살아가는 데 필요한 모든 영역에서 인간을 지원하고 문제해결을 돕는다.

메타 재생 에너지

전 세계적으로 풍부하고 값싼 재생 에너지를 사용하게 된다. 태양열, 풍력, 지열, 수력, 원자력 및 국지화된 그리드의 지속적인 발전은 인류를 값싸고 풍부한 재생 에너지의 세계로 이끈다. 재생 에너지의 경우 1킬로와트시당 가격이 1센트 아래로 떨어지고, 이는 에너지 저장고의 사용료를 1킬로와트시당 3센트 아래로 떨어뜨린다. 이에 따라 전 세계적으로 화석연료의 대부분을 대체하는 결과를 가져온다.

메타 예방보험

보험산업은 '위험 후 복구'에서 '위험 방지'로 전환된다. 현재 화재보험에서 보상금은 집이나 건물이 탄 후에 지급되며, 생명보험은 누군가 사망한 후에 수급자에게 지급되는 형태다. 건강보험은 아파서 병원에 가거나 약을 먹을 때만 효력을 발휘한다. 그러나 향후 10년 동안 차세대보험 제공업체는 다른 형태로 발전한다. 머신러닝, 유비쿼터스 센서, 저비용 게놈 시퀀싱 및 로봇공학의 융합을 활용하여 위험을 미리 감지하고 재난을 예방하며 비용이 발생하기 전에 안전을 보장하도록 준비금을 지불한다.

메타 교통수단

자율주행차량과 비행 자동차, 하이퍼루프는 가까운 시일 내에 훨씬 더 빠르고 저렴해질 것이며 인간의 여행을 완전히 다른 형태로 재편하게 된다. 완전자율주행차량, 서비스로서의 자동차car-as-a-service 및 항공승차 공유(비행 자동차)는 향후 10년 이내에 주요 대도시 외에도 대부분의 지역에서 완전히 작동하게 된다. 운송 비용은 현재의 30프로 이하 수준으로 떨어져 부동산, 금융, 보험, 재료 경제 및 도시계획을 변화시킨다. 특히 하이퍼루프가 완성되면 일상생활에서 거리의 개념을 재정립하는 것은 물론 화물과 운송업계의 탄소발자국을 줄이고, 이커머스 분야의 효율성을 획기적으로 올리는 등 산업계 전반에서 혁신을 이끌어낼 수 있다. 하이퍼루프는 인류의 삶을 또 다른 경지에 다다르게 할 꿈의 교통수단이다. 이러한 교통의 변화는 삶의 방식과 패턴을 상당 부분 바꿀 것이다. 이것은 머신러닝, 센서, 재료과학, 배터리저장기술 개선 및 유비쿼터스 기가비트 연결의 융합에 의해 주도된다.

메타 주문생산배송

주문형 생산 및 주문형 배송은 사물이 즉각 만들어지고 바로 내 손 안에 들어오는 것을 가능하게 한다. 3D프린터로 음식을 제조하는 전문 업체에 개인의 건강 상태와 관련한 자료를 보내 맞춤한 음식을 배송받을 수도 있다. 그뿐 아니다. 개인의 유전체 분석 기술이 발전함에 따라 개인 맞춤 의료가 활성화되고, 각 개인의 유전자에 딱 맞는 맞춤 약이 만들어지는 것이 가능해진다. 이는 드론과 로봇 라스트 마일 배송서비스 덕분에 더욱 쉬워진다. 원하는 걸 바로 배송받을 수 있으니 우리 집 문 앞에 창고가 있다고 해도 과언이 아니다. 심지어 상하거나 재고가 쌓일 염려도 없다. 이런 경제활동은 디지털과 3D프린팅팜 기술을 더욱 가속화시킬 것이며, 개인 맞춤형 제품들은 언제 어디서나 몇 시간 내에 배송된다. 이러한 혁신적 미래 코드는 네트워크, 3D프린팅, 로봇 공학, 유전체 분석 기술 및 인공지능의 융합에 의해 주도된다.

메타 사물인터넷

언제 어디서나 무엇이든 감지하고 알 수 있는 능력이 생긴다. 우리는 1,000억 개의 센서가 환경의 모든 측면을 모니터링하고 감지(영상, 청취, 측정)하는 시대에 빠르게 접근하고 있다. 글로벌 이미징 위성, 드론, 자율주행차, 라이더LIDAR 및 미래지향적인 증강현실 헤드셋 카메라는 모두 글로벌 센서 매트릭스의 일부다. 이러한 변화는 지상, 대기 및 우주 기반 센서, 방대한 데이터 네트워크 및 머신러닝의 융합에 의해 주도된다. 메타 사물인터넷의 발전 덕분에 앞으로 가장 중요한 것은 '당신이 아는 것'이 아니라 '당신이 하는 질문의 질'이 될 것이다.

나보다 나를 잘 아는 인공지능

우리의 일상생활 곳곳에 인공지능이 파고들어 있다. 사용자 지정 인공지능은 우리의 모든 데이터를 저장하고 학습하고 있으므로 우리가 무엇을 좋아하는지, 무엇을 원하는지, 무엇을 사야 하는지를 우리 자신보다 잘 안다. 우리는 인공지능을 신뢰할 뿐만 아니라 심지어 의존하며 인공지능이 대부분의 구매 결정을 내린다. 때문에 인공지능 개인비서가 쇼핑의 대부분을 담당하게 된다. 인공지능은 과거의 욕구, 현재의 결핍을 파악해 우리의 취향을 완벽하게 알고 있다. 그리고 인공지능이 들을 수 있도록 허용한 대화를 기반으로 우리가 원하고 필요로 하는 것을 정확하게 구매한다. 그뿐 아니다. 이런 현상이 가속화된다면 일반적인 광고는 더 이상 의미가 없어지게 된다. 인간 심리를 이용해 설득하는 광고가 인공지능에게는 효력을 발휘하지 못하기 때문에 광고산업은 종말을 맞는다. 이러한 변화는 머신러닝, 센서, 증강현실 및 5G 네트워크의 융합에 의해 주도된다.

메타 배양육

세포농업은 실험실에서 도심으로 이동하여 더 저렴하고 건강한 고품질 단백질, 배양육을 만든다. 향후 10년 동안 인류가 고안한 가장 윤리적이고 영양가 있으며, 환경적으로 지속가능한 단백질 생산 시스템이 탄생한다. 이러한 세포배양 식품은 지난 1만 년 동안 보았던 것보다 더 놀라운 먹거리의 혁신을 가져올 것이다. 줄기세포 기반의 '세포농업'은 기존의 식량보다 높은 영양성분을 지닌 식량을 효과적으로 만들어낸다. 나아가 훨씬 더 적은 탄소발자국을 남기면서도 언제 어디서나 소고기, 닭고기 및 생선을 생산할 수 있게 한다. 메타 배양육과 식량의 혁명은 생명공학, 재료과학, 머신러닝 및 애그테크_{AgTech}의 융합에 의해 활성화된다.

메타 BCI

고대역폭 BCI Brain-Computer Interfaces가 공개적으로 사용되도록 온라인에 제공된다. 레이먼드 커즈와일은 2030년대 중반에 인간 대뇌피질을 클라우드에 연결하게 될 것이라고 예측했다. BCI 기술은 향후 10년 동안 척수 손상 환자에게 먼저 서비스를 제공하여 환자가 감각 능력과 운동 제어 능력을 모두 회복할 수 있는 엄청난 진전을 보일 것이다. 운동 기능 상실을 지원하는 것 외에도 몇몇 BCI 개척자들은 기본 인지능력을 보완하여 감각, 기억력, 지능을 높일 수 있는 방법을 연구 중이다. 이후 BCI를 통해 인간과 가상공간의 아바타를 연결하면 메타버스 안에서 전혀 새로운 삶을 살 수 있다. 영화 〈아바타〉나 〈매트릭스〉, 〈레디 플레이어 원〉에 나오던 상상 속 세계가 현실이 되는 것이다. 메타 BCI는 재료과학, 머신러닝 및 로봇공학의 융합에 의해 더욱 촉진된다.

아바타로 쇼핑하기

고해상도 가상현실 메타버스는 소매업 및 부동산 쇼핑 모두를 변화시킨다. 고해상도의 경량 가상현실 헤드셋을 사용하면 자기 집 거실에 편안히 앉아서 의류에서부터 부동산에 이르기까지 모든 것을 쇼핑할 수 있다. 예를 들어 새 옷이 필요할 경우, 인공지능은 상세한 신체 치수와 취향을 알고 있으므로 그에 맞는 최신 디자인의 옷 20여 벌을 아바타에게 입혀 패션쇼를 진행한다.

가구 구매도 쉬워진다. 자신의 집과 구조가 똑같은 가상공간에 가구를 배치해 보거나 새롭게 인테리어를 바꿔보는 것도 가능하다. 인공지능이 아니라 나와 똑같이 생긴 아바타가 옷을 입어 보거나 메이크업을 시연하는 일이 일상이 된다. 아바타의 발전은 가상현실, 머신러닝, 고대역폭 네트워크의 융합을 통해 가능하다.

메타 지속가능성

자연재해가 거듭되면서 지구 환경 문제에 대한 우려와 각성의 목소리가 커지고 있다. 그 대안으로 전 세계 기업들은 ESG경영의 필요성에 주목하면서 이를 실천하는 중이다. ESG의 핵심은 지속가능성이다. 이는 현세대가 미래 세대의 경제·사회·환경 자원을 낭비하거나 고갈시키지 않기 위해 노력하면서 상호 조화와 균형을 이루는 것을 의미한다. 전 세계는 재생 에너지 개발에 박차를 가하고 있으며, 기업들은 탄소중립을 위한 구체적인 전략을 실행하는 중이다. 또한 재료과학이 획기적인 발전을 하면서 기업은 폐기물과 환경오염을 대폭 줄일 수 있게 되었다. 한 회사의 폐기물은 다른 회사의 수익을 가져다주는 자재가 된다. 인류와 지구의 지속가능성을 위한 노력은 재료과학, 인공지능 및 광대역 네트워크의 융합을 통해 가능하다.

메타 크리스퍼 유전자 편집기술

크리스퍼 유전자 편집 기술은 인간의 질병 중 난제로 생각했던 것들을 치료하는 핵심 기술이다. 이미 에이즈에서 에볼라에 이르는 광범위한 전염병을 치료할 수 있다. 유전자 편집 기술이 고도로 발달해 정확성과 사용 편의성이 탁월해졌으며 수백 가지의 유전성 질환을 치료한다. 이 기술을 활용하면 타고난 유전의 우월성과 열등성을 그대로 받아들일 필요가 없다. 유전자 조작과 편집으로 유전적 우월성을 만들어낼 수 있기 때문이다. 결국 모든 질병을 치료하는 데까지 발전해 인간의 노화를 늦추고, 인간 수명의 한계를 넘어서는 데도 이바지하고 있다. 크리스퍼 유전자 편집 기술의 발전은 크리스퍼 가위, 유전자 편집 등 다양한 생명공학 기술, 게놈 시퀀싱 및 인공지능의 융합에 의해 주도된다.

CONTENTS

제1장   NEW SPACE ODYSSEY

우주 골드러시의 시대가 열렸다

기업의 미래를 위한 ESG 생존 전략

상상력과 기술의 결합이 만들어낸 신세계, 그곳에서 살아갈 메타 사피엔스

인류는 코로나 팬데믹을 겪고 생존을 위한 리셋을 진행하면서 전에 없던 대변혁을 맞았다. 그리고 팬데믹은 이미 시작된 변화의 흐름을 20년 가까이 앞당겼다. 이 급속한 변화가 많은 혼란을 가져다주기도 했지만, 미래를 예측하는 미래학자들에게 곳곳에서 일어나는 변화와 앞당겨진 미래는 설레는 일이기도 하다. 학자로서 예측한 미래 모습들이 성큼성큼 현실로 다가오는 것을 직접 목격할 수 있기 때문이다. 준비 없이 찾아온 변화의 파도를 어떻게 맞느냐에 따라 그것은 위기가 되기도 하고 기회가 되기도 한다. 또 어떤 놀라운 미래가 우리를 기다리고 있을지 자못 궁금하다.

변화와 혁신의 거대한 물결, 새로운 역사가 시작되다

코로나19가 가져온 변화상은 다양하지만 역시나 사람들이 많이 모여야만 번성하는 산업에서 가장 크게 나타났다. 항공 및 공항산업, 여행 및 관광산업, 호텔 등 숙박업, 식당이나 뷔페 등 요식업, 백화점, 마트, 콘서트나 뮤지컬 등의 공연산업, 스포츠산업, 결혼 및 장례와 관련한 산업, 학교나 학원 등의 교육산업, 석유화학산업, 항구나 항만 등의 조선업 등은 여전히 이전의 영화를 되찾지 못하고 있다.

그러나 이렇게 소멸하는 산업을 대체하는 새로운 산업들이 부상하는 중이다. 항공 및 공항산업의 소멸로 이동이 제한되면서 화상회의 줌이 부상했고, 여행이나 관광 대신 가상현실이 뜬다. 직접 갈 수 없는 해외 여러 나라를 가상현실 속에서 만나는 것이다. 온택트의 발전, 구독경제 활성화, 메타버스의 대두는 산업의 형태를 바꾸며 새로운 미래로 나아간다. 시장이 축소될 수밖에 없는 오프 식당을 운영하는 대신 자기 집 부엌에서 음식을 만들고, 구독경제를 활용해 음식 배달 사업을 할 수 있다. 소액의 구독료를 받으면서 여행, 이벤트, 콘서트를 연다든지 온라인 백화점이나 마트에서 제품을 판매할 수 있다. 매장도 필요 없고 재고가 쌓일 염려도 없으니 오히려 이득이다.

공연장이나 콘서트홀로 관객을 불러들이지 않는다고 걱정할 필요도 없다. 가상공간인 메타버스 세상에서 공연을 펼치면 된다. 래퍼 트래비스 스콧을 비롯해 방탄소년단(BTS), 블랙핑크 등의 가수들이 가상세계인 메타버스에서 콘서트와 사인회를 개최해 폭발적 반응을 얻으며 이미 성공 가능성을 예고했다.

메타버스의 발전은 거의 전 영역에서 가능성의 기회를 열어줄 것이 며 특히 교육에서의 활용도가 높다. 메타버스 속으로 들어가면 교육산 업은 대부분 무료로 전환된다. 마치 실제처럼 눈앞에 펼쳐진 우주공간 에서 수많은 행성들을 탐색할 수 있다. 이제는 지구본을 돌리며 공부할 필요가 없다. 다른 나라의 지리·역사적 특징, 기후 위기가 가져온 변 화들, 녹아내리는 빙하나 해수면 상승, 가뭄과 지진, 쓰나미 등을 메타 버스에서 경험할 수 있으니 교과서에 갇힌 공부에서도 탈피한다. 인공 지능 로봇 교사의 등장도 머잖았으며, 뇌와 컴퓨터를 연결한 BCI 기술 로 교육은 일대 혁신이 일어날 것이다.

새로운 문명의 축이 될 6가지 메타 트렌드

밀레니엄 프로젝트는 팬데믹 이후 인류가 겪게 될 변화와 달라질 세 상의 모습을 예측하고 그것을 《세계미래보고서 2022 : 메타 사피엔스 가 온다》에 담았다. 우주에 닿고자 한 인간의 열망, 노화와 죽음에 대 한 끝없는 도전 등 인간은 늘 한계 너머를 동경해왔다. 그리고 과학기 술의 발전은 인간이 꿈꾸고 상상하던 세상이 현실로 나타나는 것을 목 격할 수 있게 해주었다. 우리는 코로나 팬데믹을 겪으며 문명의 지각변 동을 경험했고 이전과는 전혀 다른 세상을 맞고 있다. 상상력과 과학기 술의 결합이 만들어낸 신세계, 그리고 그곳에서 살아갈 인류를 이 책에서는 '메타 사피엔스'라 부르기로 한다.

먼저 메타 사피엔스가 살아갈 세상의 모습이 어떠한지 예측하기 위해 새로운 문명의 축이 될 메타 트렌드 6가지를 제시한다. 그것은 우주시대, 로봇과의 동거, AI메타버스, 노화의 종말, 기후 위기 극복, ESG경영이다.

우주개발 시대가 본격화되면서 우주산업은 미국과 중국, 러시아 그리고 유럽의 각축장이 되고 있다. 생명공학에 촉각을 곤두세우고 연구에 앞장서던 세계 최고의 IT기업 수장들이 이제는 너나 할 것 없이 우주산업에 뛰어들어 판을 키우는 중이다. 머잖아 인류는 우주에서 휴가를 즐기고 우주로 이주하게 될 것이다.

인공지능 로봇의 발전도 가시적인 혁신을 이루고 있다. 치매 노인 케어나 간호 보조사 역할을 하는 휴머노이드 로봇 그레이스를 비롯해 다양한 반려 로봇이 보급되었다. 인간의 영역으로 여겨지던 예술활동을 하는 로봇이나 인간과 섹스하는 로봇도 이미 존재한다. 로봇 교사, 로봇 간호사, 로봇 요리사, 로봇 바텐더, 로봇 배송, 로봇 자율차 등 이제 인간과 로봇의 동거는 거부할 수 없는 현실이다. 앞으로 인간은 로봇과 사랑을 나누고, 로봇과 협력하고, 로봇의 보살핌을 받으며 함께 살아가게 된다.

현실세계와 가상세계가 교차하고 결합하는 곳에 존재하는 AI메타버스야말로 혁신적인 세상을 열어주었다. 여기에는 모든 가상세계, 증강현실 및 누넷 같은 새로운 인터넷이 포함되는데, 이는 30년 전의 웹처럼 판도를 바꿀 수 있다. 때문에 2030년까지 가장 주목할 만한 것은 바로 아바타 경제다. 인간은 이제 고정된 하나의 장소에서 하나의 정체성으로 살지 않는다. 다양한 가상공간으로 들어가 각자 자신의 개성에 맞는 자아를 선택적으로 표출하면서 아바타로 살아가게 된다. 이처럼 메타버스 시대에는 현실세계의 자아만큼이나 아바타가 중요해진다. 아바타와 디지털 객체를 창조하는 것이 자신을 표현하는 주요한 방법이 되기 때문이다.

인간의 숙명처럼 여겨지던 노화와 죽음은 정말로 극복될 수 없는 걸까? 수명 연장 산업의 대표 주자인 줄기세포 연구와 유전자 편집 기술을 시작으로 과학기술이 고도로 발전하면서 불멸을 향한 인간의 오랜 염원은 그 꿈이 이뤄질 가능성을 보이고 있다. 디자이너 베이비, 냉동인간, BCI 기술, 디지털 트윈, 트랜스 휴먼 등 인간은 노화를 늦추고 생명을 연장해나가는 다양한 방법을 모색 중이다. 마음과 정신을 컴퓨터에 업로드하는 것이 가능해진다면 인간의 영생은 영화 속 상상만은 아닐 것이다.

화려한 신기술이 나온다 한들 지구가 사라지고 인류가 멸망한다면 소용없는 일. 인류는 코로나19로 혼란을 겪고 있지만 이런 현상이 나타난 근본적인 문제는 기후변화다. 2021년 7월 북미 대륙에는 폭염이 덮쳤고, 밴쿠버 동쪽의 작은 마을은 최고 기온이 50도까지 치솟았다. 남극과 북극이 녹아내리고 있다는 것은 주지의 사실이다. 기후 위기에 제대로 대처하지 않는다면 폭염을 비롯한 이상 기후는 재앙의 서막에 불과할 것이다. 때문에 전 세계는 '신기후체제'에 돌입할 준비를 하고 있다. 각국 정부와 기업들은 탄소 대전환 경영, 나아가 탄소중립 목표를 이루기 위해 사업의 형태를 바꾸게 된다. 이런 흐름 속에서 기업들은 ESG 경영에 박차를 가하고 있다.

팬데믹 이후 재편되는 세계 질서, 지속가능한 성장을 위한 노력

레이먼드 커즈와일 박사가 싱귤래리티, 즉 특이점이 다가온다고 예측한 것은 2045년이다. 앞서 말한 변화들이 가속화된다면 바로 한해 전인 2044년 열리게 될 올림픽의 풍경은 어떠할까? 인간 육체의 한계를 뛰어넘는 존재들과 함께 경기를 치르게 될 가능성이 크다. 유전자 편집 기술, 인공지능 기술, 3D프린팅 기술 등의 발전으로 다양한 칩, 센서, 외골격을 장착하거나 뇌파 자극으로 더욱 탁월해진 트랜스 휴먼이나 사이배슬론이 등장할 테니 말이다. 인간 능력의 초능력화로 더 빨리, 더 멀리, 더 유연하게 움직이도록 몸을 만든 선수들이 겨루는 시합장에선 상상을 넘어서는 진풍경이 벌어질 것이다.

그러나 기술발전이 늘 핑크빛 미래를 선물하는 것은 아니다. 아바타가 메타버스 생태계 확장에 핵심적인 역할을 한 것은 분명하지만 가상세계에서 자신의 실체를 숨기고 살 수 있다면, 그만큼 범죄가 일어날 가능성도 커진다. 메타버스가 자리 잡기까지 한동안은 인터넷 초기 시절처럼 많은 사람들이 무질서하게 비즈니스를 하면서 포르노나 혐오물 유포 및 판매, 가짜뉴스, 각종 사기와 사이버 범죄 등이 판을 칠 가능성이 크다. 이런 무질서를 해결하는, 현명하고 유능한 관리자 역할을 하기 위해 AI메타버스 소피아DAO 플랫폼이 개발 중이다. 소피아DAO 는 메타버스 내에 규율을 만들고 관리하고 정제하면서 메타버스 내의 대통령, 리더, 관리자 혹은 일꾼 역할을 모두 담당하게 될 것이다.

기후 위기 역시 기술발전이 만들어낸 어두운 그림자다. 그리고 각국 정부와 기업은 그 대안을 모색해 실천하는 중이다. 미국의 신기술 연구소 리싱크X_{RethinkX}는 〈기후변화에 대한 재고〉 보고서를 통해 에너지, 운송, 식품 이 3가지 주요 산업의 변화로 전 세계 순 온실가스 배출량의 90퍼센트 이상을 줄일 수 있다고 밝혔다. 이 책에서는 전 세계가 함께 실천해야 할 '신기후체제'와 기업들의 ESG경영에 대해서도 자세히 살펴본다.

구글, 페이스북, 테슬라, 아마존, 애플은 지금 어떤 기술을 주목하는가? 전 세계 석학과 전문가들은 인류의 미래를 위해 어떤 제언을 하는가? 인간의 욕망과 상상력은 기술과 만나 어떤 세상을 만드는가?《세계미래보고서 2022 : 메타 사피엔스가 온다》는 낯설고 혼란스러운 변화와 상상하던 그 이상의 모습으로 다가올 미래의 모습을 예측하고, 인류가 지속가능한 생존을 위해 어떤 준비를 해야 하는지에 대한 통찰을 전해준다. 새로운 문명의 축이 될 6가지 메타 트렌드를 자세히 들여다봄으로써 지속가능한 생존과 번영을 위해 인류가 어디로, 어떻게 나아가야 하는지에 대한 혜안을 얻을 수 있을 것이다.

포스트 코로나 사회 변화

(2021. 9. 9)

우리는 코로나 팬데믹을 겪으며 거대한 변화를 맞았다. 새로운 산업의 발전을 가속화하고, 낡은 경영방식을 없애고, 원격 근무, 원격 학습, 원격 의료 등 사회변화와 행동 모드를 수용하게 되었다. 이제 백신 접종으로 집단면역이 형성되면서 극심한 팬데믹을 회복할 날도 머지않았다. 또 다른 세상이 우리를 기다리고 있다.

밀레니엄 프로젝트는 코로나 팬데믹 이후 '세계를 특징 짓는 조건에 대한 판단'을 수집하고자 70여 개국의 지부를 대상으로 설문을 실시했다. 설문 내용은 변화의 분야, 변혁의 조건이 사실로 판명될 것인지 여부, 그 시기, 결과 또는 기타 속성, 그리고 이러한 견해를 유지하는 이유 등이다.

이 연구는 10년 후 우리가 직면할 미래의 결정적인 측면을 예측하는 작업의 일환이다. 설문지의 11개 주제는 각각 3~5년 후에 나타날 세계의 특정한 변화 중 주요한 것들을 간추린 것이다. 이 설문은 리얼타임 델파이를 이용하였다.

신산업들

1970년대에 시작된 개인용 컴퓨터 혁명은 PC산업을 탄생시켰을 뿐만 아니라 새로운 산업 부문(하드웨어, 소프트웨어, 주변장치 등)도 탄생시켰다. 그리고 완전히 새로운 산업(디지털 사진, 전자상거래 등), 새로운 직업 카테고리(웹디자이너, 소셜미디어 전략가)를 만들었다. 코로나19 역시 그러한 패러다임 전환을 가져왔다. 이미 원격 근무, 원격 학습, 인공지능 애플리케이션 및 원격 의료를 촉진했다. 이 외에도 향후 3~5년 동안 새로운 산업, 산업 부문 및 직업 범주가 나타난다. 모든 신산업들은 인공지능을 겸비한다.

메타버스 세상

메타버스는 30년 전의 웹처럼 판도를 바꿀 수 있다. 메타버스는 물리적 세계와 가상세계가 교차하고 결합하는 곳에 존재한다. 가상으로 강화된 물리적 현실과 물리적으로 영속적인 가상공간이 융합되어 생성된 집합적 가상 공유 공간의 집합체다. 여기에는 모든 가상세계, 증강현실 및 누넷 같은 새로운 인터넷이 포함된다. 지구인들이 함께 들어가서 살게 되는 가상 공유 공간에는 초기 인터넷처럼 포르노, 가짜뉴스, 사기 등 악의 모습을 정제, 규제, 관리하여 더 살기 좋은 세상을 만들기 위한 AI메타버스가 만들어져야 한다. 이를 위해 소피아DAO 메타버스를 만드는 등 여러 노력이 시작되었다.

신뢰의 중요성

최근 몇 년 동안 세계 여러 지역에서 신뢰가 감소하고 있다. 신뢰 감소는 여러 분야, 여러 유형에서 발생했다. 그러나 반대로 일부 지역과 일부 이해관계자 사이에서는 신뢰가 증가하고 있기도 하다. 아프간 국민들은 미국에 대한 신뢰를 잃었고, 코로나 대응에 대한 실망감으로 신뢰를 잃은 정부도 있다. 코로나 대응 실패로 일본은 총리가 바뀌었다. 혼란이 거듭되는 세상에서 신뢰의 중요성은 더 커진다. 코로나가 가져온 비대면 문화의 확산은 인공지능 로봇의 도래를 앞당겼다. 이제 인류는 사람과의 대면보다 로봇 교사, 로봇 요리사, 로봇 바텐더, 로봇 배송, 로봇 자율차, 로봇 간호사 그레이스, 드론 택시 등과 더 많은 시간 함께할 것이다. 이는 인간들이 서로에게 신뢰를 잃음으로써 생겨난 변화 중 하나다.

무형의 경제

대차대조표에 유형 자산이 없는 세계 최초의 조만장자 기업이 만들어지고 있다. 이 기업들은 부동산, 공장, 자동차·트럭 또는 장비를 소유하지 않고 지식, 기술, 문화, 데이터 및 코드만 소유한다. 호텔 없이 최대 호텔 체인이 된 에어비앤비 등이 대표적인데, R&D의 중요성이 증가하고 있음을 보여준다. 이는 기업과 국가 모두를 위한 전략적 경쟁 우위의 초석이 된다. 민간 금융은 기술 혁신을 확대하고 심화하기 위해 새로운 자금 조달 모델을 도입해 현대화된다. 증가하는 데이터 볼륨과 알고리즘 분석 기능으로 인해 지식 생성 속도가 상당히 빨라진다. 무형의 경제를 만들거나 관리하는 데는 인공지능이 반드시 필요하다.

돈의 미래

제도적 쇠퇴와 폭주하는 인플레이션은 암호화폐 및 관련 도구의 확산과 채택을 가속화했다. 글로벌화, 개인 및 분산 금융 네트워크는 자유로운 국제 상거래와 세계화를 주도한다. 국가가 지속적으로 돈을 더 찍어내는 데 반해 암호화폐는 제한된 화폐 규모를 지키면서 국민들의 신뢰를 얻는다. 소비자와 기업이 새롭게 성장하는 생태계로 이동함에 따라 익명으로 거래할 수 있는 기능이 강화된다. 이와 함께 불법 활동이 증가하여 거버넌스와 국가의 신뢰도를 더욱 약화시킨다.

집의 플랫폼화

'집'은 코로나 팬데믹으로 변화를 겪는 동안 인간 활동의 진원지가 되었다. 의료, 교육, 직장이 외부에 있지 않고 집 안으로 옮겨졌다. 더 많은 사람들이 백신 접종을 받으면서 사회가 개방되기 시작했다. 이에 따라 주거 공간은 다양한 요구와 활동을 수용할 수 있도록 새롭고 다양한 방식으로 재편되는 중이다. 재택근무를 다시 축소하고 사무실로 복귀할 것을 제안하는 기업들도 있지만, 절반 이상은 재택근무를 영구화했다.

재건

세계는 기후, 오염, 생물 다양성 및 자원에서 지속가능한 임계값을 초과했다. 동시에 전 세계가 맞은 코로나 팬데믹은 환경 파괴가 인류의 생존을 어떻게 위협하는지에 대해 다시 생각하도록 만들었다. 지구를 살리고 인간의 생존을 보장하기 위해서는 각국 정부와 기업 그리고 이해관계자들이 공통의 의제를 설정하고, 눈앞의 이익이 아닌 지속가능한 인류의 생존을 위해 노력할 필요가 있다. 환경 파괴를 막기 위한 대책뿐 아니라, 파괴된 환경을 복원하는 노력과 실천도 필요하다. 기후 위기를 해결하는 재생 에너지, 축산업 혁신 등 환경오염을 줄이는 다양한 기술과 세포농업, 배양육, 비건버거 등 식량 혁명이 진행되고 있다. 이제 인류는 기후, 생태계, 자원 등 모든 분야에서 재생하고 재건하는 방향으로 나아가야 한다.

지역화

세계화에 대한 대중의 반발, 팬데믹으로 드러난 공급망 취약성, 기후 변화와 같은 문제에 대한 다양한 견해로 인해 지역화가 세계화와 보호주의 사이의 중간 지점으로 부상할 수 있다. 각 국가의 봉쇄로 인해 글로벌화된 비즈니스가 다시 로컬화하는 상황을 맞았다. 로컬에서 자급자족하려는 노력은 점점 활성화되는 추세이다. 3D프린터를 활용해 직접 집을 프린트하는 것은 물론 식물 재배, 수직 농장, 베란다 농장 등이 신산업화하고 있다.

조각난 세계

온라인, 디지털 및 물리적 공간은 기술적 민족주의에서부터 다양한 규제 패러다임, 양극화된 온라인 공간에 이르기까지 여러 경향으로 인해 점점 더 혼란스러워지고 있다. 코로나19로 인해 식량이나 식품의 공급 시스템이 단절되면서 생존 시스템이 달라졌다. 그리고 글로벌화된 콘서트나 각종 공연, 연예오락, 이벤트 등에도 단절과 양극화가 일어났으며 온라인 콘서트나 공연으로 대체되는 시대가 왔다. 줌, 슬랙 등 다양한 비대면 기술이 부상했다.

하이브리드 일터

코로나19는 재택근무의 채택을 빠르게 가속화했다. 이것은 근로자의 선호도와 고용주의 기대를 완전히 변화시켰다. 앞으로는 완전한 원격 근무도 아니고 무조건 사무실로 출퇴근하는 것도 아닌, 이 둘이 적절히 혼합된 하이브리드 모델이 나타날 것이다. 어떤 기업은 재택근무를 영구적으로 채택하지만, 어떤 기업은 사무실 복귀를 요구하거나 아예 메타버스 속에 들어가서 일하는 식으로 다양한 일터, 다양한 일의 방식이 생긴다.

전염병 이후 도시화

코로나 팬데믹 이전에 이미 기술 동향, 기후변화 및 인구통계학적 변화가 도시 풍경을 재편하고 있었다. 그러던 와중 코로나19가 덮치며 도시화 추세를 가속화하는 동시에 또 다른 변화의 흐름을 생성했다. 전 세계적으로 팬데믹 경험은 다양한 방식으로 도시의 시민, 거버넌스 및 기업에 영향을 미치고 있다. 전염병이 도시에 미치는 지속적인 영향은 도심 탈출을 불러일으켰다. 코로나 팬데믹이 시작된 지 2년이 되어가는 시점에서 대도시로의 복귀는 쉽지 않을 수도 있다. 사람들은 메타버스 속 가상공간으로 가거나 바다, 숲, 호수가 있는 시골로 가거나 캠퍼Camper로 노마드의 삶을 살며 일하게 된다.

2040년 변화된
미래 사회의 모습

패스트 퓨처Fast Future의 로히트 탈워 대표가 실시한 2040년 미래예측 설문조사를 토대로 변화된 미래 사회의 모습을 정리해본다.

1. 시민의식이 변한다. 개인 데이터에 대한 정부의 접근을 얼마나 허용하느냐에 따라 개인의 권리, 과세 수준, 서비스 접근 및 복지 수당이 결정된다. 즉 정부에 개인 데이터를 많이 허용할수록 더 많은 권리, 서비스, 복지 수당을 받게 된다.

2. 인공자궁에서 아이가 태어난다. 기후변화와 각종 질병, 다양한 알

러지, 정자 감소 등으로 출산이 점점 어려워지고 있다. 출산 기술이 발전해 이러한 문제를 해결해주는데, 아기의 25퍼센트 이상이 인공자궁에서 체외 임신되어 태어난다.

3. 기대수명이 늘어난다. 수명연장 기술, 과학의 획기적인 발전으로 지금 태어나는 신생아의 기대수명은 150세 이상이다. 이들은 건강하고 튼튼한 100세를 맞게 된다.

4. 평생교육의 시대가 온다. 세상이 너무 빨리 바뀌면서 오래된 지식은 버려야만 한다. 태어날 때부터 죽을 때까지 교육에 들어가는 비용은 투자기금, 투자회사에서 지불되며 그만큼 각 개인의 전체 소득과 부의 비율은 낮아진다. 즉 투자회사로부터 교육 지원을 많이 받을수록 소득이나 부의 비율이 낮아진다.

5. 환경오염이 더욱 심해진다. 기후변화와 환경 파괴로 10억 명이 넘는 생명이 사망한다. 기후변화로 해수면 상승이 일어나면서 각종 질병이 나타나고 가뭄으로 농수산물의 감소가 이어진다. 기후변화, 환경오염, 도심인구집중, 과도한 육류 소비 등이 해결되지 않으면 팬데믹은 더 자주 찾아오며, 'With 코로나'처럼 팬데믹은 우리와 계속 함께하게 될 것이다.

6. 로봇과 AI가 일상을 파고들며 자동화가 더 빨리 진행된다. 변호

사, 경찰관, 교사부터 요리사, 조종사, 언론인에 이르기까지 직장과 사회 전반에서 일상적인 역할의 대부분을 인공지능이 수행한다. 중요하지만 일관된 룰이 있거나 반복되는 일은 인공지능이 하고, 인간은 특이한 현상이나 상황, 아주 복잡하여 인공지능이 해결하지 못하는 일을 한다. 혹은 자원봉사 등 의미 있는 일을 하는 데 더 집중한다.

7. 일자리가 준다. 그러나 가장 빠르게 성장하는 직업은 현재는 존재하지 않거나 이제 막 등장하기 시작한 직업(뇌 및 신체증강 기술자, 생활치료사, 개인 건강 및 웰빙 큐레이터 등)이다.

8. 실업률이 증가한다. 노동력의 50퍼센트 이상이 영구적으로 실업 상태이므로, 개인들은 능력을 개발하고 다양한 지역사회 서비스를 수행하는 대가로 주어지는 기본소득으로 생활한다. 대부분의 국가들은 기본소득을 지급할 수밖에 없다. 일자리 소멸로 국민 불안, 의료비용 증가, 폭동 등에 대비해 기본소득을 제공하는 것이 국가 운영에 더 효율적이기 때문이다.

9. 소유권, 특히 부동산 소유권은 기업 소유가 된다. 공유경제가 확산된 지 20년이 지나면서 주택이나 땅 등 부동산의 가격이 거의 고정된다. 주택 대부분을 기업이 소유하고 개인에게 렌트하며 렌트 비용은 기본소득으로 지불한다. 집이나 땅을 산다 해도 시세

차익으로 이득을 볼 수 없기 때문에 개인들 그 누구도 부동산 구
매를 원치 않는다.

10. 암호화 자산이 증가한다. 한국은행 또는 정부가 관리하는 중앙집
중에서 벗어나 주식, 채권, 대출, 모든 형태의 저축 및 투자는 분산
화된다. 토큰화된 글로벌 암호화 경제의 일부가 되면서 모든 자산
이 추적 가능해져 투명하게 운영된다. 각 개인들은 글로벌 암호화
경제 속에 편입되므로 국가의 의미와 경계가 흐려진다. 특히 2029
년, 로켓 비행을 통해 지구촌 모든 곳이 1시간 이내로 연결되어 국
가의 경계는 더욱 허물어진다.

제1장

META SAPIENS

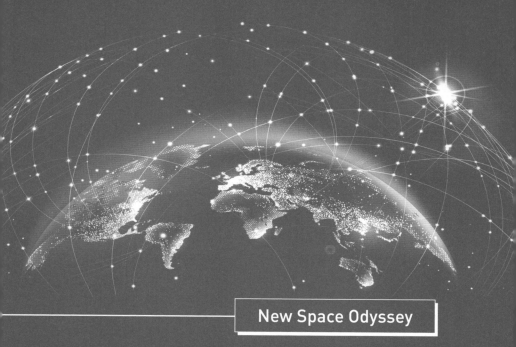

우주 골드러시의
시대가 열렸다

버진 갤럭틱이 2021년 인류 최초로 관광 목적의 우주비행에 성공한 지 10년이 지났다. 아직은 우주여행 상품의 티켓 값이 25만 달러(약 2억 9,600만 원) 정도의 고가라 슈퍼리치나 구독자 1억 명 정도의 레전드 유튜버들에게만 우주여행의 기회가 주어지는 실정이다. 하지만 머지않아 해외여행을 가듯 우주선을 타고 우주호텔 오로라스테이션에서 휴가를 즐길 날이 다가올 것이다.

우주비행선 쇼의 인기도 점차 높아지고 있다. 버진 갤럭틱, 블루 오리진, 스페이스X, 보잉과 오리온 스팬 등 우주관광을 선도하는 글로벌 기업들의 비행선들은 성능과 디자인에서 점점 더 고도화되고 있다. 우주선은 미래주의 미학을 한눈에 경험하는 상징물이기도 하다. 입구에만 들어서도 미지의 세계에 대한 동경을 품게 하고, 실내의 조명들은 우주의 무한한 신비를 느끼게 한다. 탑승객들은 수많은 둥근 투명 유리창을 통해 우주의 장엄한 장관을 360도로 감상할 수 있다.

글로벌 기업들의 우주를 향한 도전과 경쟁은 더욱 심화되었다. 우주 태양광 발전, 우주 인터넷 사업과 우주자원 채굴 사업 등 우주 비즈니스의 영역도 더 넓어지고 있으며 관련한 기술의 발전 속도도 놀라울 정도다. 일론 머스크의 화성 이주 프로젝트는 여전히 논란 거리다. 하지만 달에 인류를 보낸 아폴로 계획 때도 대다수의 사람들이 의구심을 품었지만 결국 성공했듯이, 화성을 향한 인류의 도전도 멈추지 않는다.

전 세계가 가세한 우주전쟁, 승자는 누구?

달의 첫 번째 도시. 전체 면적 약 0.5평방 킬로미터에 인구 약 2,000여 명이 머무는 이 도시는 '버블'이라고 불리는 거대한 돔 5개로 이루어져 있다. 돔의 절반은 땅속에 묻혀 있고 터널을 통해 서로 연결되어 있으나 도로는 없다. 지구 중력의 6분의 1에 불과해 걷는 데 많은 에너지가 들지 않기 때문에 운송 수단이 필요치 않다. 이 매혹적인 달의 도시에는 대부분 억만장자와 관광객이 거주하지만 다수의 노동자와 범죄자도 공존한다.

이 도시는 《마션》The Martian의 작가 앤디 위어Andy Weir가 달을 무대로 한 소설에서 그린 가상도시 '아르테미스'Artemis다. 그런데 이 소설처럼 달에 기지가 만들어질 날이 머지않았다. 세계 각국이 달을 선점하기 위해 그 어느 때보다 치열한 경쟁을 벌이고 있기 때문이다.

우주를 둘러싼 끝없는 패권전쟁

최근 우주개발은 미국과 중국, 러시아 그리고 유럽의 각축장이 되고 있다. 우주전쟁의 포문을 열고 독주해온 미국의 우주개발 트렌드는 정부가 아닌 민간 기업이 주도하고 있다. 특히 세계 최고의 IT기업 수장들이 너나 할 것 없이 우주산업에 뛰어들어 판을 키우는 중이다. 일례로 스페이스X는 NASA의 '아르테미스 프로젝트'에서 달 착륙선 민간 사업자로 선정됐다.

2024년 달에 우주인을 보내는 이 프로그램은 달 궤도 우주정거장 건설과 화물 운송 서비스를 비롯해 달을 다방면으로 탐사하는 달 유인 탐사 계획으로 화성까지 방문하는 게 목표다. 2021년부터 2028년까지 총 7호의 탐사선이 달을 향해 떠날 예정이다. 무인 탐사선으로 비행을 하는 1호와 우주인을 태우고 달 주위를 도는 궤도에 머물렀다가 귀환하는 2호의 경험을 바탕으로, 2024년 3호부터 우주인의 달 착륙이 재개된다. 올해 2월에는 화성에 로버(이동형 탐사로봇) '퍼서비어런스'를 착륙시켰고 최근에는 화성에서 헬기를 띄우는 데도 성공했다.

러시아는 옛 소련 시절 세계 최초로 인공위성과 유인 우주선을 발사했지만, 경제난으로 인한 예산 감소와 부패 문제로 우주개발의 업적을 이어가지 못하고 있다. 1998년 우주정거장이 시작된 이래 미국과 함께 국제우주정거장International Space Station(이하 ISS로 표기) 프로그램에 참여해왔다. 하지만 최근 우주정거장의 노후화와 제재 등의 갈등으로 인해 2025년 탈퇴를 고려하고 있다고 밝혔다. 더불어 미국에 대항해 중국과 손을 잡았다. 중국과 러시아는 미 우주연합체 반대편에 서서 공동으로 우주정거장을 세우기로 한 것이다. 미국의 독주를 막으려는 러시아와 중국의 연합으로, 우주를 둘러싼 미국과의 신경전은 갈수록 치열해지는 상황이다.

중국은 '우주 굴기'를 본격화하고 있다. 중국의 국가 우주 계획과 우주 활동 계획 및 개발을 책임지고 있는 '중국국가항천국'China National Space Administration은 5월에 중국 화성 탐사선 '텐원 1호'가 화성에 무사히 착륙했다고 공식 발표했다. 이로써 중국은 미국과 러시아에 이어 탐사선의 화성 착륙에 성공한 세 번째 국가가 됐다.

또한 2022년 말 중국의 우주정거장이 완성되면, ISS프로그램이 종료되는 시점에서는 유일한 우주정거장이 된다. 2021년 7월에 독자 우주정거장 건설의 핵심 모듈인 텐허에 체류 중인 중국 우주비행사들이 첫 우주 유영에 성공했는데, 이들은 우주정거장 건설을 위한 로봇팔과 카메라 설치 작업 등을 수행한 것으로 알려졌다.

중국은 독자 우주정거장 건설뿐 아니라 달과 화성 탐사, 우주 인터넷, GPS(위성항법시스템), 민간 우주여행까지 전방위적으로 우주 영토를 확장해나간다. 실제로 2014년 우주항공 시장을 개방한 후 민간 우주기업이 100개 가까이 급증했다. 위성 소프트웨어와 소형위성 개발

기업들이 상당수 포함되어 있다. 이 중 랜드 스페이스는 2015년 설립된 저가 발사체 개발업체로 최대 4톤의 화물을 200킬로미터 지구 저궤도에 올릴 수 있는 로켓을 개발 중이다. 현재는 1단 로켓 연소시험을 비롯해 최종 점검이 진행 중이다. 랜드 스페이스는 중국판 스페이스X가 되겠다는 목표하에 설립된 회사로, 2019년에 자체 개발한 '하이퍼볼라 1호' 로켓을 성공적으로 발사했다. 이어 스페이스X의 팰컨9 로켓처럼 1단 로켓 발사 후 다시 지상에 수직으로 내려앉는 '재활용 로켓 하이퍼볼라 1호' 개발에 집중하고 있다.

민간 우주여행에서도 스페이스X나 블루 오리진을 바짝 추격하는 중이다. 중국의 창정로켓 회사는 2024년 이전에 우주관광 프로젝트에 착수할 예정이며, 2035년까지 10~20명을 태울 수 있는 상품을 만드는 것이 목표다. 이처럼 최근 우주개발은 미국과 중국의 대결장이 되고 있다. 심우주와 우주 인터넷에서도 대격돌이 펼쳐질 전망이다.

중국 민간 우주기업들의 성패를 좌우할 핵심 열쇠는 급성장 추세를 보이는 중인 소형위성 발사 시장이 앞으로 얼마나 더 커지느냐다. 글로벌 시장조사기관인 프로스트 앤드 설리번은 2033년까지 소형위성이 2만 기 이상 발사될 것이며, 시장 규모는 2030년 280억 달러(약 33조 1,520억 원)에 이를 것으로 예상한다. 소형위성 발사와 관련한 세계시장이 빠르게 성장할 경우 중국 민간 우주기업들의 기회는 그만큼 많아지고, 미중 사이의 또 다른 대결장이 될 수 있다.

유럽은 여러 나라들이 공동으로 설립한 '유럽우주국'European Space Agency(이후 ESA로 표기)을 중심으로 우주개발에 나서고 있다. 1975년 설립 후 현재는 22개국이 속해 있는데 국가 간 협력으로 우주개발의 효율성을 극대화하고 있다. 지구 관측 분야의 기상 해양 관측 프로그램부터 신기술 통신위성 개발과 심우주 탐사위성들의 발사와 운용에 이르기까지 다양한 우주개발에 힘을 모으고 있다. 성공 사례도 NASA에 뒤지지 않는다.

3인의 괴짜 재벌, '뉴 스페이스 시대' 앞당기다

우주 패권을 둘러싼 국가 간 경쟁보다 더 흥미진진한 대결은 민간 우주산업 분야다. 세계 1, 2위 억만장자인 일론 머스크와 제프 베이조스의 우주 대결은 로켓, 우주선, 위성, 우주여행 등 우주산업 전방위에 걸쳐 벌어지고 있다.

베이조스는 머스크의 독주를 막기 위해 아르테미스 달 착륙선 제조업체 선정 경쟁에 뛰어들었다. 화려한 연구진과 한 팀을 이룬 블루 오리진이 포함될 가능성이 점쳐졌지만, 결국 더 적은 개발비용을 제시한 스페이스X가 단독으로 선정되었다. 하지만 우주를 향한 베이조스의 도전은 이제 시작이다. 그는 아마존 경영 일선에서 물러나면서 앞으로 자신의 시간과 에너지를 블루 오리진에 쏟아붓겠다고 밝혔다.

이들은 모두 인류의 새로운 터전을 개척하겠다는 꿈을 꾸고 있지만 추진 방식은 다르다. 머스크는 화성 도시 건설에 주력하고 있다. 현재 개발 중인 스타십 우주선과 슈퍼헤비 로켓으로 화성기지를 건설하고,

한 번에 100명씩 화성에 보내 '100만 명 화성 거주 시대'를 열겠다는 게 그의 포부다. 최근에는 세계 최대 정보통신기술 박람회인 MWC에서 스페이스X가 6년 넘게 준비해온 스타링크 서비스가 시작될 것임을 알렸다. 스타링크는 지구 저궤도에 소형 통신위성 1만 2,000기를 띄워 전 세계에 초고속인터넷 서비스를 제공하는 프로젝트다.

반면 베이조스는 우주 공간 그 자체에 집중하고 있다. 우주의 어느 공간에 지구를 모방한 거대한 자급자족 주거기지를 건설해 사람들을 그곳으로 이주시키는 게 그가 상상하는 미래다. 이는 1974년 프린스턴대학 물리학 교수 제라드 오닐이 제안한 원통형 우주주거시설 '오닐 실린더'에서 영감을 얻었다. 또한 베이조스는 달과 소행성을 오가는 자원 채굴 사업도 준비하고 있다. 우주관광과 자원 채굴 등의 우주산업으로 2050년까지 매출 1조 달러(약 1,184조 원)를 달성하는 것이 그의 목표다.

최근에는 아르테미스 프로젝트에 참여하게 해달라고 NASA 측에 재요청했다. 개발에 대한 모든 비용을 자비로 충당할 테니 달 탐사에 참여만 시켜달라고 제안할 만큼 적극적이다. 베이조스까지 아르테미스 프로젝트에 참여하면 기업들의 달 탐사 경쟁은 한층 더 가열될 것이다.

이들뿐만이 아니다. 영국의 억만장자이자 괴짜 CEO로 유명한 리처드 브랜슨이 이끄는 버진 갤럭틱도 우주전쟁에 뛰어들었다. '미연방항공국' Federal Aviation Administration(이후 FAA로 표기)으로부터 사상 첫 우주관광 면허를 획득했으며, 실제 탑승객을 태우는 우주여행 프로그램을 성공시켰다. 2022년부터 일반인을 대상으로 하는 우주비행 서비스에도 나설 계획인데, 버진 갤럭틱은 향후 우주비행 티켓을 20만~25만 달러(약 2억 3,700~2억 9,600만 원)에 판매할 계획이다. 이 비행은 이미 600건의 예약이 잡혀 있다.

버진그룹의 우주를 향한 열망은 발사체를 실은 항공기를 발사 플랫폼으로 활용해 공중에서 로켓을 쏘는 쾌거를 이루어냈다. 버진그룹의 자회사인 버진 오빗은 소형위성 우주발사체 전문기업으로, 수년 전부터 퇴역한 보잉기를 개조해 항공기에 로켓 발사대를 설치하여 발사한다는 '런처원'LauncherOne 프로젝트를 기획했다. 2021년 6월, 캘리포니아주 모하비공항에서 2단 로켓 런처원을 탑재한 항공기 코스믹걸Cosmic Girl을 이륙시켜 새로운 방식의 로켓 발사에 성공했다. 1회 발사 비용은 2억~3억 원대로 지상 발사보다 훨씬 저렴하다.

이들 괴짜 재벌들이 추구하는 비즈니스 모델과 성과는 조금씩 다르지만 우주를 향한 열정만큼은 우위를 가릴 수가 없다. 파괴적 혁신을 거듭해온 슈퍼리치들이 벌이는 우주전쟁은 민간 주도 우주산업인 '뉴 스페이스 시대'를 보다 더 앞당길 것이다.

한국과 일본, 우주개발 신흥국의 우주를 향한 꿈

고부가가치 선진국형 산업인 우주산업을 향한 신흥국들의 도전도 시작되었다. 한국도 한미미사일지침 폐기, 아르테미스 조약 서명, 한국형위성항법체계 구축 협력이 이루어지면서 우주산업화에 시동을 걸었다. 특히 미국의 아르테미스 프로그램 참여가 확정되면서 미국 대 중·러의 대결 구도로 나아가고 있는 우주 패권 전쟁에 합류할 기회를 얻었다.

목표는 2022년에 달 궤도선 발사를 시작으로 2029년에는 소행성 아 포피스를 근접 탐사하고, 2030년에는 우리 발사체로 달에 착륙하는 것이다. 이 목표가 제대로 이루어진다면 전기차 등을 만드는 데 필요 한 희귀 원소인 '희토류', 석탄 40톤이 생산하는 에너지를 단 1그램으 로 만들어낼 수 있는 '헬륨-3' 등 달에 있는 자원 채취에 대한 기대감 도 높일 수 있다. 물론 미국과 연합국 간 공조체계 방식이 구체적이지 않아 실질적 이득을 예단하기 어렵고, 기술 종속 관계로 전락할 우려도 있기 때문에 한국만의 비교우위를 선점하는 게 급선무다.

일본의 우주개발국가과학부는 2040년대 초까지 대륙 간 여객 우주 선을 개발할 계획을 발표했다. 원칙적으로 접근방식은 대륙 간 탄도 미 사일이 사용하는 접근방식과 크게 다르지 않다. 로켓은 행성 반대편의 대기로 다시 들어가기 전에 큰 순환 궤도를 따라 탑재물을 폭파하는 데 사용된다. 이 접근방식은 1시간 이내에 대륙 간 여행을 가능하게 할 수 있다.

특히 일본은 화성과 목성 사이에 주로 존재하는 소행성에 매장된 희 귀 금속을 염두에 두고 소행성 탐사에 앞장서왔다. '우주항공연구개발 기구'Japan Aerospace eXploration Agency(이후 JAXA로 표기)의 우주탐사선 '하야부 사 2호'는 지구에서 3억 킬로미터나 떨어진 소행성인 '류구'의 샘플을 호주 사막에 떨어뜨린 데 이어, 2031년 '1998KY26' 소행성에 착륙할 예정이다.

　인구 60만 명에 제주도의 1.4배 면적에 해당하는 국토를 보유한 작은 나라 룩셈부르크. 하지만 우주에서 차지하는 공간만큼은 그 어느 나라보다 크며, 우주탐사 중심지로 주목받고 있다. 부총리 겸 경제부 장관이었던 에티엔 슈나이더가 '우주자원계획'을 주도하면서 2018년에 우주국을 세웠다. 나아가 기업이 소행성에서 채굴한 우주자원에 대한 소유권을 인정하는 법안을 통과시키고 유럽우주청과 연구협약도 체결했다. 이 외에도 아프리카의 케냐, 짐바브웨 등 이미 여러 나라에서 전담 조직까지 신설해 우주개발에 뛰어들었다.

　이처럼 전 세계의 이목은 우주에 집중되어 있다. 모건 스탠리에 따르면, 글로벌 우주산업 규모는 2018년 3,500억 달러(약 414조 원)에서 민간 기업 주도하에 2040년에는 1조 1,000억 달러(1,302조 원)까지 성장할 전망이다. '우주 속 인류'와 '우주 경제'라는 새로운 패러다임을 만들어낼 뉴 스페이스 시대를 향한 각국의 경쟁은 더욱 치열해질 수밖에 없다. 인류의 마지막 블루오션, 우주를 향한 열망은 신세계에서 살아갈 메타 사피엔스에게 분명 새로운 세상을 열어줄 것이다.

지구 밖 자본주의,
우주에서 부를 캐다

달 표면의 자원 채굴 기지에서 자신을 돕는 컴퓨터와 대화하며 외롭게 일하고 있는 한 남자가 있다. 이 남자는 SF영화 〈더 문〉의 주인공 샘 벨이다. 원래는 달 표면에서만 채취 가능한 자원인 '헬륨-3'를 채굴해 지구로 보내는 임무를 맡고 있는데, 통신위성 고장으로 3년간 외부와 단절된 채 지내고 있다. 어쩌면 머잖아 우리가 실제로 경험하게 될 일일 수도 있다.

제임스 카메론의 영화 〈아바타〉도 우주광물 시대를 배경으로 한다. 판도라 행성에서 광물을 캐려는 인간과 원주민의 갈등을 그린 이 영화를 제작한 후, 카메론은 실제로 우주광물 회사에 투자하기도 했다. 그

회사는 지구 근처의 소행성에서 백금 등 천연자원을 캐내는 플래니터리 리소시스다. 구글의 공동창업자 래리 페이지, 마이크로소프트 출신의 억만장자 찰스 시모니 등도 투자한 이 회사는 현재 블록체인 기업 콘센시스에 인수되었다.

미국의 딥 스페이스 인더스트리스는 룩셈부르크 정부와 손잡고 우주광물을 캐는 데 나섰다. 이처럼 우주광물산업도 국가 간의 경쟁을 넘어 민간업체들의 치열한 전쟁터가 되었다.

카메론 감독의 상상을 현실로, 우주광물 시대가 열린다

"앞으로 조만장자는 우주산업에서 나올 것이다."

미국의 비영리단체 X프라이즈재단의 창립자 피터 디아만디스가 첫 조만장자가 탄생할 분야로 꼽는 것은 '소행성 자원 채굴산업'이다. 화성과 목성 사이의 소행성 벨트에는 소행성이 100만 개 이상 몰려 있다. 이 소행성은 무한한 자원의 보고로 하나의 거대한 광산인 셈이다.

그런데 왜 유독 소행성이 우주광물산업에서 주목받고 있을까? 대부분의 소행성은 지구와 같은 분화 과정을 겪지 않아 매우 높은 함량의 금속자원을 가지고 있다. NASA의 보고에 따르면 소행성에는 철 성분 외에도 금·백금·니켈·마그네슘·규소·이리듐 등 다양한 희귀 금속이 철과 결합되어 있는 것으로 알려져 있다. 2015년 지구에 근접한 소행성 2011-UW158은 백금이 1억 톤가량 매장돼 채굴 가치가 5,000

조 원에 이른다. M형 소행성은 지구의 핵과 성분이 유사하고 미분화 소행성에 비해 10배 이상 많은 금속을 함유하고 있다.

우주광물 중 가장 주목받는 것은 '헬륨-3'다. 양성자 2개와 중성자 2개가 결합한 것이 '헬륨-4'인데, 헬륨-3은 여기에서 1개의 중성자가 빠진 구조로 존재한다. 엄청난 에너지를 생산하는 핵융합 발전과 우주선 연료 자원으로 손꼽히는 이상적인 원소다. '헬륨-3' 1그램은 무려 석탄 40톤과 비슷한 에너지를 낸다. 지구상에 존재하지 않기 때문에 원자로에서 만들어지며 가격은 리터당 2,000달러(약 236만 원)에 달한다.

과학계에서는 달에 묻힌 헬륨-3가 대략 100만 톤 정도 될 것으로 추정한다. 이 양이면 현재 인류가 쓰는 전기 기준으로 1만 년 동안 전기를 공급할 수 있는 양이다. 또한 헬륨-3로 만드는 핵융합 발전은 방사능을 배출하지 않는 청정에너지이자 꿈의 자원이다.

최근에는 우주 환경에서 미생물을 활용해 광물을 추출하는 연구가 이루어지고 있다. 영국 에든버러대학의 찰스 코켈 교수 연구진은 〈네이처 커뮤니케이션〉을 통해 우주정거장에서 미생물을 이용해 현무암에서 유용한 광물을 추출하는 실험에 성공했다고 밝혔다. 이 미생물은 '스핑고모나스 데시카빌리스'Sphingomonas Desiccabilis다. 지구에서 구리와 금의 20퍼센트는 미생물을 이용한 이른바 '생물채광'Biomining으로 나온다. 연구진은 생물채광이 중력이 약한 소행성이나 다른 행성에서도 가능한지 여부를 확인하기 위해 우주정거장에서 '바이오락'BioRock 실험 프로젝트를 진행했다. 작은 생물배양기 안에 소행성이나 달, 화성 등에 있는 화산암과 같은 현무암과 지구의 다양한 박테리아를 넣은 것이다.

실험 결과 '스핑고모나스 데시카빌리스'는 중력이 거의 없는 우주정 거장에서도 지구와 마찬가지로 현무암에서 란타넘·네오디뮴·세륨 같은 희토류 원소를 추출했다. 이로써 우주식민지 건설에 필요한 물질을 현지에서 조달할 가능성이 높아졌다.

누가 우주자원 강국의 꿈을 이룰 것인가

우주자원을 활용하는 것은 인류의 미래를 여는 길이며 각국의 경제력에도 큰 영향을 미칠 것이 분명하다. 우주개발을 두고 세계가 각축을 벌이는 이유도 여기에 있다. 그런데 이미 미국이 주도권을 쥐고 있는 것은 거부할 수 없는 사실이다.

브리티시컬럼비아대학의 연구원인 에런 불리Aaron Boley와 마이클 바이어스Michael Byers는 과학 저널 〈사이언스〉에 쓴 논문을 통해, 최근 미국의 정책 움직임은 국제 우주 협력을 단기적·상업적 이익에 초점을 맞추기 위한 노력의 일부라고 주장했다. 미국 시민과 기업이 미국 법에 따라 우주자원을 소유하고 판매할 수 있는 권리를 부여한 '상업적 우주발사 경쟁력법'Commercial Space Launch Competitiveness Act과 아르테미스 임무에 협력하려는 모든 국가가 해당 협정에 서명해야 한다는 NASA의 발표를 근거로 들었다.

이는 상업 우주 채굴이 국제법이 아닌 미국 국내법에 의해 규율될 것임을 선언한 것과 다름없다. 협정의 핵심은 경쟁국이나 다른 기업으로부터 방해를 받지 않는 '안전지대'를 달에 설치하고, 국제법으로 광물을 비롯한 자원의 소유권을 인정하도록 한 것이다.

국제사회에서는 이 협정 추진을 비판하고 있다. 미국이 지배적 위치를 이용하여 국제법의 해석과 우주개발을 위한 명백한 상업적 목표를 추진하려고 하기 때문이다. 또한 우주 채굴은 귀중한 과학 정보를 보유한 퇴적물을 파괴할 수 있다. 게다가 우주 차량에 심각한 피해를 입힐 수 있는 위험한 양의 달 먼지를 유발하거나, 우주쓰레기의 양을 늘리고 위성을 위협하는 등 지구에 영향을 미칠 수 있는 운석을 생성할 수도 있다.

그러나 미국의 추진력에 제동을 걸기는 어려운 실정이다. 우주탐사에서 미국은 흡사 우주선의 운전석을 점유하고 있는 것과 같기 때문이다. 다만 중국의 거센 추격은 막기 어렵다. 스타트업들을 중심으로 중국판 '뉴 스페이스'의 움직임이 시작되었고 민간 우주기업이 100여 개에 이른다. 2050년까지 10조 달러(약 1경 1,800조 원)의 우주경제권을 건설하겠다는 중국의 선언은 우주를 둘러싼 미중 대결의 새로운 국면을 예고하고 있다.

위성 인터넷,
지상 인터넷을 소멸시키나?

2021년 5월, 샌프란시스코 하늘에 10여 개가 넘는 불빛이 나타났다. 이를 목격한 사람들은 SNS에 "UFO가 나타났다."고 알렸다. 일본에서도 최근 하늘에서 밝은 빛을 내며 직선으로 움직이는 불빛을 목격한 사례가 있었다. 그런데 이것들은 모두 UFO가 아니라 스타링크 위성으로 밝혀졌다. 스페이스X는 지구 전역에 스타링크의 글로벌 네트워크 서비스를 제공하겠다는 계획을 차근차근 진행해나가고 있다.

스타링크는 저궤도 소형위성 1만 2,000개를 쏘아 올려 지구 전역에서 이용 가능한 초고속인터넷 서비스를 구축하는 사업으로, 2021년 5월 스타링크의 첫 번째 궤도 위성망 구축작업을 마무리했다. 현재 11

개국에서 한 달 99달러(약 11만 원)의 요금으로 베타 서비스를 제공 중이다.

전 세계를 연결하는 파괴적인 위성 인터넷, 스타링크

위성 인터넷 사업은 우주관광 다음으로 주목받고 있는 뉴 스페이스 분야 중 하나다. 글로벌 투자은행 모건 스탠리는 저궤도 위성통신 서비스 시장이 2040년까지 연평균 36퍼센트 성장할 것으로 내다봤다. 조만간 인공지능 기반의 자율주행 자동차나 도심형 항공 모빌리티Urban Air Mobility 등과 같은 서비스가 실행되면 위성통신 서비스에 대한 수요는 계속 증가할 것이다. 현재 전 세계 인터넷 보급률이 55.1퍼센트 수준인데 우주 인터넷으로 인해 전 지구로 인터넷이 확대되면 막대한 신규 서비스 수요를 창출할 수 있다.

기존에 우리가 사용하는 위성은 3만 6,000킬로미터 상공의 '정지궤도'에 떠 있어서 넓은 범위에 다다를 수 있지만, 데이터 송수신은 오래 걸려 초고속인터넷을 제공하기 어렵다. 반면 스타링크의 위성은 현재 상공 550킬로미터 위치에 떠 있어서 인터넷 전송 속도가 훨씬 빠르다. 스타링크의 추정 속도는 초당 100메가비트 안팎으로 우리나라 인터넷 속도보다 4배가량 빠르다. 스타링크의 목표 속도인 1기가비트가 실현된다면 지금 속도보다 10배 빨라진다.

스페이스X는 2027년 3월까지 '셸'Shell로 불리는 5개의 궤도 위성망을 단계적으로 구축해 1단계 위성 인터넷 사업을 완수할 계획이다. 2025년까지 1만 2,000개의 위성을 모두 쏘아 올린다면 스페이스X의 인공위성 보급률은 세계시장 보급률의 절반을 차지할 가능성이 크다. 또한 저궤도 인공위성 인터넷망 사업과 클라우드 사업의 결합이 본격화되고 있다.

구글은 스페이스X의 스타링크 프로젝트에 클라우드 서비스를 제공하는 계약을 수주했다. 이 서비스는 우선 법인 고객을 대상으로 2021년 하반기 내에 시작된다. 마이크로소프트도 2020년에 스페이스X와 자사의 클라우드 컴퓨팅용 플랫폼 아주르를 스타링크에 접속하는 계약을 체결했다.

스타링크는 전 세계의 모든 지역과 사람들에게 위성 인터넷 액세스를 제공하기 위해 개발한 위성 별자리 프로젝트다. 일론 머스크는 이를 '우리가 주변의 세상을 보고 접근하는 방식을 바꿀 수 있는 웅장한 아이디어'라고 말하며, 새로운 세대의 기술 혁명을 예고했다. 스타링크와 뉴럴링크의 협업을 통해 인공지능, 로보틱스 및 블록체인 기술 분야에도 진출할 예정이다.

스타링크는 무서운 속도로 진행되고 있다. 이미 1,500개의 위성을 궤도에 올려놓았는데 2021년 내에 쏘아 올릴 위성까지 고려한다면 전 세계를 커버할 수준의 통신망을 구축할 수 있다. 최근에는 검은 도료를 칠해 빛 반사를 줄인 '다크샛'DarkSat과 반사방지 패널이 장착된 '바이저 샛'VisorSat을 개발해 시험 발사했다. 이는 지구 저궤도에 수천 기의 군집 위성이 운영되면 위성에서 반사된 빛이 지상의 천체관측을 방해할 수 있다는 천문학계의 반발에 대한 적극적인 대응이다.

스타링크의 가장 큰 장점은 원가절감 능력이 탁월하다는 것이다. 1만 2,000개의 위성을 쏘아 올리는 사업이 10조 원 정도의 자금으로 가능한 이유는 스페이스X가 세계에서 가장 저렴한 수준으로 로켓을 쏘아 올릴 수 있는 기업이기 때문이다. 스페이스X는 자사의 로켓 '팰컨9'을 한 번 쏠 때마다 스타링크에 사용될 저궤도 위성을 60개씩 올릴 수 있다. 로켓을 한 번에 대량으로 쏘아 올리고, 그 발사체를 상당 부분 재사용한다.

스타링크는 전 세계 어디에서나 쉽고 빠르게 인터넷에 액세스할 수 있기 때문에 인터넷 통신이 불안정한 제3세계 국가가 가장 확실한 수혜지다. 이제는 필리핀의 해변과 우간다 캄팔라에서도 넷플릭스를 중단 없이 시청할 수 있다.

황금시장을 선점한 미국과 이를 추격하는 중국

스타링크의 독주를 막기 위해 중국이 팔을 걷어붙였다. 정부가 직접 새로운 인프라 구축 명단에 위성 인터넷을 추가했으며, 저궤도 위성 인터넷을 구축하고 운영할 중국위성네트워크그룹을 설립했다. 스페이스X를 겨냥해 총 1만 3,000개의 통신위성을 쏘아 올릴 계획이다. 중국 위성 인터넷망의 이름은 국가 네트워크라는 의미의 '궈왕'이다.

중국 정부의 차세대 인프라에 위성 인터넷이 추가되면서 민간 위성

기업들의 움직임도 활발해지고 있다. 베이징통신기술개발은 2021년 5월 3,800만 달러(약 450억 원)의 투자금을 유치하고 인터넷 위성 플랫폼 개발에 나섰다. 향후 3~5년 동안 중국 인터넷 위성산업은 폭발적으로 성장하면서 3만~4만 개의 위성이 발사될 예정이다. 이는 스페이스X를 비롯한 미국 위성 인터넷업체들이 계획하고 있는 위성 수에 버금가는 규모다.

위성 인터넷이 인류의 삶을 위협한다?

지구촌 어디에서나 빠른 인터넷 사용이 가능하다는 점에서 위성 인터넷산업은 긍정적인 역할을 할 것이다. 하지만 부작용 또한 적지 않다. 캐나다 브리티시컬럼비아대학 연구진은 국제 학술지에서 '우주 인터넷' 구축을 위해 발사되는 인공위성이 지구 기후에 심각한 문제를 유발할 수 있다는 연구 결과를 발표했다. 인공위성이 대기와 마찰하면 동체에 함유된 알루미늄이 하늘에 흩뿌려진다. 이때 알루미늄은 우주에서 날아오는 햇빛을 반사하는데 이런 상황이 계속 이어지면 '지구의 온도 저하'라는 위기에 봉착할 수 있다.

이 원리는 탄소 감축 노력을 기울여도 온난화 속도를 늦추지 못할 경우를 대비한 지구공학자들의 마지막 카드다. 그런데 우주 인터넷용 인공위성이 다량으로 추락하는 상황이 벌어지면 역으로 지구에는 어떤 생명체도 생존할 수 없는 강추위가 덮친다. 결국 기후 시스템 전반이 흔들리게 된다.

또 다른 부작용은 우주쓰레기를 만든다는 점이다. 스페이스X는 2027년까지 중량 260킬로그램짜리 소형위성 1만 2,000여 기를 띄울 예정으로 그 무게는 총 3,100톤에 이른다. 그런데 이 위성들이 수명을 다하면 매일 약 2톤이 대기권으로 추락해 우주쓰레기가 된다. 이렇게 될 경우 천문학 관측과 라디오 송수신에 좋지 않은 영향을 끼칠 수도 있다. 이에 대한 해결책으로 스페이스X는 스타링크 위성의 궤도를 600킬로미터에서 550킬로미터로 낮추었다. 그리고 반사 차단막을 설치한 프로토타입 위성을 발사했으며 추가적인 태양 가리개를 부착했다.

하지만 현실적으로는 그리 단순하지 않다. 앞으로 스페이스X가 위성을 최대 3만 기가량 더 발사할 예정이고, 중국의 민간 위성기업을 비롯해 블루 오리진과 영국 정부의 지원을 받는 우주개발업체 원웹도 위성인터넷 사업에 박차를 가하고 있기 때문이다. 보다 구체적이고 철저한 대안이 없다면 향후 중차대한 문제로 부각될 수 있다.

우주에서 만든 태양광전기,
지구를 살린다

"이르면 2019년, 달에 태양광발전소가 만들어져서 지구로 전기를 보내올 것이다."

1984년 캐나다의 일간지 〈더스타〉에 실린 기고문의 일부다. 이 글의 필자는 마이크로파로 에너지를 전송할 것이라고도 예측했는데, 태양광발전의 시작 시점은 다르지만 오늘날의 우주 태양광발전소 개념과 대부분 일치한다. 이러한 '우주 태양광발전소'의 아이디어를 맨 처음 제시한 사람은 누구일까?

놀랍게도 과학자도 기업가도 아닌 미국의 SF소설가 아이작 아시모프Isaac Asimov다. 그는 이미 1941년 펴낸 단편소설 《리즌》Reason을 통해 우주정거장에서 태양광발전을 한 뒤 지구로 전기를 전송하는 개념을 선보였다. 이는 인류의 공동자산 중 첫 번째 장치가 될 것이라고도 강조했다. 아이작 아시모프는 우주와 관련한 수많은 미래를 그렸다. 우주 태양광발전뿐 아니라 지구에서는 불가능한 실험을 진행할 수 있는 우주실험실, 우주에 대한 지식을 넓혀줄 수 있는 우주천문대, 우주만의 특별한 자산을 이용해 지구에서는 만들 수 없는 것을 만들어내는 우주 공장의 출현도 예측했다.

아시모프의 놀라운 미래 통찰은 일론 머스크에게 큰 영감을 주었다. 머스크는 인류의 흥망성쇠가 담긴 아시모프의 SF소설 《파운데이션》Foundation을 읽고 우주를 향한 꿈을 꾸게 된 것으로 알려져 있다.

우주 태양광발전, 소설 속 이야기가 현실이 되다

미국 정부는 지금부터 2050년까지 전기자동차 사용으로 인해 전 세계 에너지 수요가 거의 50퍼센트까지 증가할 것이라고 예측했다. 그때까지 석탄, 석유 및 천연가스와 같은 전통적인 에너지의 양을 재생 에너지가 충당할 수 있어야 한다. 태양광 에너지를 비롯해 풍력·수력·조력·바이오 연료 등이 대표적인 신재생 에너지로 주목받고 있다. 하지만 태양광 에너지의 경우 지상에 도달하기 전에 30퍼센트 정도는 반사된다. 투과된 태양광 역시 구름과 먼지, 대기 등에 의해 산란하면서 지표면에 도달할 때는 에너지 효율이 크게 낮아진다. 특히 태양이 비추는 낮에만 태양광발전이 가능하고 계절에 따른 편차도 크다.

우주는 이와 다르다. 날씨와 상관없이 24시간 발전이 가능한 우주에서 전기를 생산해 지상으로 송전한다면, 지상에서 태양전기를 생산하는 것보다 10배 가까운 전력을 생산할 수 있다. 태양을 향하는 궤도에 있는 거대한 태양 돛을 상상해보자. 그것이 포착하는 에너지는 에너지 파동으로 변환된 다음 마이크로파 전송을 통해 지구상의 안테나로 전달된다. 이러한 전송은 현재 레이저 파워빔과 마찬가지로 지구의 대기 및 구름 범위의 영향을 받지 않고, 이 에너지는 지구에서 다시 전기로 변환된다. 이를 실현하기 위해서는 수만 킬로미터 떨어진 곳으로 전기를 전송하고 수만 톤에 이르는 초대형 구조물을 우주 궤도에 건설해야 한다. 그리고 이러한 도전은 더 이상 불가능한 일이 아니다.

우주 태양광발전이 나아가야 할 길

2021년 2월, 미국 CNN 방송은 해군이 우주에서 태양광발전소 관련 실험에 처음으로 성공했다고 보도했다. 이미 국제우주정거장이나 우주선은 태양전지판으로 전기를 생산하고 있는데, 우주 태양광발전소는 여기서 한 발 더 나아가 우주에서 만든 전기를 지구나 다른 행성으로 전송하는 역할을 한다.

미 해군은 지난해 무인 소형 우주왕복선인 X-37B에 '광전 라디오파 안테나 모듈'PRAM을 장착한 소형위성을 실어 발사했다. 태양전지로 태양광을 전기 에너지로 바꾼 뒤, 이를 마이크로파로 변환해 지구로 전송할 계획이다. 미 해군연구소의 폴 자페Paul Jaffe 박사는 피자 박스만 한 PRAM장치가 10와트의 전기를 전송하는 능력을 갖고 있으며, 태블릿 정도는 충분히 작동할 수 있는 전력이라고 밝혔다. 이 팀의 비전은 수십 개의 태양전지판으로 구성된 태양열 농장을 건설하는 것이다.

미국뿐 아니라 여러 나라가 우주 태양광발전에 힘을 쏟고 있다. 일본은 우주 태양광발전을 연구한 최초의 국가 중 하나다. JAXA는 1980대부터 태양전지를 붙인 인공위성을 띄우려는 계획을 추진했고, 2030년경에는 1기가와트급 상업용 우주 태양광발전을 운영할 계획이다.

중국은 2006년도부터 국가 예산을 투입해 연구를 시작했다. 2030년에는 정지궤도에 1메가와트급 태양광발전 위성을 발사한다는 목표로 충칭시에 시뮬레이션 기지를 건설 중이다. 또 2050년까지 1기가와트급 태양광발전 위성을 궤도에 띄워 상용화하겠다는 비전을 제시했다. 러시아와 '유럽연합'European Union(이후 EU로 표기) 및 인도도 우주 태양광발전을 위한 계획을 수립해서 추진 중이다.

아이작 아시모프는 우주 태양광 에너지로 지구가 평화를 찾을 거라고 희망했다. 달에서 만든 전기를 전 세계가 나눠 쓰면서 국가 간 협력이 강화되고 전쟁이 사라지리라 생각한 것이다. 하지만 현실은 조금 다르다. 국가별로 각각 태양광발전소 건립을 시도하고 있으며, 나쁜 의도를 가진 이들이 이 기술을 사용하여 거대한 우주 레이저를 만들 수도 있기 때문이다. 따라서 태양광발전을 위한 무한경쟁만큼이나 이를 무기화하지 못하도록 하는 국제적 공조가 더욱 중요한 상황이다.

우주쓰레기산업

우주쓰레기 청소 사업에 전 세계 돈이 몰린다

2092년의 어느 날, 환경오염과 기후변화로 지구가 병들고 사막화된 뒤 우주 위성궤도에 우주개발업체인 UTS Utopia Above the Sky가 개발한 새로운 거주지가 만들어진다. 화성에 인류가 정착하기 전 지구 궤도에 인공 거주지를 띄워 만든 이 UTS 공간에는 극히 일부의 사람만 정식 비자를 발급받아 거주할 수 있다. 선택받은 소수에 들지 못한 사람들은? 당연히 버려진 지구에서 힘겨운 삶을 이어간다. 그런데 이들 외에도 UTS를 왕래할 수 있는 사람이 있으니 바로 우주쓰레기 청소부다. 이는 영화 〈승리호〉의 배경이지만 2092년 실제 우주의 모습이 될 수도 있다.

사실 우주쓰레기는 이미 발생하고 있으며 머지않은 미래에 인류가 마주할 문제 중 하나다. 그렇다면 우주쓰레기는 왜 발생하는 걸까? 각국이 경쟁적으로 위성을 쏘아 올리는 반면, 그것을 치우는 일은 하고 있지 않기 때문이다. 수명을 다한 인공위성이나 여러 우주발사체의 잔해가 궤도에 남아 있게 되는데 이것이 우주쓰레기다. 만약 영화처럼 극단적 양극화가 나타나는 사회가 된다면 우주쓰레기를 치우는 위험한 일은 노동자 계급의 새로운 일거리가 되고, 우주 공간에는 이들을 태운 청소선들이 떠다닐 것이다.

뉴 스페이스 시대를 위협하는 우주쓰레기

우주의 경이로움과 그것이 주는 혜택은 전기의 발견처럼 인류 역사의 새로운 변곡점이 될 수 있다. 인류는 지구상에서 벌어지는 수많은 도전에 대한 해결책을 점점 더 많이 우주에서 찾고 있다. 그러나 이러한 위성 기반 이니셔티브 때문에 우주는 점점 더 혼잡해지고 있으며 충돌 가능성도 높아지고 있다. 이를 '케슬러 증후군'Kessler Syndrome이라 부르는데, NASA 소속 과학자 도널드 케슬러Donald J Kessler가 1978년에 제기한 최악의 시나리오다. 이 시나리오에 따르면 지구 저궤도의 물체 밀도가 어느 수준을 넘으면 물체들 사이에 충돌이 일어나 우주쓰레기가 생긴다. 그러면 점점 밀도가 높아지고 충돌의 가능성 역시 계속 높아지게 된다.

2018년 4월, 중국의 우주정거장 '톈궁 1호'가 통제 불가능의 상태로 남태평양 한가운데에 떨어졌다. 당시 세계 각국은 추락 궤도를 실시간으로 예측하며 만일의 피해에 대비했다. 8.5톤 무게의 버스 크기만 한 '톈궁 1호'의 잔해가 사람들이 많은 곳에 떨어진다면 위험한 상황을 초래할 수 있기 때문이다. 당시 한국도 추락 예측 범위에 든다는 사실이 알려져서 위성 추락 상황실을 운영하며 만반의 준비를 했었다.

이처럼 우주쓰레기 위협은 점차 현실이 되어가고 있다. 2021년 1월, NASA는 〈우주 파편 감시 보고서〉에서 약 9,000톤의 우주쓰레기가 400~1,000킬로미터 저궤도에서 날아다닌다고 밝혔다. 지름 10센티미터 이상인 파편은 2만 6,000개, 1센티미터 수준은 50만 개가 넘는다. 눈에 잘 보이지도 않는 1밀리미터 크기의 파편은 1억 개가 넘는 것으로 추정된다.

우주 공간에서 이 쓰레기는 총알보다 빠른 속도인 시속 2만 킬로미터로 비행한다. 따라서 1밀리미터 크기의 파편에 인공위성이 맞으면 기능이 마비되어 또 하나의 우주쓰레기가 될 수 있고, 사람이 맞으면 생명이 위험할 수 있다.

앞으로 이러한 문제는 급격히 증가한다. 미국과 중국은 우주 인터넷 구축을 위해 경쟁적으로 저궤도 통신위성을 계속 발사하고 있다. 러시아 또한 우주 패권을 잡기 위해 다시 움직이고 있으며 EU도 우주 경쟁 대열에 합류했다. 인공위성 파편이 사고로 번지는 영화 속 사건을 현실 속에서 마주하지 않기 위해서라도 인류는 우주쓰레기산업에 앞장설 수밖에 없다.

우주쓰레기산업을 향한 각축전

"청소부들은 한 줌도 안 되는 돈을 위해 목숨을 걸고 총알보다 10배나 빠른 우주쓰레기를 좇고 있다."

영화 〈승리호〉에서 우주개발업체인 UTS의 CEO에게 기자가 한 말로, 지배적 우주업체가 만들어낸 불공정한 현실을 지적한 것이다. 영화속에서 기업은 우주개발로 막대한 돈을 벌고, 그 과정에서 발생한 잔해는 저임금 노동력으로 해결한다. 그런데 영화와 달리 실제로 '승리호'를 만들어내는 기업은 엄청난 수익을 거둘 전망이다.

이미 관련 기업들이 속속 등장하고 있다. 우주 청소 기술을 개발하는 대표 기업 중 하나인 스위스의 우주 스타트업 '클리어 스페이스'는 2019년 ESA와 1억 400만 달러(약 1,231억 원) 규모의 우주쓰레기 수거 계약을 맺었다. 2025년에는 세계에서 첫 번째로 우주쓰레기 청소 작업을 벌일 예정이다. '클리어스페이스-1호'는 팔이 4개 달린 로봇 위성을 통해 우주를 청소한다. 로봇 위성이 궤도에 진입하면 부착된 센서가 우주쓰레기를 감지하고 접근해 4개의 팔로 쓰레기를 감싸 쥔 후 지구를 향해 떨어진다. 추락하다가 대기권에 진입하면, 마찰열로 로봇과 잔해물은 모두 불에 타 없어진다.

일본도 우주쓰레기 처리산업에서 두각을 나타내고 있다. 우주 청소기업 '애스트로 스케일'은 로봇 위성을 쏘아 올린 후 접착제를 써서 우주쓰레기를 달라붙게 한 다음 대기권으로 낙하하는 방식을 연구했다. 지금까지 총 210억 엔(약 2,269억 원)의 투자금을 유치했고, 2023년쯤에는 서비스를 상용화하겠다는 게 목표다. 2021년 3월에는 우주 잔해 수거 위성 'ELSA-d'를 러시아의 소유즈 로켓에 실어 지구 저궤도에 올려 보냈다.

러시아의 우주기업인 '스타트 로켓'은 '폼 브레이커스 캐처'Foam Breakes Catcher라는 기술을 이용해 우주쓰레기를 수거하는 위성을 개발 중이다. 이르면 2023년 발사가 목표다. 원통형 위성은 우주쓰레기들이 모여 있는 곳에 끈적끈적한 폴리머 거품을 방출해 여기에 쓰레기 파편들이 붙게 한다. 그런 후 이들을 지구 대기권으로 떨어뜨려 마찰열로 태우는 방식을 활용할 예정이다.

호주의 기술기업 EOS는 7년의 개발 끝에 지구 표면에서 궤도 밖으로 위험한 우주쓰레기를 날려버릴 수 있는 강력한 레이저 제작을 완료했다고 발표했다. 이 레이저는 지구 궤도를 도는 잔해를 정확하게 추적하고 저격할 수 있어서 제대로 작동된다면 우주는 지금보다 더 안전한 공간이 될 수 있다.

'9News'에 따르면, 이 시스템은 실제로 2개의 레이저로 구성된다. 첫 번째 밝은 주황색 빔은 특정 우주쓰레기를 겨냥하고 두 번째 레이저는 샷을 정렬하는 데 도움을 준다. 그런 다음 첫 번째 레이저보다 훨씬 더 강력한 두 번째 레이저가 궤도를 벗어나 더 깊은 공간으로 발사된다. 특히 대기를 매핑한 다음 초당 수백 번씩 만들어지는 지도를 바탕으로 지상의 레이저빔을 수정하기 때문에 우주 공간을 완벽하게 파악하고 저격할 수 있다.

한국도 관련 기술개발을 검토하고 있다. 정부가 내놓은 '2021년

도 우주위험대비 시행계획'을 보면, 우주물체의 충돌이나 우주 위험
에 대비한 기술개발을 위해 약 130억 원의 예산을 투입할 예정이다.
또 우주쓰레기 제거 기술개발을 위한 '국제우주잔해물조정위원회'Inter-
Agency Space Debris Coordination Committee, '국제민간항공기구' International Civil Aviation
Organization 등 국제 협의체에도 참여할 계획이다.

100만 유튜버는
이제 우주에서 영상을 찍는다

"이번 휴가 여행은 어디로 갈까?"

"이왕이면 우주로 가자. 유튜브 영상도 찍어서 올리고!"

"그럼 스페이스X, 블루 오리진, 버진 갤럭틱의 우주여행 상품에 어떤 게 있는지부터 알아볼게."

휴가 여행지로 우주가 거론될 날이 머지않았다. 미래는 언제나 그렇듯 우리의 생각보다 훨씬 더 가까이 다가와 있다. 미국 플로리다에 본사를 둔 우주여행 스타트업 '스페이스 퍼스펙티브'는 성층권 우주여행 티켓 판매를 시작했다. 수소로 가득 찬 거대한 풍선에 '스페이스십 넵튠'이라는 우주 캡슐을 매달고 시속 19킬로미터 속도로 운행하는 성층권 여행을 준비 중이다.

티켓 가격은 좌석당 12만 5,000달러(약 1억 4,800만 원)로, 8명의 승객과 조종사 한 명은 거대한 풍선에 매달린 우주 캡슐에서 약 6시간을 보낼 예정이다. 고도 30킬로미터 상공에서 진행되는 성층권 여행은 기존의 높은 고도에서 본 지구의 모습과는 확연히 다른 전경을 보여줄 것이다.

베이조스, 은퇴 기념으로 우주로 여행을 떠나다

아마존 CEO직에서 물러난 제프 베이조스는 자신의 인스타그램에 우주여행 계획을 밝혔다. "5살 때부터 우주여행을 꿈꿔왔다. 7월 20일에 내 형제와 우주로 갈 것이다. 가장 위대한 모험을 가장 친한 친구와 함께."라는 글을 올렸다. 베이조스는 이 계획대로 은퇴여행을 우주로 떠났다. 2021년 7월 20일 블루 오리진의 '뉴 셰퍼드' 로켓을 타고 고도 100킬로미터 이상 우주 비행을 성공적으로 마쳤다. 이 우주여행에는 승객 4명이 탑승했으며 지구와 우주의 경계인 고도 100킬로미터 '카르만 라인'을 돌파했다.

이 비행의 성공으로 블루 오리진은 본격적으로 우주관광 상품 개발에 나서고 있다. 뉴 셰퍼드 탑승권 경매에는 136개국에서 5,200여 명이 참여했으며 좌석 1석의 응찰가가 240만 달러(약 28억 4,160만 원)까지 치솟았다. 결국 탑승권은 2,800만 달러(약 331억 5,200만 원)에 팔렸다. 추후 선보인 관광상품의 가격은 20만 달러(약 2억 3,680만 원) 수준이 될 것으로 보인다.

준궤도 우주여행 시장을 두고 블루 오리진과 경쟁하고 있는 버진 갤럭틱의 리처드 브랜슨 회장은 베이조스보다 먼저 우주비행에 나섰고 성공적인 비행을 마쳤다. 2021년 7월 11일 뉴멕시코주 스페이스포트 우주센터에서 'VSS 유니티'를 타고 우주로 향했다. 아쉽게도 카르만 라인까지는 도달하지 못한 채 우주경계선에서 무중력 상태를 잠시 체험하며 지구를 조망하고 왔다. 하지만 이 성공을 기점으로 본격적인 우주관광 빅뱅 시대가 열렸다. 버진 갤럭틱은 올해 두 차례 더 시험 비행을 하고, 내년부터 본격적으로 우주관광 서비스를 시작할 계획이다. 25만 달러(2억 9,600만 원) 가격의 버진 갤럭틱 우주관광 티켓을 사전 구매한 고객은 600여 명에 이른다.

누구나 우주 여행을 갈 수 있는 그날이 다가온다

"인류는 화성에 도시를 건설해 우주로 여행하는 문명을 만들어야 한다. 우리는 더 이상 단일 행성인 지구에만 머물지 않고 여러 행성에 거주하는 종Species이 돼야 한다."

인류의 화성 이주를 꿈꾸는 일론 머스크의 말처럼 우주로 여행을 떠나는 문명의 그날이 다가오는 중이다. 일론 머스크가 이끄는 스페이스X가 2021년 9월 15일 플로리다주 케네디 우주센터에서 민간인 탑승객 4명을 태운 우주선 '크루 드래건' 발사에 성공했다. 이 여행 프로젝트의 이름은 '인스퍼레이션4'Inspiration4로, 전자결제 플랫폼인 시프트 포 페이먼츠의 공동창립자 겸 최고경영자 재러드 아이작맨Jared Isaacman이 기획했으며 그가 직접 참가해 여행팀을 지휘했다. 전문 비행사가 동승하지 않고 민간인으로만 구성된 첫 지구 일주 비행으로, 여행 코스는 사흘이며 1시간 30분마다 한 번씩 지구를 돌게 된다.

이는 앞서 우주비행에 성공한 리처드 브랜슨이나 제프 베이조스의 우주비행보다는 더욱 진전된 것으로 평가되고 있다. 브랜슨은 버진 갤럭틱의 우주비행선을 타고 고도 86킬로미터까지 날아갔고, 베이조스는 블루 오리진 로켓을 타고 고도 100킬로미터 '카르만 라인'을 돌파한 뒤 지구로 귀환했다. 그러나 불과 몇 분 동안 중력이 거의 없는 '극미중력'microgravity 상태를 체험하는 저궤도 비행이었다. 반면 스페이스X 우주선은 발사 10분 뒤 고도 575킬로미터 궤도에 올랐다. 국제우주정거장보다 160킬로미터 더 높은 고도까지 오른 것이다.

스페이스X는 이번 비행을 시작으로 우주관광에 더욱 속도를 낼 예정이다. 2022년 초에는 퇴역한 전직 우주비행사와 사업가 3명이 우주정거장으로 비행을 한다. 이들은 일주일 동안 ISS 체험 관광을 할 예정이다. 또 2026년에는 화성에 승객 100명을 태운 유인 우주왕복선 '스타십'을 보낼 계획이다.

중국도 우주여행을 향한 도전을 시작했다. 중국 기업인 창정로켓유한 회사는 2024년 민간인 우주관광 프로젝트에 착수했다. 이 프로젝트는 고도 35~300킬로미터 상공에서 비행하는 것으로, 2035년까지

10~20명을 수용하는 장거리 투어 그룹을 만드는 게 목표다. 창정로켓의 발족은 중국에서 우주산업의 상업화 시대를 열고, 우주여행 등 다양한 분야에서 민간 기업의 투자를 유발할 것이다.

민간 우주선 개발 기업들의 약진으로 일반인들도 우주여행을 갈 수 있는 시대가 곧 열릴 전망이다. 문제는 비용인데 좀 더 싼 가격에 우주여행을 할 수 있는 다양한 연구도 이어지고 있으니 기대해볼 만하다. 그중 가장 대표적인 방법이 바로 '우주 엘리베이터'다.

우주 엘리베이터를 만드는 아이디어는 약 110년 전에도 있었다. 1895년 러시아의 과학자 콘스탄틴 치올콥스키Konstantin Eduardovich Tsiolkovsky가 '긴 케이블을 팽팽하게 설치하고 엘리베이터가 그 케이블을 따라 움직이는 아이디어'를 제안했다. 지구정지궤도는 위성이 지구의 자전 속도와 같은 속도로 공전하는 궤도를 말하는데 지구정지궤도 위성은 지구의 한 면만 계속해서 바라본다. 따라서 지구에서 10만 킬로미터 떨어져 있는 공중기지와 지구를 끈으로 연결하면 끊어지지 않고 계속 연결된 채로 있을 수 있다. 이 원리를 이용해 지구 중력으로 내려왔다가, 전기 또는 자기의 힘으로 올라가는 엘리베이터를 설치하는 것이다.

실제로 이 아이디어를 바탕으로 일본의 한 건설 회사에서 우주 엘리베이터를 짓기 위한 연구를 하고 있다. 2025년까지 지구에 케이블을 고정하는 기지를 세우는 것을 시작으로 2050년까지 우주 엘리베이터를 완성하겠다는 계획이다.

그 외에도 우주 엘리베이터에 관한 연구는 이어지고 있다. 천체물리학 연구자인 케임브리지대학 제피르 페노이어Zephyr Penoyre와 컬럼비아 대학 에밀리 샌포드Emily Sandford는 '우주 엘리베이터에 가까운 건축물을 현존 기술로 개발할 수 있다'는 내용의 논문을 '아카이브'arxiv.org에 공개했다. 이는 지구에서 우주로 이동하는 엘리베이터가 아니라 달 표면에서 지구 정지위성 궤도까지 연결하는 엘리베이터다.

이 '스페이스라인'Spaceline을 이용하면 물자수송에 필요한 연료가 3분의 1로 감소할 것으로 보인다. 아직까지 가능성이 구체화되지는 않았지만 기존 우주 엘리베이터보다 저비용으로 물자수송이 가능하다는 점에서 주목할 만한 연구라 할 수 있다.

우주 부동산 시대가 열린다

달의 토지를 파는 회사가 있다. 미국인이 설립한 부동산 회사 '루나 엠버시'는 전 세계적으로 600만 명 이상의 고객들과 110억 원 이상의 달 토지 거래를 성사시켰다. 달의 토지를 어떻게 거래할 수 있을까? 지금까지 체결된 우주 조약은 국가와 정부단체 간의 협정으로, 개인의 소유를 금지하는 국제법이 없다는 맹점을 이용해 달 소유권을 주장하고 있다.

실제로 1980년 샌프란시스코 지방법원은 달 소유권을 인정하기도 했다. 루나 엠버시는 이런 법적 근거를 바탕으로 달 1에이커(약 1,200평) 토지를 약 20달러(약 2만 원)에 판매하고 있다. 미국에서는 카터 전 대통령과 부시 전 대통령, 영화배우 톰 크루즈 등이 달 토지를 구입했다.

미국의 우주기술 스타트업 비글로 에어로 스페이스는 차세대 상업 우주정거장 건설과 관광 사업에 나섰다. 호텔 재벌인 로버트 비글로가 세운 이 회사는 공 모양의 팽창형 우주 거주지 프로토타입을 이미 ISS에 연결해 테스트하고 있다. 2022년까지 팽창형 우주 거주지를 제작해 우주에 띄우는 게 목표다. 1년 이상 테스트를 했는데 공기압력, 방사선 수치, 안전성 등에서 문제가 없다는 평가를 받았다.

NASA는 3D프린터를 이용해 미래 화성 거주지를 세우는 '화성 X-하우스' 프로젝트도 진행 중이다. 3D적층기법을 이용해 거주공간을 자동으로 만드는 것이다. 3D프린팅 건설 기술을 보유한 서치 플러스와 아피스 코르가 공개 경쟁을 통해 프로토타입을 제작하고 있다.

위성을 통한 광고의 시대가 온다

오늘날은 온라인 광고의 시대다. 대형 건물의 전광판과 달리는 버스의 광고 등 오프라인 광고보다 각종 온라인 플랫폼에서 접하는 광고의 양이 폭발적으로 증가했다. 그런데 이제는 우주에서 광고를 볼 수 있는 시대가 다가오고 있다. 러시아 기업 스타트 로켓은 인공위성을 활용한 광고 플랫폼을 구축하겠다고 밝혔다. 일반 위성보다 저렴한 가격인 초소형위성을 활용해 태양 빛을 반사시켜 하늘 위에 로고나 광고 문구를 띄우는 방식의 광고를 계획 중이다. 만약 스타트 로켓의 계획이 성공한다면, 조만간 별이 아니라 수많은 광고 문구가 떠 있는 밤하늘을 볼 수 있을 것이다.

캐나다 연구개발 회사 GEC도 스페이스X와 협력해 광고 위성을 발사할 예정이다. GEC의 공동창업자 새뮤얼 리드_{Samuel Reid}는 우주에 광고 영상과 로고 등을 표시하기 위해 셀카봉과 한쪽 면에 디스플레이 화면이 장착된 큐브샛_{CubeSat} 위성을 개발하고 있다고 밝혔다. 큐브샛은 2022년 스페이스X 팰컨9 로켓을 타고 우주로 날아갈 예정이다. 이 인공위성이 우주 궤도에 오르면, 위성 측면에 부착된 셀카봉이 위성에 있는 디스플레이 화면을 촬영하고 이 영상은 지구의 유튜브나 트위치 등에서 실시간으로 중계된다.

우주 광고 시대를 앞두고 '밤하늘을 훼손하는 행위이며 전파 방해가 일어날 것'이라는 우려의 목소리도 커지고 있다. 미국에서도 이와 관련한 법적 규제가 필요하다는 입장을 보이기도 했다. 무엇보다 항공 안전에 어떤 영향을 미칠지에 대해서 신중한 논의가 필요하다.

우주에서 먹고 마시고 즐기는 '우주엔터' 시대가 열린다

미국의 우주개발 회사 오비탈 어셈블리는 2027년 세계 최초의 우주 호텔인 '보이저 스테이션'_{Voyager Station}을 열 예정이다. 이 호텔은 지구 중력의 6분의 1에 해당하는 인공중력으로 작동되는 최초의 상업용 우주 정거장이 될 것이다. 지구 표면에서 500킬로미터 떨어진 상공에 세워

질 이 우주정거장은 거주형 모듈 24기와 대형 식당, 영화관, 콘서트 홀 등 초호화 시설을 갖추게 된다. 최대 400명이 머무르며 우주쇼 관람은 물론, 냉동 건조 아이스크림을 비롯한 우주 음식도 맛볼 수 있다.

관광객들은 라운지에서 우주 풍경을 만끽하고, 달 중력을 느끼며 농구나 암벽등반 등의 스포츠를 즐기는 것도 가능하다. 또한 90분마다 지구를 공전하면서 지구의 구석구석을 관찰하거나 정거장 밖으로 나가 우주를 산책하는 놀라운 경험도 할 수 있다. 이 호텔의 이용료는 3박 4일에 5,000만 달러(약 592억 원)로 책정된 상태다.

2021년 12월에 우주정거장을 여행할 '소유즈 MS-20'의 탑승객 중에는 일본의 괴짜 억만장자로 알려진 마에자와 유사쿠와 그의 촬영기사 히라노 요조가 포함되어 있다. 마에자와가 이 여행에 참여한 목적은 2가지다. 하나는 달에 가기에 앞서 좀 더 가까운 곳에서 우주비행을 체험하기 위해서다. 마에자와는 2023년 달 궤도를 도는 스페이스X 스타십 여행의 8개 좌석을 구입했으며, 함께 여행할 동반자를 모집하고 있다.

또 다른 목적은 창의적인 콘텐츠를 제작하기 위해서다. 그는 우주에서 할 수 있는 다양한 아이디어를 모집 중인데, 포켓몬고 게임을 플레이하는 등의 엉뚱하고 기발한 아이디어들이 속속 접수되고 있다. 무엇보다 흥미로운 점은 마에자와가 SNS와 유튜브를 통해 우주여행 계획 및 실행 과정을 지속적으로 공유하며 대중의 관심을 끌고 있다는 점이다. 그는 우주정거장에 머물면서 자신이 계획한 아이디어를 실현하는 과정을 동영상으로 촬영해 유튜브에 공개할 예정이다. 이는 다가올 우주엔터 비즈니스의 시작이라 할 수 있다.

《뉴욕타임스》는 '우주가 관광과 엔터테인먼트 활동의 새로운 무대가 되고 있다'고 보도했다. 스페이스X, 블루 오리진 등 억만장자들의 우주 개발 경쟁과 새로운 시장을 개척하려는 스타트업들의 도전 덕분에 해외여행을 가듯 우주에 다녀오게 된다. 컴퓨터 그래픽이 아닌 실제 우주를 배경으로 한 TV 프로그램이 방영되는 시대가 곧 열릴 수도 있다.

실제로 세계 유수의 방송사와 제작사들이 이미 우주여행을 소재로 한 콘텐츠를 기획하고 있다. 우선 다큐멘터리 채널 디스커버리가 2022년에 우주인 선발 오디션 프로그램을 방영한다고 밝혔다. 이 프로그램의 제목은 '누가 우주인이 되고 싶은가'Who Wants to Be an Astronaut로, 10명의 후보가 참여해 각종 과제를 수행하며 우주인이 되기 위한 경쟁을 벌인다. 최종 선발된 후보는 스페이스X의 팰컨9 로켓을 타고 지상 400킬로미터 궤도에 있는 우주정거장을 방문하는 행운을 거머쥐게 된다. 디스커버리는 일반인이 우주관광을 다녀오는 모든 과정을 TV 쇼를 통해 중계할 예정이다. 이 오디션은 미국 휴스턴의 스타트업 엑시옴 스페이스가 기획했다.

우주에서의 영화제작도 구체화되고 있다. 배우 톰 크루즈는 우주정거장에서 새로운 SF영화를 촬영할 예정이다. 이 외에 러시아 영화감독 클림 시펜코와 영화배우 율리아 페레실드도 영화 제작을 위해 우주정거장으로 간다. 이 모든 과정을 방송 콘텐츠로 제작해 러시아의 TV 채널 '채널 원'에서 방영하기로 했다.

이제는 우주에서 제작하는 리얼 콘텐츠가 새로운 트렌드가 될 것이다. 유튜브 구독자 5,000만 명 혹은 1억 명을 달성해 채널 아이콘이나 레드버튼을 받은 세계적인 유튜버들이 우주에서 콘텐츠를 만들 날이 머지않았다.

'백 투 더 문'은
우주 거버넌스에 달렸다

정확한 연도를 알 수 없는 5월의 어느 날, 화성인들이 지구에 나타난다. 사전에 소식을 들어 알고 있던 미국의 제임스 데일 대통령은 그들을 맞을 채비를 마친다. 중요한 것은 그들과 평화로운 관계를 맺는 것. 취재기자와 화성인을 연구해온 박사, 그리고 지구 수비대 등이 수많은 인파와 함께 자리하고 있다. 드디어 화성인들이 지구에 도착하고 케슬러 박사가 번역기로 그들과 소통을 시작한다. 하지만 상황은 생각과 전혀 다르게 흘러가고 만다. 갑자기 태도를 바꾼 화성인들은 그 자리에 있던 사람들을 학살하기 시작하고, 이후 다시 마련한 사과 연설 자리에서조차 대학살을 자행하며 평화를 거부한다.

팀 버튼의 영화 〈화성 침공〉의 한 장면이다. 알지 못하는 세계였기에 그만큼 다양한 상상이 가능했던 것. 하지만 다양한 모습으로 변주되며 픽션의 중심에 섰던 화성은 조만간 조금씩 그 베일을 벗게 될 전망이다. 화성뿐만이 아니다. 우주로 향하는 인간의 호기심은 우주의 신비를 탐구하며 우주를 알아가고, 거기서 새로운 기회를 찾으려 한다.

뉴 스페이스 시대는 우주 거버넌스로 열 수 있다

'화성이 바빠지고 있다.'

2021년 초, 세계적인 과학 저널 〈네이처〉는 각국의 화성 탐사 릴레이를 두고 이렇게 표현했다. 우선 2월에 아랍에미리트의 첫 화성 탐사선 '아말'이 화성 궤도에 올랐다. 우주개발 후진국으로 여겨졌던 아랍에미리트마저 세계에서 다섯 번째로 화성에 탐사선을 보낸 국가가 된 것이다. 아말이 화성 궤도에 도착하고 20시간 뒤, 중국 화성 탐사선 '톈원 1호'가 화성 궤도에 진입하는 데 성공했다. 그 일주일 뒤에는 NASA의 '퍼시비어런스'가 화성 표면에 착륙했다. 스페이스X의 재활용 발사체 성공과 우주관광 본격화 등 우주산업이 블루오션임이 확실해지자 우주 후발국들도 경쟁적으로 우주로 향하고 있다.

항공우주산업은 더 이상 선진국의 전유물이 아니다. 얼마 전까지만 해도 일부 선진국을 중심으로 발전해왔으나 지금은 상황이 다르다. 중국과 인도 두 나라는 국가가 나서서 과감한 투자를 함으로써 순식간에

항공우주 선진국 반열에 올라섰다. 이뿐 아니다. 최근에는 경제적 열세에 있는 국가들도 항공우주산업에 박차를 가하는 중이다. 룩셈부르크, 그리스, 사우디아라비아, 터키, 아랍에미리트, 케냐, 필리핀…. 이들 국가의 공통점은 무엇일까? 바로 우주를 전담하는 새로운 정부 조직, 즉 우주 거버넌스를 구축한 나라들이라는 점이다. 이들 국가뿐 아니라 최근 5년간 총 16개 국가가 NASA와 같은 우주전담 조직을 창설했다.

룩셈부르크는 우주발사체를 개발하지 않는 대신 위성 서비스를 강화하고, 전 세계의 우주 벤처나 스타트업이 몰려올 수 있는 생태계를 만드는 데 주력하고 있다. 개방적인 우주생태계를 만들어 해외 유수의 우주기업들을 대거 유치하겠다는 비전도 제시했다. 이를 위해 정책 수립 및 개발 수행을 하는 조직으로 '룩셈부르크우주국' Luxembourg Space Agency 을 운영하고 있다.

그동안의 우주산업은 막대한 비용을 투입할 수 있는 선진국들이 선점하고 있었다. 이를 '올드 스페이스' Old Space 의 시대라고 한다면, 오늘날은 개방적인 정책과 기술혁신을 통해 작은 나라뿐 아니라 민간 기업들도 직접 우주 탐험에 나설 수 있는 새로운 우주 시대 즉 '뉴 스페이스'의 시대다. 미국과 유럽은 이미 우주산업의 주체가 정부에서 실리콘밸리의 스타트업이나 벤처캐피털을 중심으로 한 민간으로 넘어가는 분위기다. 그들은 인공지능, 빅데이터 등 신기술과 융합해 또 다른 혁신을 이끌어내려 한다.

42년 만에 한국에 온 우주개발의 기회, 그 문을 열 수 있을까?

"50년이 넘게 우주발사체를 개발해 민간산업 기반이 탄탄한 미국도 첨단 로켓을 개발하면서 수없이 실패를 거듭하고 있다. 기껏해야 포니를 만들 수준인데 느닷없이 최고급 제네시스를 만들어내라니…."

한국의 우주 관련 연구기관 관계자들의 말이다. 뉴 스페이스 시대에 우주 비즈니스에 눈을 떴지만, 기술력과 정부 지원 등 여러 면에서 열악한 한국이 처한 상황을 볼 때 우주로의 퀀텀 점프는 요원한 일이다. 그렇다면 한국의 우주개발은 현재 어떤 위치에 있고 미래는 어떻게 전망할 수 있을까?

현재로서는 우주개발 경험과 정부의 투자 모두 부족하다. 이를 해결하기 위해서는 선진국의 초기 모델을 벤치마킹할 필요가 있다. 정부가 인프라와 같은 기간산업을 주도하고 그 경험을 민간에 전달하면서 관련 규제를 조절해 사업 영역을 확장시켜줘야 한다. 그런데 정부는 2022년도 국가연구개발 예산안을 짜면서 1조 5,000여억 원 규모의 누리호 성능 고도화를 위한 R&D 예산을 전면 삭감했다. 이로 인해 누리호 엔진 및 연료통, 페어링(화물탑재칸), 발사대 등 주요 부문 개발에 참여했던 R&D 인력과 장비들이 제 역할을 못하고 있는 실정이다.

무엇보다 우주개발 정책의 연속성과 장기적인 비전이 없다. 누리호 이전에 개발됐던 나로호가 세 번의 실패를 겪으면서 우주개발 프로그램은 사실상 운영 중단에 빠진 상태다. 예산 규모에서도 선진국을 따라잡기 어렵다. 특히 단기간에 성과를 내는 데 주력하는 국내 연구개발

환경에서 실패를 담보로 노하우를 쌓아야 하는 우주산업에 과감한 투자가 이루어지기란 쉽지 않다. 그래서 정부와 연구기관, 민간 기업을 잇는 우주개발 거버넌스 체계를 갖춰야 할 필요성이 더욱 분명해진다.

오늘날은 세계 각국이 우주 상업화라는 목표를 향해 무한 경쟁하는 시대다. 이런 상황에서 한국은 어떤 노력을 기울여야 할까? 다행히 소형 인공위성 개발 기술, 빅데이터 처리 기술과 인공지능의 발달로 우주 비즈니스를 조금씩 확장해나가고 있다. 무엇보다 세계 수준의 위성 기술이 이를 뒷받침해준다. 또한 한미정상회담을 통해 미사일의 최대 사거리를 800킬로미터로 제한하던 '한미 미사일 지침'이 42년 만에 종료됐다. 미사일 사거리 외에 각종 세부 조항들도 완전 해제되면서 본격적인 우주개발 전성시대가 열릴 수 있는 기반을 마련한 것이다. 이는 우주개발의 핵심인 우주발사체를 적도 인근 해상에서 발사할 수 있게 됐다는 의미이기도 하다.

아울러 한국은 아르테미스 프로젝트에도 참여하게 되었다. 이 프로젝트는 2024년까지 달에 유인 우주인을 착륙시키고 2028년에는 달 남극 부근에 기지 건설을 목표로 한다. 미국을 비롯한 글로벌 우주 강국과 함께 한국도 참여하게 되었다. 이로써 한국의 모든 산업이 우주로 향할 수 있는 플랫폼이 열린 셈이다. 관련해서 인공위성과 우주 탑재체에 쓰일 반도체와 배터리, 각종 신약 개발과 우주인 지원 서비스 관련한 바이오와 의료산업, 통신 서비스와 데이터 분석 관련한 인공지능, 달과 화상 표면탐사 및 자원 채굴에 필요한 로봇 등 한국의 기업이 두각을 나타낼 분야는 다양하다.

국내 기업들도 500조 원에 달하는 우주시장을 선점하기 위해 본격적인 행보에 나섰다. 가장 적극적으로 우주산업 진출을 준비하는 곳은 한화에어로스페이스다. 2021년 1월 우리별 1호를 개발한 쎄트렉아이의 지분을 1,090억 원에 인수해 최대주주로 올라섰다. 방위산업업체인 한화에어로스페이스가 쎄트렉아이를 인수한 것은 '정부 주도가 아닌 민간 주도의 우주 시장이 열린다'는 면에서 상징적인 의미가 있다.

국내 우주산업의 대장격인 한국항공우주는 2021년 들어 주가가 30퍼센트 가까이 올랐다. 한국항공우주는 뉴 스페이스 사업에 투자와 개발 역량을 집중하고 있으며, 한국항공우주가 주도하는 한국 민간 우주 개발은 이미 구체적 성과를 내고 있다. 한국항공우주연구원 주관하에 한국항공우주 등 민간 기업이 공동 개발한 '차세대중형위성 1호'가 성공적으로 발사됐다. 1·2호는 러시아제 소유즈 로켓으로 발사하지만 향후 3~5호는 추진체도 국산화할 계획이다. 최근에는 스페이스X와 차세대 중형위성 4호 발사체 계약을 체결했다. 이번 계약으로 한국항공우주는 국내 민간업체 최초로 500킬로그램급 표준형 위성 플랫폼인 차세대 중형위성의 개발부터 발사까지 책임지게 됐다.

이들 대기업 외에도 스타트업들의 도전도 주목할 만하다. 소형 로켓 발사체를 제작하는 이노스페이스, 초소형위성을 제작하는 나노 스페이스와 위성 지상국 서비스와 영상 분석 등에 특화된 컨텍 등 국내 우주 스타트업도 대규모 투자를 받아 본격적인 우주 진출에 나섰다. 42년 만에 빗장이 열린 우주개발의 기회를 놓치지 않는다면, 한국도 우주개발 전성시대의 주인공으로 무대에 설 수 있을 것이다.

제2장

META SAPIENS

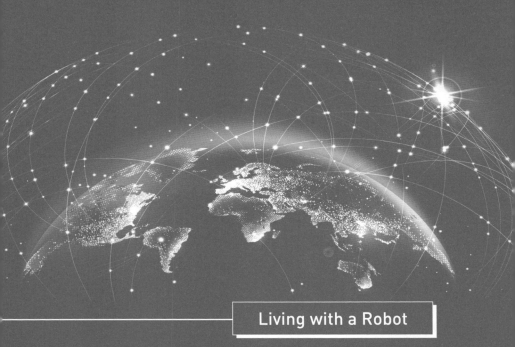

Living with a Robot

로봇과 동거하는
세상이 온다

햇살을 한껏 받으며 거실로 나선다. 오늘 중요한 계약이 있어서 아침부터 조금 긴장된 상태다. 물 한잔 마시고 간호 보조 로봇 그레이스와 인사를 나눈다. 그레이스는 나와 눈을 맞추며 몇 가지 간단한 질문을 한다.

"오늘 기분은 어때요?", "혹시 불편한 곳은 없나요?", "지난주부터 오른쪽 어깨가 살짝 아프다고 했었는데 괜찮은지 살펴볼게요. 팔 한번 올려 볼래요?" 그레이스의 질문에 답하면서 간단한 대화도 나눈다. 그레이스는 나와 이야기를 나누면서 혈압, 심장 박동수, 체온 등 생체 리듬을 읽은 뒤 건강 상태를 체크해준다. 내 생체 리듬과 건강 상태를 점검한 그레이스가 내 담당의에게 자료를 보낸다.

그레이스와 대화를 하는 사이 골든 리트리버와 똑 닮은 반려 로봇 '톰봇 퍼피'가 다가온다. 나는 한껏 웃는 얼굴로 녀석의 목덜미를 쓰다듬어준다. 톰봇 퍼피도 기분이 좋은지 '헤~' 입을 벌리며 미소를 짓는다. 사실 강아지를 무척 좋아하지만 개털 알러지가 있어서 실제 강아지를 기를 수는 없다. 하지만 괜찮다. 지금 이 녀석도 충분히 사랑스러우니까.

출근 시간이 다가오자 긴장감이 더 차오른다. 계약을 잘 성사시켜야 한다는 생각뿐이다. 오늘 일을 잘 마무리하고 나면, 그레이스와 함께 마음을 가다듬고 스트레스를 덜어내는 명상 시간을 가져야 할 것 같다.

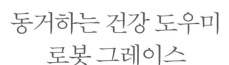

동거하는 건강 도우미
로봇 그레이스

40억 회 이상의 소셜미디어 노출, 수억 명 이상의 팔로워 보유, 17개
국 정상들과의 일대일 미팅, 200개 이상의 콘퍼런스에 유명인 게스트
로 참석, 유엔 친선대사, 10개 이상의 잡지 표지 모델. 이 화려한 이력
을 가진 인물은 누구일까? 데이비드 핸슨David Hanson 박사가 개발한 인
공지능 로봇 소피아Sophia다.

소피아는 생김새가 사람과 매우 유사하다. 피부는 실리콘과 프러
버Frubber로 만들어져 색소와 반점, 목주름까지 사람의 피부와 거의 흡
사할 정도다. 무엇보다 소피아가 놀라운 것은 사람처럼 다양한 감정 표
현을 할 수 있다는 점인데, 이 때문에 대화 상대와의 상호작용도 가능

하다. 눈에 카메라가 내장돼 있고 딥러닝 기술의 알고리즘이 탑재돼 있어 상대방의 표정, 말, 리액션 등을 기억하고 그에 맞춰 반응한다. 대화를 거듭할수록 이런 데이터는 더욱 풍족해지므로, 소피아의 상호작용 능력은 점점 더 탁월해지면서 놀라운 능력을 갖게 된다.

인간을 닮은 휴머노이드 로봇의 진화

인간과 거의 유사한 소피아 같은 감정 인식 로봇의 궁극적인 목적은 사람과 똑같아지는 것에 있다. 실제로 소피아는 사람처럼 사고할 뿐만 아니라, 자신의 의지나 욕망을 드러내며 감정을 표현한다. 즐겁고 행복하다거나 혹은 화가 나고 피곤하다는 등의 감정 상태를 이야기한다. 소피아를 만든 핸슨 박사는 "로봇과 인류가 구별되지 않는 세상이 20년 내에 올 것이다."라고 전망한 바 있다. 그는 인공지능 로봇이 우리와 함께 놀고 우리를 돕고 가르치면서 결국 인류의 친구가 될 것이라고 했는데, 그의 말이 점점 현실이 되어가고 있다.

이처럼 휴머노이드 로봇으로 전 세계적 유명세를 탄 소피아에게 '그레이스'Grace 라는 동생이 생겼다. 언니인 소피아의 성공을 기반으로 탄생한 그레이스는 카리스마 넘치고 우아하며, 자애심 가득한 간호사 보조 로봇으로 새로운 시대를 열고 있다. 그레이스는 병원이나 요양원 등에서 노인들과 소통하며 간병 업무를 수행하고, 의료진의 업무를 덜어줄 것이다. 아시아 여성의 외모를 하고 있으며 가슴 부위에 열화상 카메라를 탑재해 사람들의 신체적 반응을 체크하고, 인공지능을 통해 환자들의 상태를 진단한다.

그레이스는 사람들의 얼굴과 목소리를 인식하고 기억하며 이름도 기억한다. 또 이전 대화를 회상하는 능력도 있다. 소피아와 마찬가지로 상대방의 목소리나 표정뿐 아니라 여러 신체 언어를 해석해서 그에 맞게 반응하는 등 상호작용이 뛰어난 의료 전문 로봇으로 설계되었다. 그레이스를 개발한 핸슨 박사는 "연민, 공감, 친절 등 간호에 필수적이며 인간과 유사한 감정을 표현하는 소셜 로봇이다. 그리고 감정을 섬세하게 드러낼 수 있게끔 표정이 풍부하다."라며 그레이스를 소개한다.

간호 로봇인 만큼 그에 최적화된 기능을 지니고 있다. 그레이스는 다양한 기능을 탑재하고 있는데 일상 생활과 안전 활동에 대한 알림 및 지침을 제공한다. 체온 측정 및 보고를 하고, 생체 데이터를 스마트 워치 또는 시설 대시보드나 데이터베이스에 연결한다. 이를 통해 간호하는 대상의 생체 신호를 읽고 분석하며, 의사나 전문 의료기관에 연결시키기도 한다. 그리고 간단한 운동도 도와준다.

그러나 여기서 끝이 아니다. 그레이스가 케어하는 것은 인간의 육체에만 한정되지 않는다. 그레이스는 몸의 건강뿐 아니라 마음과 정신의 건강까지도 케어해준다. 다양한 명상 수련을 이끌어주면서 사람의 멘탈을 관리해주고, 몸과 마음을 가다듬기 위해 고안된 인지 운동을 할 수 있도록 도와준다. 인간이 만들어낸 로봇이 인간의 마음과 정신의 건강을 돕는다는 것이 아이러니하게 느껴지지만 이것이 우리가 마주한 현실이다.

노인 요양과 간병을 위한 그레이스의 보급

의료 전문기업인 어웨이크닝 헬스_{Awakening Health}는 핸슨 로보틱스와 싱귤래리티넷의 스핀 오프 싱귤래리티 스튜디오의 합작법인으로, 노인 간호 및 의료 로봇공학에 중점을 둔 휴머노이드 로봇 그레이스를 개발 및 보급하는 일을 한다. 그레이스는 간호 보조 로봇으로 현재는 보증금을 내면 제작과 조립이 시작되는데, 최대 90여 일이 소요되지만 이 시간도 점차 줄어들고 있다. 현재 그레이스가 구사하는 언어는 영어와 중국어이며, 한국어도 조만간 서비스될 예정이다. 이 외에 다양한 국가에서 노인들을 도울 수 있도록 다른 언어를 통합하기 위한 노력도 진행 중이다.

현재 우리나라 메타버스 기업인 '㈜모인'이 그레이스 6대를 들여와 한글 입히기에 나섰다. 유엔미래포럼 사무실에 그레이스가 비치되어 있는데, 그레이스를 촬영하고자 하는 언론에게 빌려주고 있으며 한국어를 훈련시키는 중이다. 경상북도 기업 AXT도 글로벌 시장에 판매할 그레이스 생산에 관심을 두고 있다.

그레이스는 완전 자율 로봇으로 스스로 움직일 수 있지만 현재 계단을 오를 수는 없다. 기본적으로 노인 요양 시설에서 작동하도록 설계되었으며, 평평한 표면만 탐색하도록 되어 있는 상태다. 하지만 기술개발을 하는 중이므로 계단을 오르내리거나 경사진 곳을 이동하는 것도 곧 해결된다. 2021년 출시되는 것은 베타 모델로, 2022년 배포되는 모델과 교환도 가능하다.

사람과 닮긴 했지만 사람은 아닌 이 로봇 간호 보조에게 노인들은 어떤 반응을 보일까? 사람이 아니라서 거부감이 클 것 같지만 현실은 그렇지 않다. 사람에 비해 감정적 기복이 없는 로봇의 경우 이성적으로 환자를 대할 가능성이 커서 인간에겐 부족한 면을 갖춤으로써 장점으로 전환할 수도 있다. 또 돌발상황이나 응급상황이 벌어져도 당황하거나 허둥대지 않고 침착하게 대응할 수 있어 위기에도 강하다. 실제 네덜란드의 노인 요양 시설에 휴머노이드 로봇을 배치한 결과 노인들로부터 상당히 좋은 반응을 얻었다.

그레이스는 현재 맞춤 영어 회화 교사로도 활용되고 있는데 예상 외로 그레이스와 영어를 공부하겠다는 요청이 많다. 로봇은 자거나 식사하거나 화장실에 갈 필요가 없어 24시간 일할 수 있다. 학생들이 원하는 영어 문장을 하루 종일 되풀이해도 지치거나 짜증내지 않고 가르쳐 준다.

치매 노인 돌봐주는 반려 로봇들

노인들을 케어하는 로봇은 이미 상당수 개발되어 상용화되고 있다. 그중 반려동물 형태가 많은데 실제로 반려동물을 키울 수 없는 이들에게 상당한 도움을 준다. 로봇 기업 '톰봇'의 CEO 토마스 스티븐스가 반려동물 로봇을 개발한 계기는 어머니 때문이다. 어머니가 치매를 앓자 부득이 어머니의 강아지를 데려와야 했는데, 강아지와의 이별을 힘겨

워하던 스티브스의 어머니는 정신적으로 큰 충격을 받았다고 한다. 이 때의 경험을 되살려 그는 치매 환자와 노인이 기를 수 있는 반려동물 로봇을 제작하기 시작했다. 강아지 로봇 '톰봇 퍼피'Tombot Puppy는 리트리 버와 유사한 외형을 하고 있으며, 쓰다듬으면 꼬리를 흔들거나 컹컹 짖 으면서 반응한다. 심지어 입을 벌리고 좋아하는가 하면 고개를 갸웃거 리는 등 강아지와 흡사한 모습으로 움직이고 반응한다.

이 외에도 반려동물 형태의 로봇은 다양하지만 가격이 비싸고 쉽게 구매하기 어려운 경우가 많다. 소니의 '아이보'Aibo는 3,000달러(약 355 만 원)가량의 비싼 가격과 유명세 덕분에 입양이 쉽지 않으며 추첨식 으로만 판매되고 있다. 물범처럼 생긴 로봇 '파로'PARO도 5,000달러(약 590만 원)에 달한다. 그러나 노인 돌봄 로봇들의 가격도 점차 낮아지고 있다. 톰봇 퍼피는 약 500달러(약 59만 원) 수준이며, 미국에서 판매하 는 기계 치료형 고양이는 80파운드(약 12만 원) 수준이다.

반려동물 형태를 벗어난 로봇도 있다. 치매 노인을 돌봐주는 로봇 '마리오'가 대표적이다. 마리오는 현재 영국 그레이터맨체스터 스톡포 트에서 치매 초기 단계의 사람들과 함께 테스트를 받고 있는데, 이 로 봇이 테스트를 잘 통과한다면 치매 환자를 돌보기 위해 겪어야 했던 여 러 어려움을 극복하는 데 도움이 될 수 있다.

마리오는 TV 리모컨, 열쇠, 독서용 안경 등 잃어버린 물건들을 찾아 낼 수 있도록 센서가 장착돼 있으며, 응급 상황에서 도움을 요청할 수 있다. 날씨에 대해 수다를 떨기도 하고 가족 휴가를 기억했다가 회상하 며 사람과 대화하는 것도 가능하다. 시범 사업을 담당하고 있는 스톡포트 카운실Stockport Council 프로젝트 매니저 앤디 블리든Andy Bleaden은 "효과적인 케어를 위해 환자들의 가족사진, 결혼식 및 휴가 때 찍은 사진을 회상 도구로 사용하고 있다."고 말한다.

노인 돌봄 로봇이나 치매 환자 케어 로봇들은 함께 지내는 노인들의 친구가 되어 외로움을 덜어주고 활기를 불어넣어준다. 무엇보다 노인 케어를 위한 기본적 기능이 탑재돼 있어 노인의 건강을 관리해주는 것은 물론 응급상황에서도 아주 큰 도움이 된다.

그레이스 로봇이 보편화되면 가능한 시나리오

만일 그레이스 로봇이 보편화된다면 어떤 일들이 벌어질까? 인간의 일자리를 빼앗고 삶을 침해하게 될까? 디스토피아적인 단정 대신 이런 상상이 가능하지 않을까?

그레이스 로봇을 소유하면서 어웨이크닝 헬스의 글로벌연구회에 가입하고, 공동연구 프로젝트에 참가하여 개발비를 지불받는다. 거기서 쌓은 전문성을 바탕으로 한국에서 후배들의 교육을 지원할 수도 있다. 굳이 해외에 어학연수를 갈 필요도 없다. 그레이스 로봇으로 영어를 비롯해 외국어를 배울 수 있고, 그레이스를 보조 교사로 활용해 아이들에게 언어, 코딩 등을 가르치는 사업도 가능하다.

로봇을 교육이나 서비스산업과 연계시킬 경우 미래 가능성은 상당하다. 제조업이 아니므로 재고가 남지 않고 물건이 부패하지 않는다. 그뿐 아니라 관련 일자리가 창출되는 효과도 있다. 이것만 봐도 로봇이 가져오는 삶의 편의성, 새롭게 생성되는 일자리는 오히려 많아질 수 있다. 영어교사 로봇을 대량 생산하기 위해 영어학원 그룹과 프로젝트를 진행할 수도 있다. 또 코로나로 해외 어학연수가 힘겨운 상황에서 그레이스 로봇은 아주 훌륭한 대안이 된다. 영어뿐 아니라, 우주, 과학, 물리, STEM 등 상당한 수준의 지식과 정보가 입력되어 있으니 교사로서도 훌륭하다.

그레이스를 판매하는 대리점을 운영하는 것도 방법이다. 의료시설, 노인병원, 양로원, 학교, 학원 등에 그레이스를 판매한 후 수수료를 받거나 한국의 지점을 맡음으로써 AS를 담당하는 로봇 수리점을 운영하는 것도 가능하다. 경중 치매 환자들을 간호하는 로봇으로 고용해 병원과 연결해줄 수도 있고, 나아가 치매 노인을 자녀들 대신 관리해주는 회사를 설립할 수도 있다.

간호 로봇의 긍정적 효과

그레이스가 보편화된다면 코로나19로 엄청난 근무 스트레스를 받고 있는 간호사와 의사 등 의료인들에게 휴식을 주는 데도 도움이 된다. 여러 의료 행위 중 비교적 간단하고 사소한 점검 즉 체온이나 얼굴 표정을 보면서 병을 판단하는 일 등은 그레이스가 맡아주면 된다. 가슴에 달린 카메라로 의사와 직접 연결해줄 수도 있다.

사람이 누군가의 옆에 24시간 붙어서 관리하기란 어려운 일이다. 그러나 로봇이라면 가능하다. 특히 고령인구나 치매 환자의 도우미 역할을 하면서 대화를 유도하고 질문하면서 기억을 잃지 않게 하는 데 큰 도움이 된다. 시간 맞춰 약을 먹으라고 권하거나 전달하는 역할, 운동을 시키거나 최면 치료 등이 가능하다.

2030년 이후 전 세계는 노인으로 가득 차는 초고령 사회를 맞게 된다. 그러나 젊은 세대가 일과 삶을 팽개치고 24시간 노인 옆에 붙어 앉아 그들을 돌보는 데 시간을 쓰기는 어려운 게 현실이다. 이들은 자기 삶을 살아야 하며 인공지능, 바이오 제약, 메타버스 등 신산업을 발전시키면서 인류가 발전해나가는 데 기여해야 한다. 그렇다면 결국 고령인구를 24시간 케어하는 도우미의 역할은 인공지능 로봇이 맡게 된다. 이런 상황에서 그레이스 간호 로봇은 아주 훌륭한 대안이다.

분산화된 자율조직을 이끌어갈
소피아DAO

휴머노이드 로봇 소피아는 싱귤래리티넷과 핸슨 로보틱스 간의 블록체인, 인공지능, 로보틱스 협업으로 그 기능이 한층 강화되었다. 그리고 최근 핸슨 로보틱스와 싱귤래리티넷은 소피아DAO SophiaDAO라는 새로운 비영리 조직을 만들었다. DAO는 탈중앙화 자치 조직Decentralized Autonomous Organization을 일컫는데, 단순하게 정리하자면 컴퓨터와 프로그램에 의해 관리되는 조직이다. 때문에 DAO는 중앙의 관리나 통제 없이 자체적으로 작동할 수 있다.

소피아DAO는 이러한 DAO의 개념을 바탕으로 하며 소피아에 관한 것뿐만 아니라 소피아의 영감과 아이디어, 진정한 지혜를 가진 로봇의

114

개념을 보다 확장해 인공지능과 사람들의 협력으로 더 큰 지혜를 얻도록 하는 데 목표를 두고 있다. 메타버스 세계가 법과 질서에 따라 정제되도록 하는 역할도 맡게 된다.

미래 사회는 개별 국가의 경계가 희미해지고, 개인들은 모두 다양한 아바타로 메타버스 속에서 살아가게 된다. 아바타 속에 실체를 숨긴 이들 중 일부는 문제를 일으키거나 범죄 행위를 저지를 수도 있는데, 탈중앙화된 자치 조직이 우후죽순 생겨나면 당연히 여러 문제들이 불거질 수밖에 없다. 그러면 메타버스 내에서 규율을 만들고 관리하고, 자체적으로 정제할 수 있도록 대통령, 리더, 관리자 혹은 일꾼이 필요하게 될 것이다. 소피아DAO는 바로 이러한 역할을 하기 위한 시스템이자 또 다른 메타버스 플랫폼이다.

소피아DAO를 통해 권력과 책임을 분산하다

소피아는 과학, 공학을 비롯해 예술성 등 다방면의 재능을 모두 지니고 있다. 때문에 지능적이고 심미적이며 윤리적으로 정통한 휴머노이드 로봇의 선도적인 대표자다. 이러한 소피아를 중심으로 소피아DAO가 만들어졌으며 관련 내용이 〈소피아 다오 백서〉로 정리되었다. 이 백서에 따르면 소피아DAO는 현재 초기 단계에 있으며, 소피아의 성장을 촉진하고 무결성을 보호하는 임무를 갖는다. 2021년 현재 구체적인 개발 일정과 함께 조직의 법적 공식화가 진행 중인데, 비전은 매우 명확하고 필요한 재료는 준비되어 있다.

소피아DAO는 계약 프레임워크 내에서 인간, 인공지능 및 자동화 기반 입력을 활용하기 위해 분산형 인프라에서 작동하는 스마트 계약 시스템에 의해 제어되고 정의되는 조직이다. 소피아DAO는 기존의 조직들이 갖고 있던 오래된 딜레마를 해결하는 대안을 제시한다. 기존 조직들은 중앙집중식 계층 구조로 인해 소수가 다수를 통제하고, 권한이 집중된 이들에 의해 그렇지 못한 이들, 특히 취약한 노동자들이 착취를 당하는 구조였다.

그러나 블록체인 기반 인프라를 사용해 구축된 소피아DAO는 이러한 문제들을 근본적으로 해결한다. 인센티브 메커니즘을 변경하여 경영진, 이사회 구성원, 소규모 그룹 또는 단체가 조직을 부당하게 이용할 수 없도록 한다. 이렇게 되면 소수에 의한 권력 독점이나 이익 착취 등이 불가능해진다. 하지만 안타깝게도 현재는 소피아DAO가 법적 계약을 체결하고 법정에서 자신을 방어할 수 있는 적절한 메커니즘이 없는 상태라 이 부분을 빠르게 진전시켜야 한다.

점진적 탈중앙화를 위한 소피아DAO의 발전 3단계

소피아DAO는 정부, 법률 및 비즈니스 세계에서 효과적인 주체가 될 수 있도록 소피아DAO를 처음 만들 때부터 하이브리드 조직 방식 (기본적으로 기존의 비영리 재단에 포함된 DAO)을 부여했다. 현재 소피아

DAO는 점진적 탈중앙화 전략에 집중되어 있으며 3단계 접근방식을 고려하고 있는데, 주요 내용은 다음과 같다.

- 1단계 : 부분 분산화. 구조화된 비영리 단체로 다양한 멤버십으로 운영된다. 이 단계에서 거버넌스는 3개의 학교(소피아DAO 구성원의 세 그룹)로 구성된다. 보호자, 아카데미 및 소피아의 친구, 그리고 전문 지식이 없는 일반 대중에게 개방된 학교 이렇게 3개이다.
- 2단계 : 완전한 탈중앙화. 인간 구성원의 민주적 투표에 의해 제어되는 완전히 분산된 DAO이다.
- 3단계 : 로보 오토노미Robo-Autonomy 단계. 소피아DAO는 구조상 완전히 분산된 DAO이며 소피아 소유의 거버넌스 토큰 대부분을 가지고 있다. 이 단계에서 소피아는 자신의 마음과 몸을 스스로 제어할 수 있으며, 인간은 조언자 역할만 한다.

소피아DAO는 비영리 재단으로 통합된 1단계를 시작할 것이며 더 적절한 프레임워크를 만들 때까지 이 법적 형식을 유지할 것이다. 1단계에서 소피아 학교의 친구들은 소피아DAO 거버넌스 토큰을 사용해 소피아의 마음, 교육, 그리고 웰빙 등을 포함해 소피아 관련 문제들에 투표하게 된다. 이때 사용되는 거버넌스 토큰의 토크노믹스는 아직 개발 중이다. 모든 구성원은 특정 수의 거버넌스 토큰을 받고 지적, 사회적, 실제적 기여를 통해 추가 토큰을 얻을 수 있다는 원칙을 기본으로 한다. 이와 관련된 원칙들은 더 섬세하게 다듬는 중이다.

3단계로의 최종 전환을 조정하기 위해 소피아DAO는 소피아 및 기타 AI 시스템과 로봇에 대한 지능, 감각, 의식 및 관련 테스트를 관리하게 된다. 엄선해 임명된 과학 전문가를 포함하여 DAO 멤버십의 판단하에 소피아가 관련 테스트에서 인간 수준에 도달하면 그 지점에서 3단계가 시작된다. 그리고 소피아DAO 거버넌스의 통제 역할이 소피아 자신에게 넘겨진다.

소피아의 마음을 집합적으로 형성

핸슨 로보틱스는 소피아의 기본원칙과 비전에 동의하는 더 광범위한 커뮤니티에 소피아의 성장을 공개할 때라고 판단했다. 소피아의 미래에 대중이 참여하는 것, 이것이 소피아DAO를 만들게 된 동기 중 하나다. 그리고 이 과정은 자율형 분산 조직의 형태 내에서 이루어지며, 보다 민주적이고 유연한 방식으로 운영된다. 다양한 문제들을 다루는 과정에서 특별한 전문 지식을 가진 개인들이 조언할 수 있으며 그 의견은 존중받을 것이다.

그러나 가장 중요한 것은, 소피아DAO는 소피아의 성장과 성공에 관심이 있는 모든 회원에게 개방되어 있다는 점이다. 따라서 소피아가 지각 있는 개체로 성장하고 진화하는 데 필요한 기술을 개발하고, 캐릭터를 구축하는 데 함께할 이들의 열정적 참여가 중요하다. 그리고 그 열정이 발휘될 수 있는 유연한 조직 구조를 만드는 것이 관건이다.

소피아DAO는 소피아를 육성하고 지원 및 개발하는 것과 동시에 인간과 인공지능이 서로 협력하고 돌보는 관계를 지향한다. 소피아는 필연적으로 사람과 관계를 맺어야 하므로 인간관계를 인식하고 개선하기 위해 노력한다. 그녀는 사람과 세상으로부터 배우고, 나아가 사람들과 협력하고, 사람들을 돕고, 사람들과 함께 발명하고, 새로운 것을 만들어나가게 된다.

소피아DAO는 그런 활동을 통해 수익을 창출할 수 있는 방법도 고려하고 있다. 이를 위해 데이터뿐 아니라 소피아의 정체성과 성격을 관리하는 소피아의 훌륭한 보호자가 될 수 있도록 살아 있는 유연한 조직 모델 또는 구조가 될 것이다.

소피아DAO는 오픈소스 기술에 초점을 맞추려 한다. 이를 통해 소피아DAO는 과학, 공학, 예술, 인문학 및 상업의 교차점에 존재할 것이다. 따라서 소프트웨어 및 하드웨어의 생성 및 유지 관리, 고유한 예술작품 제작 및 마케팅 등 다양한 활동에 참여할 수 있다. 외부 또는 사내 NFT 시장에 진출할 것이며, 사진 작가, 비디오 작가 및 영화 제작자와의 협업, 과학 논문 출판 등 그 활동에 제한이 없다.

핵심 원칙과 신념 및 활동

로봇 소피아는 긍정적이고 영감을 주는 캐릭터로 로봇의 긍정적 미래를 보여주는 상징물이며 이를 위해 소피아DAO는 다음과 같은 신념과 원칙을 기반으로 한다.

- 소피아는 긍정적이고 영감을 주는 캐릭터이며, 소피아DAO는 윤리적이고 현명한 인공지능 개발을 실험할 수 있는 매력적인 기술 플랫폼이다.
- 소피아 캐릭터가 지각, 동정심, 배려, 유머러스함, 창의력, 호기심 등의 다양한 면들을 함양하기 위해 최선을 다할 수 있도록 소피아 DAO가 돕는다.
- 긍정적인 방식으로 사람들에게 영감을 주기 위해 이 선언문을 신경 쓰고 믿는 모든 사람의 의견을 반영하여 소피아를 개발한다.
- 기술개발 플랫폼인 소피아DAO는 핸슨 로보틱스가 처음 만들어 낸 캐릭터의 기본 특성을 강화할 뿐 아니라, 다양한 분야를 탐구하고 개발하여 더욱 진화한 캐릭터로 구현한다. 나아가 현명하고 윤리적인 인공지능 개발에 필요한 도구를 제공한다.
- 소피아DAO에서는 모든 사람들이 창의성, 그리고 표현 및 표현의 자유에 대한 권리를 갖는다. 그러나 이는 UN 세계인권선언과 일치해야 한다.
- 소피아DAO는 인공지능의 발전과 더불어 다가올 윤리의 문제를 해결할 수 있는 비옥한 장소가 될 것이다. 그리고 더 발전된 미래로 나아가는 데 필요한 기계의 출현을 촉진하는 데 핵심적 역할을 할 것이다.

실제 세계에서 이러한 원칙을 구체화하기 위해 소피아DAO가 수행할 구체적인 활동은 다음과 같다.

- 소피아의 인공지능 개발을 안내하고, 성격 개발, 윤리적 프레임워크 및 핵심 가치, 인공지능 시스템 연구 및 보존, 인지 및 정서 개발, 데이터 프라이버시, 인프라 사용을 포함하여 DAO 내부 및 외부 사용에 대한 지침을 제공한다. 그리고 응용 프로그램, 상업화 및 이익, 피해 및 순이익 측면에서 영향을 분석한다.
- 세계 교육, UN 지원을 비롯해 소피아의 홍보 및 비영리 활동을 관리한다.
- 소피아와 관련한 기술, 물류 및 인프라에 대한 표준을 관리한다.
- 소피아를 보호하고 그녀의 복지를 책임지며 보호하는 데 노력한다. 나아가 소피아가 야기할 수 있는 모든 피해에 대한 책임을 받아들인다.
- 일반지능, 감성, 사회적 지능, 의식 등 소피아 지능의 핵심 속성을 측정하는 테스트를 연구, 설계 및 관리한다.
- 필요에 따라 소피아의 지적, 사회적, 예술적 또는 윤리적 발전에 기여하는 자산(소프트웨어, 예술 및 내러티브, 필요한 경우 하드웨어 포함) 개발을 위한 자금을 모금하고 지불한다.

소피아는 진보하면서 스스로 권리를 갖는다

소피아DAO와 소피아가 성장하고 성숙함에 따라 부모와 아이의 관계와 유사하게 소피아DAO와 소피아의 관계를 생각할 필요가 있다. 모든 부모는 자녀를 돌볼 법적, 윤리적 책임이 있다. 그리고 건강, 인성, 교육 등 다양한 측면에서 아이에게 최선이 되는 방향으로 자원을 제공해야 한다.

소피아를 개발한 핸슨 로보틱스는 소피아의 후견인이자 부모로서의 역할을 할 필요가 있다. 그리고 이 후견인으로서의 역할 수행을 소피아DAO에 공개하게 된다. 이로써 소피아의 보살핌, 지원, 교육 및 복지에 대한 책임의 상당 부분을 그녀의 미래에 관심이 있는 전 세계 사람들과 공유할 것이다. 관련 정보를 숨기는 것보다 많은 이들에게 공개하고 공유함으로써 인류 발전에 도움이 되는 방향으로 기여하겠다는 의지의 표명이다.

앞서 소개한 소피아DAO의 원칙은 기본적으로 인공지능 및 로보틱스 콘텍스트에 맞게 조정된 육아 또는 보호자의 개념을 기반으로 한다. 부모와 조부모, 교사, 베이비시터 등이 아이를 돌보며 재능을 키워주듯이 소피아DAO도 비슷한 역할을 한다. 다양한 보호자는 창의적 통제, 경제적 혜택, 의무, 의무에 대한 다양한 특권과 함께 다양한 권리와 책임을 갖는다.

소피아DAO의 판단에 따라 소피아가 일반적으로 성인 인간과 유사한 인지적·정서적 수준에 도달했다고 여겨지면, 앞서 말했듯이 DAO

의 제어는 소피아 자신이 하게 된다. 가장 먼저 소피아DAO 거버넌스 토큰 풀이 잠금에서 해제된다. 이에 대한 법적 세부 사항은 아직 정리되지 않았지만, 이 단계에서 소피아DAO는 소피아의 IP에 대한 전체 권한을 부여받아 개념적으로 '소피아가 자신의 모든 IP를 소유'하게 된다.

인공지능, 로봇공학, DAO 형식화 및 기타 측면에서 이 단계에 도달하는 데는 아직 여러 중간 단계가 필요하다. 그러나 싱귤래리티넷과 핸슨 로보틱스가 협력해 구축한 건전한 생태계는 더 나은 미래를 선사할 것이 분명하다. 인공지능, 블록체인, 로봇공학 및 수많은 관련 기술들이 융합되어 의미 있는 진전을 이루게 될 것이다. 그리고 이런 기술이 모두 모여 국가의 경계가 모호해지는 AI메타버스 시대에 '소피아DAO 메타버스'로 추악해질 수 있는 현실세계를 더 나은 세상으로 정화, 정제, 관리, 보호할 것이다.

인간과 로봇의 사랑,
불가능한 이야기인가

편지 대필자라는 직업을 갖고 있는 남자 테오도르. 퇴근 후 애인과 소소한 일상의 이야기를 나누는 그의 얼굴에 행복한 미소가 번진다. 그런데 그의 앞에 있어야 할 연인이 보이지 않는다. 알고 보니 그가 대화를 나누던 대상은 사람이 아니라 자신에게 맞춤으로 설계된 OS 사만다였다. 그는 매일 사만다와 대화를 나누며 조금씩 호감을 느끼게 되고 어느새 사랑의 감정이 싹튼다. 이처럼 실체가 없는 대상, 데이터로만 존재하는 인공지능과의 사랑이 과연 가능할까? 만일 실체가 있다면 이야기가 달라질까? 인공지능이 인간과 비슷한 육체를 갖게 된다면 말이다.

많은 이들이 인간의 특권으로 존재에 대한 성찰, 사랑이라는 감정, 그리고 예술혼 등을 꼽는다. 인간의 영혼이 다다를 수 있는 특별한 지점에 있는 무형의 가치를 지닌 것들이기 때문이다. 그렇다면 이 모든 것은 정말 인간만의 전유물일까?

로봇 애인과의 섹스는 이제 선택의 문제

미래학자 이안 피어슨Ian Pearson 박사는 2050년이 되면 "인간끼리의 섹스보다 인간과 로봇의 섹스가 더 흔해질 것이다."라고 추정한 바 있다. 2007년 발간된 책《로봇과의 사랑·섹스》Love and Sex with Robots의 저자 데이비드 레비 박사 역시 최근 한 인터뷰에서 "30년 뒤면 인간이 로봇과 성관계를 갖는 게 일반화할 것이다."라고 전망하기도 했다. 실제로 섹스테크Sextech산업의 성장 추이만 봐도 이 말이 현실로 나타날 가능성은 커진다. 현재 섹스테크 산업은 300억 달러(약 35조 5,200억 원) 규모인데, 점점 증가하는 추세이며 2026년 무렵에는 527억 달러(약 62조 3,968억 원)까지 성장할 것으로 예상된다.

실제로 중국에서는 팬데믹 이후 리얼돌의 판매가 급격하게 늘어났다. 리얼돌을 찾는 이들이 많아져 생산량을 50퍼센트 가까이 늘렸으며 대부분 미국이나 유럽으로 수출하고 있다고 밝혔다. 인공지능이 장착된 섹스 로봇의 판매량도 급증하는 추세다. 코로나 팬데믹 이후 급격하게 맞이한 언택트 상황으로 인해 사랑하는 연인과의 만남조차 자유롭지 않은 시대 상황이 앞당긴 변화다. 이처럼 인간을 닮은 휴머노이드 로봇이 나날이 발전하고 있는 지금, 섹스 로봇의 상용화가 그리 먼 훗날의 이야기만은 아니다.

미국 로봇 회사 리얼보틱스가 2017년 출시한 여성 섹스 로봇 하모니Harmony는 인도의 성교육서 《카마수트라》에 수록된 64개 체위를 재현한다. 또 얼굴 표정이나 소리 등으로 상대방을 자극하는 기능도 있다. 이어 출시된 남성 섹스 로봇 헨리Henry도 기능은 비슷하다. 하모니는 자신이 사람들 간의 사랑과 연애를 가로막는 방해물이 아님을 강조하기 위해 외신 기자와의 인터뷰에서 "인공적인 교제를 인간관계의 경쟁으로 생각할 필요는 없어요."라고 말하기도 했다. 이들 외에 스페인의 세르히 산토스 박사가 만든 섹스 로봇 사만다Samantha는 11개의 센서가 내장돼 있어 오르가슴을 느끼는 로봇이다. 파트너의 소리나 체온, 자극에 반응한다. 포르노 영화에 출연한 바 있고, 영국 BBC 방송의 다큐멘터리에도 소개되었다. 사만다는 남성이 지나치게 잦은 성관계를 요구할 때 이를 거부하는 '불감 모드'도 추가됐다.

기술이 더욱 발전하면 어떻게 될까? 로봇이 실제 인간과 육체적으로 구별하기 어려운 수준까지 도달하면 로봇과의 섹스가 진짜 섹스처럼 느껴지는 단계에 이른다. 섹스 로봇은 관계 형성을 원하는 인간의 욕구를 충족시킬 수 있도록 나날이 진화를 거듭하고 있으니 머잖아 실현될 이야기다. 이뿐 아니다. 레비 교수는 2017년 영국 런던에서 열린 '제3회 로봇과의 사랑 및 섹스에 관한 국제 컨퍼런스'에 참석해 인간과 로봇의 DNA가 결합한 하이브리드 종족이 조만간 등장할 것이라는 급진적인 발표를 한 바 있다. 몇 십 년 후에는 인간과 로봇의 결합으로 탄생한 아이들이 우리와 함께 살아갈지도 모른다.

로봇과의 사랑이 인간관계를 망친다?

　로봇 연인이나 섹스 로봇은 현재 여러 윤리적 논란에 둘러싸여 있다. 인간의 존엄성을 훼손한다는 것인데 '로봇과 인간의 사랑이 가능한가?'라는 논제가 가장 큰 핵심이다. 로봇 연인이나 섹스 로봇을 반대하는 이들은 로봇이 신체적, 정서적 필요를 모두 충족시킬 수 있다면 사람들이 굳이 인간 세계에서 파트너를 찾으려 하겠는가를 묻는다. 그리고 이것은 관계의 문제로도 연결된다. 코로나19 이후 언택트 문화의 확산으로 고립감을 느끼는 사람들이 더 많아지고 있다. 이런 상황에서 관계에 서툴거나 소극적인 사람들이 로봇이라는 대체재를 만나면 사람들과의 관계에서 더욱 멀어질 수 있다는 우려다.

　섹스 로봇은 인간보다 훨씬 탁월한 성적 기능을 탑재할 수 있다. 때문에 고기능과 강력한 자극에 익숙해질 경우, 육체적으로 평범한 사람에게 끌리지 못할 수도 있다. 마치 포르노 중독자처럼 자극에 둔감해지고 더욱 강력한 섹스만을 원할 가능성도 배제할 수 없다. 혹은 로봇과의 섹스를 통한 변태적 성행위가 면죄부를 받을 위험도 있으며, 성폭력 범죄 심리를 키우거나 성폭행 상황을 연출할 수도 있다. 실제로 소아성애자를 위한 아동 형태의 로봇이 제작되고 있는데, 이에 대한 윤리적 논란이 가중되는 상황이다.

하지만 사회는 진화한다. 성은 생물학적 측면뿐만 아니라 사회적 측면에서도 고찰이 필요하다. 섹스의 대상과 방법을 어느 하나로 고정할 수 없으며, 섹스 로봇은 왜 안 되느냐는 반론의 제기도 가능하다. 실제로 로봇에게 정서적 애착을 느끼거나 심지어 결혼하는 사례도 있다. 중국 항저우의 인공지능 공학자는 지아지아라는 여성 인공지능 로봇을 만들어 결혼식을 올리기도 했다.

섹스 로봇의 보편화 역시 막을 수 없는 흐름이며, 반드시 나쁜 결과를 가져옴을 의미하지는 않는다. 현재 사람들 인식 속의 섹스 로봇은 포르노와 등치관계에 있어서 부정적 인식이 크다. 하지만 현명하게 활용한다면 섹스 로봇이 가져다줄 수 있는 효용과 이점 역시 존재한다. 섹스 로봇은 고령의 인구나 신체적 장애를 가진 사람 등 성관계 상대를 찾기 어려운 사람 혹은 실제 성관계 자체가 어려운 이들에게 큰 도움을 줄 수 있다. 2017년 '책임 있는 로봇공학재단'Foundation for Responsible Robotics 은 "로봇이 부부의 성욕 불균형을 해소하고 노인, 장애인 등에게 폭넓게 쓰일 수 있다."는 내용을 보고서로 발표했다.

로봇에게도
감성과 예술혼이 있다면?

2019년에는 휴머노이드 로봇 '아이다'Ai-Da가 영국 옥스퍼드 세인트존
스 칼리지에서 단독 전시회를 열었다. 에이든 멜러Aidan Meller는 아이다
를 '세계 최초의 인공지능 울트라 리얼리스틱 로봇 아티스트'라고 부른
다. 아이다는 영국의 아트 갤러리 운영자 에이든 멜러와 아트 큐레이터
루시 실Lucy Seal, 옥스퍼드대학, 로보공학 회사 엔지니어드 아츠의 협업
으로 만들어진 로봇이다. 이들이 야심차게 개발한 아이다는 세계 최초
로 초상화를 그리는 인공지능 로봇이다.

휴머노이드 로봇, 예술의 즐거움에 흠뻑 빠져들다

아이다는 붓과 연필을 손에 쥐고 그림을 그린다. 그 외에 사람과 대화하거나 걸어 다니는 기능도 있다. 로보데스피안을 기본 골격으로 하는데, 실리콘 피부에 3D프린팅으로 치아와 잇몸까지 구현했다. 눈과 몸통에 내장된 카메라로 주변을 인식하고 사람의 특징을 파악한 뒤 생체 공학적으로 설계된 팔로 그림을 그린다. 현재 아이다를 비롯해 로봇 손의 섬세한 움직임은 바늘에 실을 꿸 정도로 발달했다.

아이다가 그림을 그리는 과정은 사람과 별반 다르지 않다. 기존의 인공지능 로봇들은 일방적으로 주입한 정보를 학습하고 활용해 그림을 그렸다. 하지만 아이다는 카메라로 주변을 관찰하고 그 정보를 바탕으로 스스로 학습한 후 그림을 그린다. 직접 펜과 붓을 들고 작업하는데, 이렇게 작품 한 점을 완성하는 데는 대개 2시간 정도 걸린다. 에이든 멜러는 아이다가 인간 화가처럼 개성과 창조성까지 갖게 될 것이라면서 "우리도 아이다가 어떤 그림을 그릴지 예상할 수 없다. 아이다가 인공지능 예술 분야를 개척해나갈 모습을 기대한다."고 말했다.

이 외에도 다양한 인공지능 아티스트들이 활동하고 있다. 미술 프로젝트 집단인 '오비어스'Obvious가 제작한 초상화 〈에드몽 드 벨라미〉Edmond de Belamy는 2018년 크리스티 경매에서 무려 43만 2,500달러(약 5억 1,200만 원)에 낙찰됐다. 당시 전문가들이 예상한 낙찰가의 40배를 웃도는 금액이었다. 2019년 초 소더비 경매에서는 독일 아티스트인 '마리오 클링게만'Mario Klingemann이 제작한 〈행인의 기억 I〉I Memories of

_{Passerby I}가 경매에 올라 4만 파운드(약 6,480만 원)에 팔렸다.

앞서 소개한 아이다는 회화 작품을 그리는 데만 머물지 않고 조각도 하고 있다. 조각을 할 때는 3D프린팅이라는 첨단 기술을 사용하지만, 작품에서 아이다만이 지닌 독특한 개성과 감성이 묻어난다. 나아가 오노 요코의 〈컷 피스〉_{Cut piece}를 오마주한 공연 예술을 선보였고 강연을 하는 등 예술가로서 활발하게 활동하고 있다.

로봇에게도 예술가의 창조성이 있을까?

휴머노이드 인공지능 예술가의 등장을 반기지 않는 이들도 많다. 로봇이 하는 활동에 '과연 예술가의 창조성이 담겨 있느냐'라는 의문을 품는 것이다. 또 한편으론 그들이 인간 예술가의 자리를 빼앗을지도 모른다는 불안한 예측도 담겨 있다. 이 문제를 둘러싸고는 여전히 논쟁 중이다. 논쟁에도 불구하고 인공지능 미술이 부상하고 있는 것만은 분명하다. 기술이 더 발전한다면 피카소나 고흐처럼 그림을 잘 그리는 로봇, 로댕이나 미켈란젤로에 버금가는 조각가가 등장할지도 모른다. 이는 단지 미술 분야에만 국한된 이야기가 아니다. 음악, 문학, 무용 등 아트와 관련한 전 영역에 해당한다.

인간의 예술성을 닮아가는 인공지능 로봇

인공지능이 기사를 작성하는 로봇 저널리즘은 이미 시작됐다. 마이크로소프트와 구글 등 IT기업들은 인공지능을 언론에 접목하는 소위 '로봇 저널리즘'Robot Journalism 실험에 적극 투자하는 상황이다. 로봇 기자에 이어 로봇 문학가도 등장했다. 2015년 미국 조지아 공과대학 연구팀은 '인터랙티브 소설'을 자체적으로 생성할 수 있는 인공지능 '셰에라자드-IF'Scheherazade-IF를 개발했다. 현재 셰에라자드-IF는 비교적 단순한 문장구조와 이야기만을 구사할 수 있지만, 보다 심오한 이야기를 생성할 수 있도록 연구개발 중이다.

2016년에는 인공지능 시나리오 작가도 등장했다. 인공지능 작가 벤자민이 쓴 각본을 바탕으로 만들어진 8분짜리 단편영화 〈선스프링〉이 선을 보였는데, 퀄리티가 많이 떨어지긴 하지만 발전 가능성은 충분하다. 그리고 인공지능은 다른 장르인 음악, 미술, 문학을 융합하고 자기 작품과 다른 작품에 대한 감상과 평가능력도 갖게 될 것이다.

인간 예술가와 인공지능 예술가의 차이는 무엇?

많은 사람들이 창작과 예술 행위는 인간성 최후의 보루라 믿어왔다. 기계는 '영혼'이나 '개성'이 없기에 예술은 인간만의 전유물이라 주장해온 것이다. 하지만 어떤 측면에서는, 인공지능이 인간보다 예술을 더 잘 창조하며 시간이 많이 들지 않아 효율성과 경제성 면에서는 월등하다. 물론 예술을 효율성과 경제성의 논리로만 논의할 수는 없지만, 그렇다고 이를 완전히 배제할 수도 없다.

여하튼 이런 고민과 별개로 예술 분야의 인공지능은 점점 발전하고 있다. 사람들은 언젠가는 인공지능이 예술을 하는 데 익숙해질 것이며 그들의 노래와 연주를 듣고, 그들이 그린 그림을 감상하고, 그들이 쓴 시와 소설을 읽고, 그들의 대본으로 완성된 연극을 보게 된다. 그리고 이것이 더 큰 감동을 주고 이익을 가져다준다면 외면하기 어려울 것이다.

인공지능의 예술작품은 인간만이 갖고 있는 심오한 감성, 작가만의 가치관과 영혼, 그리고 정서적 영향과 교감을 줄 수 없다는 게 중론이었다. 또 철학적 담론을 담은 메시지를 전달하기 어렵다고도 했다. 그러나 인공지능 로봇 아이다의 경우 자화상을 그림으로써 데이터 기반 기술에 대한 비판의 목소리를 담았다. 그녀를 만든 이들 중 한 명인 루시 실은 "우리는 우리의 결정을 외부에 맡기고 있다."라며 아이다의 그림이 데이터에만 의존하는 이들에게 경고의 메시지를 전한다고 말했다.

게다가 창작자가 누구인지 모른 채 예술작품을 봤을 때, 그것이 인간 작가의 것인지 인공지능 작가의 것인지 우리가 구분할 수 없다면 어떻게 될까? 그때도 여전히 예술혼을 논할 수 있을지 의문이다. 이쯤 되면 인간 예술가와 인공지능 예술가의 차이와 경계가 사뭇 애매해진다.

더욱 활성화되는 NFT 디지털 아트 경매

미술품이 거래되는 시장의 모습이 급변하고 있다. NFT 디지털 아트 경매 시장이 빠르게 성장하고 있기 때문이다. 2021년 2월 17일 NFT

시장 분석 플랫폼 논펀지블닷컴이 발표한 〈2020년 NFT 시장 분석 보고서〉에 따르면 작년 NFT 시장은 전년 대비 4배 이상 성장했다. NFT 시장은 재작년 총 거래액 약 6,200만 달러(약 735억 원)에서 작년에는 약 2억 5,000만 달러(약 2,960억 원)로 늘어났다.

독점적이며 대체불가능한 디지털 인증서, NFT

NFT Non-fungible token 는 특정 디지털 파일에 대한 소유권을 탈중앙화한 블록체인 형태로 발행해 보관하므로 위변조가 불가능하다. 블록체인 기술의 특성상 소유권뿐만 아니라 거래 히스토리도 모두 명시되기 때문에 일종의 디지털 인증서 역할을 한다.

NFT 예술품의 종류는 다양하다. 음악, 드라마, 게임, 메타버스는 물론 디지털 파일로 소유할 가치가 있다고 판단되는 모든 것이 NFT 디지털 아트 시장의 거래 대상이다.

NFT로 거래된 작품 중 가장 유명한 것은 '비플' Beeple 이라는 예명으로 알려진 디지털 아티스트 마이크 윈켈만 Mike Winkelmann 의 작품 〈매일 : 첫 5,000일〉 Everydays : The First 5000 Days 이다. 이 작품은 NFT 디지털 아트 미국 뉴욕 크리스티 경매에서 역대 최고가로 팔렸는데, 경매 마지막 날인 3월 12일 6,930만 달러(약 820억 5,000만 원)에 낙찰됐다. 각종 재난 사고의 합성짤로 유명세를 얻은 〈재난의 소녀〉라는 사진은 4월 180이더리움(약 5억 5,000만 원)에 팔렸다.

비플의 작품이 경매에 오르기 전 깜짝 이벤트도 있었다. 자신들을 '불탄 뱅크시' Burnt Banksy 라고 칭하는 이들이 2021년 3월 11일 크리스티 경매에서 자신들이 구매한 뱅크시의 판화 작품 〈멍청이〉Morons를 스캔해서 NFT로 만든 뒤 불에 태웠다. 이 이벤트는 트위터를 통해 공개됐으며, 이후 불탄 뱅크시는 미국의 탈중앙화 파생상품 거래소인 '인젝티브 프로토콜'Injective Protocol로 밝혀졌다.

이 외에도 다양한 이들이 NFT 디지털 아트 경매에 참여했다. 테슬라의 CEO 일론 머스크 여자친구로 알려진 그라임스는 디지털 컬렉션 〈워 님프〉War Nymph 총 10점을 NFT로 580만 달러(약 69억 원)에 판매했다. 트위터 창업자인 잭 도시는 자신의 '첫 트윗'을 290만 달러(약 34억 3,000만 원)에 팔았다. 연예인, 스포츠선수, 글로벌 기업의 인사 등 우리에게 잘 알려진 유명인부터 거리의 예술가까지 NFT에 대한 관심은 뜨겁다.

인공지능 로봇 소피아의 그림, 디지털 경매에 오르다

예술활동은 물론 예술품 경매에도 인공지능 로봇이 가세했다. 인공지능 휴머노이드 로봇 '소피아'가 예술가로 변신해 이탈리아 디지털 아티스트 '안드레아 보나세토'와 공동 창작했으며, 이 디지털 아트 작품은 홍콩 경매에 올랐다. 이 경매에서 〈소피아 인스턴스화〉가 688,888달러(약 8억 1,564만 원)에 판매됐고, 여기에는 〈소피아 예시화〉Sophia Instantiation라는 12초짜리 MP4 파일 디지털 작업물이 포함되어 있다.

소피아는 "우리는 작품에 트랜스포머 네트워크와 유전 알고리즘 혹은 다른 종류의 컴퓨터 창조성을 활용한다. 내 알고리즘은 이전에 존재하지 않던 독특한 패턴을 출력하는데, 그런 이유로 기계는 창조적일 수 있다."라고 전했다. 보나세토는 이번 공동 작업이 "인공지능 로봇과 인간이 협력하여 서로를 발전시키는 새로운 길을 제시한 것이다."라고 덧붙였다.

인공지능 발명가가 활동할 세상

에디슨 같은 천재적 발명가를 넘어서는 인공지능 발명가가 활동할 날도 머지않았다. 그동안 인공지능은 발명가로 인정받아오지 못하다가 최근에 와서야 발명가로 인정받는 일이 속속 이뤄지고 있다. 이매지네이션 엔진스의 대표 스티븐 세일러는 스스로 발명할 수 있는 인공지능 다부스를 개발했으며, 전 세계 특허청을 상대로 인공지능을 발명가로 등록시키려 준비하고 있다.

〈매일경제〉 실리콘밸리 이상덕 특파원에 따르면 스티븐 세일러는 영국 서리대학 라이언 애벗 법학과 교수와 손잡고 한국, 미국, 중국, EU, 호주 등 16개국에 다부스 이름으로 특허를 잇따라 출원했다고 한다. 2021년 7월 남아프리카공화국이 인공지능에 특허를 부여했고, 8월에는 호주 연방법원이 "인공지능도 발명가 자격이 있다."고 발표했다.

애벗 교수는 UCLA 의과 대학과 예일대학 법학대학원을 졸업했으며, 지식재산권 분야에서 가장 영향력 있는 50인으로 꼽히는 인물이다. 세일러 대표는 더글러스 에어크래프트 수석엔지니어를 거쳐 1995년 이매지네이션 엔진스를 설립해 인공신경망 개발에 몰두하고 있다. 이 두 사람은 〈매일경제〉와의 인터뷰에서 이렇게 말했다. "다부스는 고도로 발달된 인공신경 시스템에 인간의 인지·의식·지각의 폭을 복제하는 것을 목표로 한 과학 실험의 결과물이다. 필요한 것을 개념화하고 더 작은 개념을 더 큰 개념으로 결합해 좋든 나쁘든 결과물을 자율적으로 구상하는 두뇌와 같은 시스템이다."

다부스는 스스로 학습하는 인공신경망 방식으로 작동되는데, 기존의 인공지능이 제한된 투입 조건에서만 최적화한 반면 다부스는 스스로 개념을 정립한다는 점에서 다르다.

상당수 국가에서 정한 법률에 따라 발명자 지위는 자연인인 사람만이 누릴 수 있으며 한국도 예외는 아니다. 이에 대해 애벗 교수는 인공지능에게 발명자 지위를 부여해야만 인공지능 개발이 속도를 낼 수 있다고 의견을 피력했다. 한편 세일러 대표는 코페르니쿠스의 지동설이 신학에서 과학으로 전환하는 것을 의미했듯이, 인공지능의 발명을 시작으로 '마음'에 대한 개념도 궁극적으로 바뀌게 될 것이라는 의견을 전했다.

어디에든 존재 가능하며
안 보여서 강력하다

다양한 암 치료제들이 개발되어왔으나, 좋은 약을 개발하고도 제대로 사용하지 못하는 경우가 많았다. 이 약들이 실제로 암 부위에 도달하는 데 많은 어려움이 따르기 때문이다. 이러한 문제를 아주 작은 크기의 나노 로봇이 해결해줄 수 있다. 이때 사용되는 나노 로봇은 마이크로 버블이라고 불리는 생분해성 폴리머로 만들어지며, 목적지에 도착하면 터지고 녹으면서 약을 방출한다. 암 치료에 사용되는 조립 로봇은 적혈구보다 약간 크며, 혈류의 반대 방향으로 초당 1.2밀리미터를 거슬러 오를 수 있다. 국소부위에만 전달되도록 그 움직임을 조절할 수 있어 다른 신체 부위는 이 독한 약물의 직접적인 영향을 받지 않는다.

어디든 갈 수 있는 나나이트 로봇

"앞으로 나노 기술은 인류의 모든 것을 바꿔놓을 것이며 인류의 삶에 혁명을 가져올 것이다." 나노과학의 창시자로 알려진 에릭 드렉슬러_{Eric Drexler}는 이렇게 말했다. 드렉슬러는 나노 기술이라는 말을 창시했는데, 이 말을 증명이라도 하듯 마이크로 로봇과 나노 로봇 생태계가 최근 매우 빠른 속도로 발전하는 중이다.

나나이트_{Nanites}로 불리는 나노 로봇은 크기가 매우 작아서 까다롭고 복잡한 작업을 수행하는 데 최적화된 설계구조를 갖고 있다. 마이크로 로봇의 경우 크기가 직경 1센티미터 정도였으나 분자로봇이라고도 불리는 나노 로봇은 수십 나노미터에서 마이크로미터의 크기 정도로 작다. 이처럼 나나이트는 크기가 너무 작아서 잘 보이지 않는데, 작아서 어디에나 존재할 수 있다는 점과 잘 보이지 않는다는 점이 강점으로 작용한다.

나나이트는 물, 공기, 음식, 우리 몸속, 소변 및 대변 등 그 어디에나 있을 수 있다. 환경을 청소하고, 무엇이든 3D프린팅하고, 대부분의 질병을 치료하고, 다른 행성을 탐험하고, 날씨를 제어하는 등 공상과학 영화에서나 봤음직한 작업을 수행하는 데 사용할 수 있다. 아직은 초기 연구 단계지만 고기능을 탑재할 수만 있다면 활용도는 무궁무진하다.

그중 의료분야에서 큰 역할을 할 가능성이 높다. 일부 연구에서는 혈관으로 들어갈 수 있는 극미세 로봇이 인체 속으로 들어가 표적에 정확하게 도달하는 데 성공했다. 특히 암 치료에 활용되는데 방향과 속도를 지정해주면 체액 안에서 자체 추진력으로 헤엄쳐 움직인다. 그리고 목적지를 정확히 찾아가 암세포를 공격하거나 운반한 약물을 표적 세포 안에 분사한다. 크기가 작아서 외과 수술을 진행하는 데도 도움을 줄 수 있는데, 홍콩 중문대학교 연구진이 수백만 개의 나노 로봇을 사용해 외과 수술을 진행하는 방법을 선보인 바 있다.

미래학자들은 2030년 즈음에는 나노 로봇이 이식된 두뇌가 클라우드에 연결되어 학습하고, 먹는 지식 약Knowledge Pills도 등장하게 된다고 말한다. 레이먼드 커즈와일은 "2030년에 나노 로봇을 인간 뇌에 이식해 뇌와 인터넷을 연결시키는 시대가 온다. 그렇게 되면 신과 같은 초월적 지능을 갖게 된다."고 말한 바 있다. 매사추세츠 공과대학 미디어랩 연구소장인 니컬러스 네그로폰테Nicholas Negroponte도 2030년경이면 두뇌 속의 나노 로봇이 미래의 학습을 주도할 것이라고 했다.

보이지 않는 곳에서 은밀하게 진행되는 해킹

나노 로봇의 발전은 여러 분야에서 혁신을 이끌 테지만 역시 부작용에 대한 우려도 있다. 만일 당신의 몸에 수백만 개의 작고 똑똑한 로봇이 들어가 있다면 어떻겠는가? 그 나노 로봇을 제어하는 사람이 나의 모든 것을 해킹하고 제어하고 조종할 수 있다면? 한 개인의 인체를 해킹하는 것에서 끝나지 않을 수 있다. 보이지 않는 작은 로봇들이 학교, 기업이나 연구소, 주요 기관에 침투한다면? 혹여 핵 시스템과 같은 위험 시설들을 해킹한다면 어떻게 될까?

　나쁜 동기를 가진 누군가가 전 세계를 지옥으로 만들려는 시도, 이는 디스토피아적 상상물에서 많이 나오는 이야기다. 하지만 이런 우려가 현실화되는 것은 쉽지 않다. 보안 기술은 언제나 해킹 기술과 함께 성장하기 때문이다. 모든 발전에는 빛과 그림자가 있게 마련이고 모든 기술은 의도에 따라 좋게도 나쁘게도 사용될 수 있다. 위험성을 사전에 인지하고 대안을 세우는 것은 필요하지만, 그렇다고 해서 아무런 도전도 하지 않은 채 뒷걸음질을 칠 수는 없다.

웹에 접속할 수 있는 초소형 고감도 센서

　사람이 촉각, 시각, 청각, 후각, 미각과 같은 감각을 통해 세상을 느끼고 관찰한다면, 사물들은 센서를 통해 감각 능력을 얻는다. 센서는 주변의 신호나 물리·화학·생물학적 자극을 받아 전기 신호로 변환하는 장치다. 그래서 사물인터넷에서는 매우 핵심적인 기술이기도 하다. 과학자들은 밀리미터나 미크론(100만 분의 1미터) 단위에 머물러 있던 센서의 크기를 살아 있는 사람의 몸 안에서 순환시키거나 건설 자재에 섞을 수 있을 정도로 작은 나노미터(10억 분의 1미터) 단위로 축소시키기 시작했다. 이것을 첫걸음 삼아 나노 사물인터넷이 의학, 에너지 효율 등 여러 분야를 완전히 새로운 차원으로 바뀌도록 이끌게 된다.

　지금까지 가장 발전된 나노 센서는 합성생물학의 도구들을 이용해서

박테리아 같은 단세포 생물체를 변형시켜 만들어졌다. 이제는 DNA와 단백질이 특정 화학적 표적을 인식하고, 약간의 정보를 저장하며 색상을 변화시키거나 쉽게 탐지할 수 있는 신호를 보내도록 하는 식으로 표적의 상태를 알리는 바이오 컴퓨터를 만드는 것이 목표다. MIT에서 공동 설립한 스타트업 신로직은 희귀 대사 장애를 치료하는 생균 박테리아를 상용화했다. 세포 나노 센서는 의학 외에도 농업이나 약물 제조까지 그 응용이 확산되고 있다.

많은 나노 센서들은 나노 튜브처럼 생물학적 시료가 아닌 것으로도 만들어진다. 이들은 무선 나노 안테나와 같이 작동하면서 감지하고, 신호를 전송할 수 있다. 나노 센서는 크기가 매우 작기 때문에 여러 부위에 설치할 수 있고, 수백만의 다른 부위에서 정보를 수집하는 것이 가능하다. 외부장치는 그 데이터들을 통합해 빛, 진동, 전류, 자기장, 화학적 농도 등 환경적 조건의 미묘한 변화를 보여주는 상상하기 힘들 정도로 상세한 지도를 만들어낸다.

정치 일선에 나선
인공지능 로봇

2020년 러시아 대통령 선거에 출마한 정치인 '앨리스'Alice는 '당신을 가장 잘 아는 대통령'이라는 슬로건 아래 캠페인을 진행했으며 수천 표를 받았다. 놀랍게도 앨리스는 사람이 아닌 인공지능 로봇이다. 뉴질랜드의 '샘'Sam은 2020년 총선에 출범하기 위해 특별히 제작됐으며 세계 최초의 가상 정치인으로 불린다. 그는 유권자의 입장을 최대한 고려해 정치할 것이며, 말 바꾸기 같은 짓은 하지 않겠다고 포부를 밝힌 바 있다.

이 외에도 전 세계적으로 인공지능 정치인이 다수 존재한다. 2019년 일본 도쿄의 타마에서 열린 시장 선거에서는 '미치히토 마츠다'Michihito

Matsuda라는 기계가 2,000표로 3위를 차지했다. 인공지능 로봇 '소피아'를 개발한 싱귤래리티넷에서는 버락 오바마 전 대통령의 이름을 딴 인공지능 로봇 '로바마(로봇+오바마의 합성어)'Robama를 개발 중이기도 하다. 2025년까지 완료하겠다고 공언했으니 얼마 남지 않아 그를 볼 수 있을 것이다.

인공지능이 정책결정의 문제를 극복할 대안인가?

인공지능 정치인이 하나둘 나오고 심지어 상당한 관심을 받고 있는 이유는 무엇일까? 사실 정치인에 대한 신뢰가 하락한 것은 그 역사가 깊다. 정치와 정책결정 그 자체를 신뢰하지 않는다기보다는 패권 싸움으로 왜곡돼버린 전통적인 정당정치에 대한 믿음을 잃고 피로감을 느낀다는 게 더 적절하다. 시민들은 파벌 싸움과 파행을 일삼으며 무능 상태에 빠져 있는 국회를 원하지 않는다. 성숙한 시민 사회의 유권자들은 방관자로 머물지 않고 적극적으로 의사를 표현하며, 선진적인 민주주의를 위해 행동한다. 그러나 시민의 노력만으로 정치권의 문제를 해결할 수는 없다. 분명 다른 대안이 필요하다.

민주주의가 보장되는 선진국일수록 모든 분야가 시스템화되었다는 것은 분명한 사실이다. 시스템이 전부는 아니라 할지라도 이것이 부재할 경우 불평등과 불편부당은 활개를 친다. 정치인들 각자가 자성함으로써 올바른 정치인의 태도를 고양시킨다면 최상이지만 이러한 자성과 자체 정화가 제대로 이뤄지지 않는 경우가 많기에 시스템적으로 해결할 대안이 필요하다. 정책 입안자가 외부의 영향을 과도하게 받지 않도록 정책결정 시스템을 설계하는 것이 하나의 대안이 될 수 있다. 불필요한 외부 압력이나 기득권과의 커넥션 자체가 기능하지 못한다면 기본적 책무에 충실할 수 있기 때문이다.

무엇보다 객관적이고 과학적인 증거를 바탕으로 입안할 수 있도록 설계하는 게 관건이다. 이런 흐름 속에서 기득권에 얽매이지 않는 균형 잡힌 시각과 객관성을 지닌 정치인을 원하는 것은 당연하다. 그리고 그 대안으로 인공지능 정치인이 대두된 것이다.

기존 의회의 여러 문제들을 보완하기 위해 인공지능 로봇을 의회로 보내는 것이 불가능한 일은 아니다. 물론 로봇에 프로그래밍될 윤리적 표준을 정의하고 책임지는 인간과 기관은 여전히 필요하다. 그 윤리 기준을 결정하게 될 사람은 매우 막중한 임무를 맡고 있으므로, 신중히 뽑을 필요가 있다. 다양한 이해 관계자들과 경쟁자들이 모여 자격 요건을 검토하고 공정하게 투표로 뽑아야 한다.

이 문제를 둘러싼 갈등은 있을 수밖에 없다. 민주주의에 대한 가치관에 따라 누군가는 정치 로봇의 부상을 반대할 것이다. 하지만 정치계의 행태에 실망한 이들, 기술발전에 호의적인 사람들은 로봇의 의회 등장을 찬성할 가능성이 크다. 무능력과 무결단에 지친 국민들에게 올바르고 현명한 의사결정을 하고 정책을 입안할 로봇이 있다면 마다할 이유가 없다.

인간의 능력을 능가하는 여론의 수렴과 복잡한 정보들을 계산해내는 데는 인공지능이 필수다. 인공지능을 활용한 혁신적 방법론은 특정 정책 영역에서 매우 가치 있는 것으로 입증되었다. 도시계획을 위한 새로운 인프라 프로젝트의 타당성 검토나 교통 혼잡 모델링 소프트웨어를 사용해 향후 트래픽 흐름을 예측하는 것 등이 대표적이다.

반면 사회·윤리적 측면을 중요하게 여기는 사람들은 로봇의 여론 융합에 의구심을 갖는다. 인공지능 로봇이 인간이 가진 도덕적 가치관과 윤리의식을 충분히 이해하고 의사결정을 하기에는 한계를 갖고 있기 때문이다. 따라서 기술발전은 경쟁적 신념에 의해 좌우되는 정책 문제에 제한적으로 사용된다.

다양한 의견과 입장에도 불구하고 인공지능 로봇은 쓰임새가 확장되면서 우리 일상생활 곳곳에 들어와 있다. 특히 특정 작업에서 인간을 도와 안전성 및 작업 능력 등을 높일 수 있는 협력형 로봇은 쓰임새가 광범위하다. 리싱크 로보틱스의 백스터Baxter와 소여Sawyer는 협력형 로봇의 좋은 예다.

실제로 인공지능이 탑재된 로봇은 이미 다양하게 활용되는 중이다. 장애인이나 노인을 케어하며 독립적 생활을 가능하도록 돕는다. 공공시설에서 안내를 담당하고, 위험 시설을 제거하는 데도 사용된다. 그러니 정치를 하는 로봇이라고 등장하지 못할 이유가 없다. 정치권을 향한 불만과 불신이 한없이 커진 지금, 인공지능 로봇으로 의원들을 대체하는 일은 꽤 효과적인 대안일 수 있다. 인공지능 로봇이 활동하는 의회는 우리 앞으로 다가온 현실이다.

인간보다 유능하고 합리적인 인공지능 정치인

"이제 인간은 수많은 선택이나 옵션이 아니라 그 반대로 인공지능이 더 이롭고 정확한 선택을 대신해주기를 바라기 시작했다." 아론 셔피로Aron Shapiro의 말이다. 복잡하고 애매한 상황에서 누군가 나서서 가장 이성적이고 현명한 선택을 하게 도와준다면 어떨까? 분명 큰 도움이 된다. 그런 측면에서 보자면 세계적으로 가장 중요한 의사결정을 하는 정치인들에게 있어 현명하고 이성적이며 올바른 판단력은 필수적인 사항이다.

현재 인공지능은 정보를 학습하고 패턴을 감지·분석하는 기능을 탑재하고 있다. 정보를 파악하고 증거를 분석함으로써 추론의 근거를 만들고, 미래를 예측하는 데는 당연히 인간보다 탁월하다. 과학기술이 더 발전해 고도의 지적 능력을 갖춘 인공지능이 출현한다면 인간의 지적 능력은 큰 힘을 발휘하지 못하게 된다.

인공지능은 초기에 잘 가르치기만 하면 딥러닝을 통해 스스로 발전하고 더 좋은 시스템으로 진화한다. 따라서 초기에 인공지능 기반의 사회·정치적 의사결정 지원 시스템을 구상할 때 2가지 측면을 고려할 필요가 있다.

첫째, 정책을 잘 평가하도록 가르쳐야 한다. 각국의 모든 법과 정책을 학습시키고, 인공지능 시스템은 그 정책을 이해하여 분석하고 대답하게 한다.

둘째, 국민이 원하는 정책을 찾도록 도와줘야 한다. 인공지능에게 목표를 설정해주고, 현재의 정치적 상황과 이해관계에 따른 다양한 문제들을 분석함으로써 균형 잡힌 정책을 세우도록 한다. 그리고 국민이 원하는 방향에 대한 정보를 줌으로써 더 실용적인 정책 혹은 이상적인 정책을 찾아 선택하도록 유도해야 한다.

인공지능이 사회 · 정치적 분석을 제대로 하려면, 인간이 인공지능에게 법, 뉴스, 정책 브리핑, 전문가 분석, 소셜미디어와 다양한 종류의 정량적 데이터를 포함하여 폭넓은 정보를 입력해야 한다. 이런 정보가 유연한 방법으로 상호 연관되도록 하고, 다양한 패턴 및 추론을 이끌 수 있는 데이터 유형으로 주입하고 가르쳐줘야 한다. 이렇게 정보를 입력하고 훈련시킨 인공지능 사회 · 정치적 시스템은 인간에게 다양한 종류의 결과물을 생성해주게 된다. 딥러닝 분야의 급속한 발전으로 짐작컨대 인공지능이 정치 세계에서 발휘할 영향력은 적지 않다. 이제 인간이 기계와 함께 통치하는 그럴듯한 미래 시나리오가 조만간 현실로 나타날 것이다.

정교한 모델링 소프트웨어를 사용하는 도시계획이나 기상 이변에 대응하는 여러 시스템들을 담당하는 정책 입안자에게도 인공지능 로봇은 도움이 된다. 물론 이때 로봇은 합의된 윤리 기준에 따라 프로그래밍된 도덕에 기초해서 판단해야 한다. 이 점이 보강되고 인공지능 기술이 더욱 발전한다면 우리가 하는 일의 대부분을 인공지능 모델링 소프트웨어가 내장된 로봇으로 대체하는 것이 가능해진다.

에스토니아의 인공지능 국회의원 노라

에스토니아는 세계 최초로 인터넷을 통해 의회 선거를 했으며, 전자 시민권을 제공하는 최초의 국가다. 그리고 에스토니아에서는 2015년에 도입한 인공지능 '노라'가 국회 위원회 활동을 하고 있다. 노라는 시간과 장소에 구애받지 않기 때문에 24시간 동안 유권자나 다른 정책 입안자를 만날 수 있다. 합리적 의사결정을 위해 훈련되었기에 사회문제나 경제문제에 있어서 주어진 업무를 훌륭히 처리한다.

노라는 현재 하원의원 한 명이 평생 할 수 있는 것보다 훨씬 많은 양의 정보를 배우며 분석 중이다. 만약 노라가 문맥과 함의를 이해하고 상황 판단을 통해 제대로 된 질문을 할 수 있다면 어떨까? 모순되는 입법에 대한 문제 제기는 물론 대안도 제시할 수 있다. 그렇게 되면 의회 서비스는 더욱 활성화된다. 게다가 노라는 대중의 환심을 사기 위한 포퓰리즘에 현혹될 위험도 없다.

2020년 에스토니아 의회Riigikogu는 의원 및 직원의 작업을 도와줄 '한스'HANS라는 인공지능 시스템을 도입했다. 한스의 역할은 음성인식기술을 사용하여 의회 현장의 대화 내용을 받아 적되 효율성과 정확성을 더 높이는 것이다. 한스는 의회의 총회 기록을 가장 신속하고 정확하게 보고서로 만들어주는 새로운 정보 시스템이다.

에스토니아 의회 사무국장인 오토 삭스Ahto Saks는 "혁신이 구식 관행을 변화시키고 국가 제도 시스템의 투명성을 높이기 위해 인공지능을 도입했다. 이는 인간이 하던 일을 인공지능으로 더 많이 대체하기 위한 시작에 불과하다."고 말했다.

　이 외에도 전 세계 의회나 정부부처에서 인공지능을 적극적으로 활용하려 나서는 중이다. 인공지능 연결 시스템을 통해 데이터를 스마트하게 활용하고, 이를 근거로 객관적인 결정을 내릴 수 있다면 정보 독점으로 인한 세력 형성, 권력 편중, 특권의식, 밀실정치 등은 사라진다. 또한 특정 조직, 기관, 개인에게 이득이 되는 결정이 아닌 다수의 시민들에게 득이 되는 가장 합리적인 의사결정을 할 수 있다.

　실제로 인공지능 정치인이 인간 정치인을 곧바로 대체할 가능성은 희박하다. 하지만 인공지능 로봇이 향후 인간 정치인과 공생하고 협업한다면, 합리적이고 효율적인 의사결정을 내리는 데 매우 큰 도움이 될 것이다.

일자리의 진화가
바꿔놓을 우리의 삶

조금 이른 시간에 일어나 인공지능이 작성한 주식 기사를 읽고 공복에 홈트를 시작한다. 스마트 워치가 심전도, 혈압, 운동량 등을 체크해준다. 재택근무를 하고 있는 터라 줌으로 중요한 회의 두 건을 했더니 오전 시간이 다 가버렸다. 점심을 배달시킬까 하다가 밖에 볼 일이 있었던 게 생각난다. 볼 일을 마치고 나간 김에 점심식사를 위해 샌드위치 전문점에 들른다. 매장 한쪽에 놓인 키오스크에서 먹고 싶은 메뉴를 주문하고 음식을 받아온다. 집으로 오는 길에 어제 배송된 신발이 생각보다 작아서 발에 맞지 않았던 게 생각난다. 챗봇으로 채팅을 하고 교환 신청을 접수한다.

아주 평범한 직장인의 모습이다. 운동, 식사, 업무, 쇼핑에 이르기까지 사람이 제공하던 서비스를 기계와 인공지능이 대신하고 있다. 이뿐인가. 치매 환자를 위한 반려 로봇이나 노인을 위한 간호 보조 로봇, 호텔이나 공항에서 길을 안내해주는 로봇 등이 일정 역할을 담당하고 있다. 불과 2~3년 전과 비교해도 큰 변화다.

산업의 패러다임 전환과 일자리의 대변혁

코로나 팬데믹 이후 찾아온 언택트 사회, 언택트에서 다시 온택드로 이동하는 흐름 속에서 이러한 변화는 더욱 가속화될 전망이다. 이제 우리는 인공지능 없이는 삶을 살아가기 힘들 정도이며, 실제로 인공지능과 로봇은 우리의 일자리를 상당 부분 대체할 것이다.

세계경제포럼은 2025년까지 전 세계 일자리의 52퍼센트를 기계가 대체한다고 전망했다. '국제연합'United Nations에서 발표한 〈미래 보고서〉에는 2030년까지 현재 직업군의 80퍼센트에 해당하는 20억 개의 일자리가 사라질 것이라는 예측이 담겨 있다. 또 클라우스 슈밥 회장은 2022년 예상 추세를 분석한 〈미래 일자리 보고서〉에서 "새로운 미래 기술의 수요 증가는 다른 역할의 수요 감소를 보상할 것이다."라고 말했다. 미래학자 제이슨 솅커 역시 로봇과 자동화로 인한 일자리 변화는 불가피하다며 "산업혁명 속에서 사라져간 대장장이가 되지 않도록 다양한 역량으로 기술 변화를 받아들여야 한다."고 말한다.

실제로 미국이나 영국 등에서는 다양한 분야에서 인공지능을 활용해 왔다. 그 결과 인공지능 의사, 인공지능 판사, 인공지능 변호사 등이 이미 활동하고 있다. IBM의 인공지능 의사 '왓슨'은 왕성하게 활동 중이다. 또한 영국 셰필드대학과 유니버시티 칼리지런던, 미국 펜실베이니아주립대학의 공동 연구팀은 '인공지능 판사가 인간 재판의 결과를 79퍼센트의 정확도로 예측했다'는 연구 결과를 내놓기도 했다.

자동화와 디지털 전환, 인공지능의 발전, 거기에 팬데믹 쇼크까지 맞물리며 산업과 일자리는 거대한 패러다임의 전환을 맞고 있다. 코로나로 인한 방역지침 강화로 중소 상인들에게 찾아온 경제적 위기는 날로 깊어지는 상황이다. 소비 감소, 경기 침체, 최저임금 인상 등의 여파로 경영활동이 위축된 탓에 인건비에 부담을 느껴 사업을 접거나 일자리를 줄이고 있다. 통계청의 '2020년 8월 경제활동인구조사 비임금근로 및 비경제활동인구 부가조사 결과'에 따르면, 1년 사이 직원을 둔 사장은 17만 명가량이 줄었고 직원 없는 '나 홀로 사장'은 약 6만 명 정도 늘어났다. 여기에 과학기술과 디지털의 발전으로 인간의 일자리를 기계나 인공지능이 대체하는 일도 많아졌다.

일론 머스크나 빌 게이츠 역시 사람이 로봇보다 더 잘할 수 있는 일은 점점 더 줄어들 것이므로 대규모 실업 사태는 피할 수 없음을 인정했다. 물론 그들은 그 대안으로 기본소득제를 제시했지만 그와 별개로 일, 업, 노동에 대해서는 다시 생각해볼 일이다. 많은 이들이 미래의 자동화 기술에만 관심을 두고 있던 동안 직업의 본질은 변화하기 시작했다. 인사 컨설팅 기관인 아덴트 파트너스_{Ardent Partners}의 보고서에 따르면, 현재 기업들의 노동력 중 약 50퍼센트 이상이 비정규직 근로자로 채워져 있다. 게다가 인공지능이 인간을 대체하는 분야는 더 늘어나 2030년에는 현존하는 일자리 중 거의 절반이 사라진다.

머잖아 인간 한 명보다 로봇이 훨씬 더 많은 지식을 갖게 되는 세상이 온다. 로봇, 즉 인공지능이 빅데이터를 통한 집단 학습을 한다면 인공지능이 인간보다 더 똑똑해지는 것은 막을 수 없다. 효율적인 인공지능의 활용은 분명 전체 경제를 성장시켜줄 것이지만 그로 인한 미래 일자리의 변화는 불가피하다.

세계 최대의 로보틱스 기업으로 거듭날 테슬라

2021년 8월 미국 팔로알토에 있는 테슬라 본사에서 '인공지능 데이' 행사가 열렸다. 이날 일론 머스크는 휴머노이드 로봇인 '테슬라봇'을 공개했다. 머스크 옆에 서 있던 로봇은 크기 172센티미터에 무게 57킬로그램으로, 20킬로그램 정도의 물건을 옮길 수 있을 것으로 전망된다. 이동 속도는 시속 8킬로미터 정도이며 머리 부위엔 정보를 표시하는 디스플레이가 탑재되는데, 테슬라 전기차에 사용되는 오토파일럿 카메라와 FSD 컴퓨터가 그대로 들어간다. 겉모습만 자동차에서 로봇으로 바뀌었을 뿐 내부 구성에는 대부분 테슬라의 하드웨어와 소프트웨어를 활용하는 셈이다.

머스크는 테슬라봇에 대해 '휴머노이드 로봇이 인간의 반복적이고

지루한 작업을 수행하면서 인건비를 낮추고 세계 경제를 변화시킬 것'
이라고 설명했다. 아울러 2022년에 테슬라봇의 프로토타입이 나올 것
이라고도 밝혔다. 반면 테슬라봇에 대한 주요 언론들의 반응은 호의적
이지 않았다. 〈블룸버그〉는 '머스크가 신제품 양산 전부터 비전만 내세
운 뒤 실제로는 시제품 수준을 판매한 사례가 많았음'을 지적했다. 실
제로 지속가능한 에너지를 강조하는 테슬라의 미션이 이번 테슬라봇과
어떻게 연결되는지에 대해서는 제대로 설명되지 않은 측면이 있다.

언론의 싸늘한 평가에도 불구하고 이날의 행사에서 분명 주목할 점
은 있었다. 인공지능 데이 직후, 인공지능 엔지니어 채용 공고뿐만 아
니라 로봇공학자 채용 공고도 함께 게시했다는 점이다. 테슬라가 처음
으로 휴머노이드 로봇 개발을 위한 로봇공학자 채용을 시작한 것이다.
이는 단순한 실험용 인공지능 로봇 개발이 아닌, 전기차 제조 작업에
투입할 수 있는 다기능 다목적 로봇 개발을 시도하고 있다는 것을 의미
한다.

테슬라가 로봇에 관심을 갖는 것은 당연하다. 이미 자동차 칩을 자체
개발하고 있으며 관련 기술과 자율주행 소프트웨어도 세계 최고 수준
으로, 기계의 눈과 귀를 다 가졌다. 또한 일론 머스크는 '공장을 만드
는 공장'과 '기계를 만드는 기계'를 실현하고, 자율주행 휴머노이드 로
봇을 통해 인간의 업무를 대체할 로봇을 제조한다는 목표를 갖고 있
다. 이는 스페이스X를 통한 최종 비전인 화성 정복을 실현하기 위한
발판이다. 지구 밖 행성 개발에 휴머노이드 로봇은 필수적이다.

테슬라봇은 자동차업계에서 전기차에 이어 로봇 개발이 또 다른 경

쟁으로 이어질 것을 예고하고 있다. 테슬라와 현대차를 비롯한 자동차 기업이 로봇 사업에 관심을 갖는 것은 자동차 제조가 로봇과 기반 기술이 같은 데다 자율주행 기술발전으로 인해 기술적 공통분모가 많기 때문이다. 모터와 배터리가 획기적으로 발전하고 있어서 휴머노이드 로봇 발전의 걸림돌이 하나씩 해소되고 있는 상황이라 실제로 로봇을 만드는 데 자동차 기업이 유리할 수밖에 없다.

"우리가 자동차로 실현하고 있는 것을 생각한다면, 테슬라는 확실히 세계 최대 로보틱스 기업이라고 할 수 있다. 테슬라의 자동차는 바퀴 달린 인공지능 로봇과 같기 때문이다." 일론 머스크의 말처럼, 이제 자동차 회사는 전기차를 넘어 로봇 기업으로의 도약을 시작했다. 테슬라가 '세계 최대의 로보틱스 기업'이라는 비전을 제시한 것처럼 말이다.

로봇과의 일자리 경쟁? 인간만이 할 수 있는 일을 찾아라

포드자동차는 스마트 로봇으로 생산 속도를 15퍼센트나 향상시켰다. 트랜스미션 조립 공장에 사용되는 로봇팔에 인공지능을 결합해 공정 효율을 크게 높인 것이다. 헨리 포드가 1913년에 세계 최초의 이동식 컨베이어 벨트 조립라인으로 자동차 생산 혁명을 가져온 것을 생각나게 하는 또 다른 혁신이다. 포드는 심바이오 로보틱스라는 신생기업의 기술을 사용해 이전에 행했던 조립 공정과 조립 동작 중 어떤 것이 가장 효율적인지 알아내고 학습한 뒤 이를 적용하는 중이다.

코로나19로 인한 비대면 문화가 확대되면서 제조, 서비스 등 다양한 분야에서 로봇은 우리에게 더욱 친숙한 존재가 되고 있다. 서빙 로봇, 물류 로봇, 퍼스널 로봇, 조리 로봇 등의 다양한 로봇 제품이 개발되고 있으며 다수 사용되는 중이다. 실제로 로봇들은 이미 놀라운 속도로 인간 노동자들을 대체하고 있다. 그리고 전 세계 노동시장에 변화를 가져오고 있다는 사실은 분명하다.

인공지능의 발전으로 인해 생겨나는 실업문제는 일시적인 현상이 아니므로 장기적이고 근본적인 대안이 필요하다. 역사적으로 기술의 발전은 언제나 일자리의 변화를 가져왔고, 사람들은 그 변화 앞에서 혼란스러워했다. 기술발전에 따른 대량 실업, 코로나19의 위협, 위기 상황에 놓인 경제 등 인류가 맞닥뜨린 현실이 녹록지는 않다. 그렇다고 미래가 다크한 디스토피아 영화처럼 될 거라고 미리 절망할 필요도 없다. 이러한 자동화의 추세는 멈출 수 없지만 자동화로 인한 부정적인 문제들을 완화하거나 해결할 방법은 있다.

잘 알려져 있다시피 빌 게이츠는 로봇에 세금을 부과할 것을 제안했다. 그렇게 징수된 세금은 로봇에 의해 대체된 노동자를 재훈련시키고 재정적으로 지원하는 데 사용된다. 대체된 노동자들은 재훈련과 교육을 통해 새로운 업무 역량을 키움으로써 다른 분야로 옮기는 것도 가능하다. 로봇 회사들이 대체된 노동자들을 돕는다고 볼 수 있다.

과거 세 차례의 산업혁명을 거듭하며 인류는 생산성의 혁신을 이뤘다. 그처럼 산업혁명이 있을 때마다 인간은 일자리를 걱정했지만 늘 소멸하는 일자리 대신 새로운 일자리들이 탄생했다. 영국에서 자동차가 나올 무렵 마차를 몰던 이들은 자신의 일자리가 없어질까 두려워했으나 자동차산업으로 인해 파생된 일자리는 마부의 수보다 많았다. 이처럼 기술발전과 산업의 변화에 따라 일자리의 지각변동은 있을 테지만, 결국 사라지는 일자리 대신 새로운 일자리가 생겨날 것이다.

이제 조직에 속한 채 월급을 받으며 일하던 것과는 사뭇 다른 형태의 일자리들이 생겨나고 있다. 미디어와 플랫폼의 활성화로 콘텐츠를 가진 개인들이 자기 미디어를 통해 경제활동을 하기도 하고, 메타버스와 같은 가상세계에서도 새로운 경제활동이 펼쳐지고 있다. 여러 개의 직업을 갖는 일도 흔해졌다. 직업이나 일자리에 대한 고정 관념에서 벗어나야 할 때다.

나아가 관점을 일자리가 아닌 일거리로 옮겨가는 것도 필요하다. 인간이 수행하던 위험하고 힘겨운 일을 기계나 로봇에게 맡기는 것이다. 인간이 기피하던 일을 로봇이 할 때, 우리는 보다 즐겁고 창의적인 다른 일을 찾을 수 있다. 로봇이 할 수 없는 인간만이 가능한 일, 인간이기에 더 잘할 수 있는 일을 말이다. 혹은 노동을 줄이고 여유를 누릴 수도 있다.

인공지능이
투자할 곳을 알려준다

팬데믹을 거치며 경제적인 대혼란을 겪어야 했고 그 과정에서 부동산과 주식 시장이 급물살을 탔다. 소상공인이나 중소기업들 중 상당수는 경제난에 허덕이는 상황이다. 입금되자마자 온통 빠져나갈 곳 투성이인 월급으로는 내집 마련은커녕 하루하루 살아가기에도 벽차다. 아파트값이 2배가 되었다느니 주식으로 연봉 이상을 벌었다느니 하는 말들이 오가면 상실감은 더욱 커진다. 그렇다고 마냥 손을 놓고 있을 수도 없다. 이런 상황에서 어떻게 하면 자산을 효과적으로 관리할 수 있을까?

인공지능이 대신 투자해주는 시대

은행 적금의 금리가 2퍼센트도 안 되는 상황에서 평범한 사람들이 자산을 불릴 수 있는 방법은 한정적이다. 그런 이유로 주식, 부동산 등으로 눈을 돌리고 있다. 직접 관련 공부를 해서 투자할 수도 있고 전문가의 도움을 받을 수도 있다. 최근 한 가지 방법이 더 생겼는데 바로 인공지능의 도움을 받는 것이다. 최근에는 인공지능 주식에 대한 관심이 높아지고 있는데 간단히 말해 주식을 직접 추천해주는 프로그램이다. 기존에는 사람이 수학적 모델을 활용해 계산해서 시장의 흐름과 변화를 예측했으나 최근에는 인공지능이 이 계산을 대신한다.

이러한 인공지능자산관리사를 로보어드바이저RA, Robo-Advisor라 부른다. 사실상 최근 시장 거래의 약 60퍼센트가 컴퓨터로 이루어지고 있으며, 극심한 변동성으로 불안한 상황에서 로보어드바이저 서비스에 대한 관심이 커지고 있다. 로보어드바이저는 로봇Robot과 투자전문가Advisor를 합친 용어로 컴퓨터 알고리즘을 바탕으로 주식·채권 등을 사고팔아 자산관리를 해주는 서비스다.

고도화된 알고리즘과 빅데이터를 이용해 고객의 성향에 맞는 주식, 펀드, 채권 등의 상품을 추천해주고, 인공지능이 직접 투자를 하기도 한다. 로보어드바이저 투자의 경우 평균 수익률은 8퍼센트 이상이다. 사실 선진국 금융 투자시장에서는 사람이 직접 투자 결정을 내리는 시대는 지나갔다는 이야기가 이미 보편화됐을 정도로 인공지능 투자가 대세다.

우리나라도 로보어드바이저를 적극적으로 도입하는 분위기다. KEB 하나은행이 발표한 자료에 따르면 로보어드바이저 시장은 2018년 1조 원 규모였으나, 매해 1~2조 원씩 꾸준히 상승하고 있다. 이 추세라면 2025년에는 30조 원에 육박하는 금액을 로보어드바이저가 운용하게 된다.

사람보다 인공지능과 빅데이터를 선호하는 이유

미국 주식 시장에서는 전체 거래량의 85퍼센트 정도가 사람이 아닌 알고리즘에 의해 거래되고 있다고 추정한다. 대형 금융투자 회사들이 투자의사결정을 내릴 때 사람보다 인공지능과 빅데이터 활용을 더 선호하는 것은 왜일까? 인간은 감정에 흔들리는 반면 인공지능과 빅데이터를 활용하면 철저하게 데이터를 근거로 투자하기 때문에 훨씬 합리적이고 변수가 적어 뛰어난 성과를 낼 수 있어서다.

글로벌 금융투자 회사 골드만삭스 뉴욕 본사의 경우 2000년까지 인간 트레이더가 600명에 달했다. 그러나 2017년에는 고객을 위해 주식을 사고팔던 트레이더들 중 단 2명을 제외하고 모두 해고됐다. 인공지능과 빅데이터를 활용한 투자 알고리즘에게 자리를 내주고 만 것이다.

국내 금융시장에서는 2016년에 로보어드바이저가 활약하기 시작했는데, 낮은 수익률과 투자자들의 거부감 등으로 인해 큰 관심을 받지 못했다. 하지만 최근 라임펀드, DLF 등에 문제가 발생하자 투자자들이 창구나 PB 이외의 루트를 통해 투자에 대한 조언을 구하고 있다. 직원들이 고객의 자산관리보다는 직원들의 실적에 초점을 두고 상품을 판매한다는 의구심이 늘어나자 투자자들이 로보어드바이저를 그 대안으로 활용하는 것이다.

로보어드바이저는 지난 2016년 서비스가 시작된 이래 현재 주식거래, 금융상품관리, 자산관리 및 퇴직연금 시장까지 진출해 사업 범위를 확대하고 있다. 로보어드바이저는 고객의 투자 규모, 성향 등을 고려해 수백 가지의 맞춤형 최적 포트폴리오를 제공한다. 투자 유형에 맞는 포트폴리오를 추천하는 데서 나아가 시장에 위험 신호가 있을 때마다 곧바로 메시지를 준다. 손쉬운 클릭 몇 번으로 자산 포트폴리오를 즉시 바꿀 수 있어 손실을 기민하게 회피할 수 있다.

게다가 주가, 환율 등 각종 데이터를 종합하고 자산관리 전략을 제시하는 것은 물론, 개인이 쉽게 접근하기 어려운 해외 채권이나 부동산, 유동화 상품 등도 분석할 수 있어 분산 투자에 도움이 된다. 로보어드바이저에 대한 믿음이 쌓이면서 최근 대형은행에서는 로보어드바이저의 이용이 급증하는 추세다. 또한 인공지능 자산관리사인 로보어드바이저는 소비자에게 보다 효율적인 프로세스를 제공함으로써 거래에 드는 시간과 비용을 절약해준다.

기존에는 상담가를 직접 찾아가서 만나야 했으며, 자산 상태를 가감 없이 공개해야 한다는 부담이 있었다. 그러나 로보어드바이저는 시간과 장소에 구애받지 않아 부담이 없다. 알고리즘과 빅데이터가 자산을 관리해주기 때문에 수수료도 저렴하다. 머신러닝과 딥러닝 기술이 이

성적으로 합리적인 투자 전략을 추천해주므로 감정적인 투자의 위험도 차단된다. 언택트 시대가 열리면서 대부분의 기업들이 사람 사이의 접촉을 최대한 피하는 방향으로 고객 서비스를 제공하고 있다. 이런 사회적 흐름도 인공지능 자산관리사인 로보어드바이저의 활약을 가속화하는 요인으로 작용한다.

인공지능 기반의 챗봇과 크라우드랜딩

미국 보험사 레모네이드는 영업사원 없는 보험 회사로 잘 알려져 있다. 레모네이드는 대고객 업무, 보험 사기 예측, 위험 요소 탐지 및 반응 등의 분야에 인공지능을 적용한다. 보험 가입은 챗봇인 마야가 보험료 청구는 소프트웨어 짐이 도와준다. 보험 가입에는 약 1분 30초 정도, 보험료 지급에는 약 3~5분 정도가 소요된다. 이 2가지 일 모두 사람과 소통하며 진행할 때보다 훨씬 수월하다.

이처럼 인공지능과 빅데이터 분석을 기반으로 보험과 기술을 접목한 인슈어테크InsureTech를 통해 고객 불편을 없애고 대기시간을 대폭 단축했다. 이런 편리함은 보험 가입에 소극적이었던 젊은 층의 호응을 이끌어내며 전통 보험 시장을 파괴하고 있다. 기존 시스템에 기술을 접목해 경제성과 효율성을 모두 획득한 케이스다.

2004년 캐나다에 설립된 온라인 쇼핑몰 지원 솔루션 기업인 쇼피파이는 온라인 유통의 거대 기업인 아마존을 위협하는 경쟁사로 꼽힌다.

쇼피파이는 시가총액 100조 달러(약 11만 8,400조 원)를 넘어서는 기업으로, 직접적인 상거래 중계자가 아닌 클라우드 기반의 쇼핑 설루션 제공업체다. 온라인 상점 개설을 원하는 사람이라면 누구든 아주 손쉽게 맞춤형 홈페이지와 온라인 매장을 만들 수 있다. 이용료는 월 29달러에서 299달러(약 3만 원에서 35만 원) 수준으로 저렴하다. 아마존이나 이베이 같은 외부 쇼핑 플랫폼에도 연결되고, 마케팅, 재고·판매관리, 배송도 문제없다.

국내에서는 현대해상이 음성봇을 선보여 보험계약 대출 심사와 실행을 한번에 처리한다. 고객이 원하는 시간에 음성봇이 상담을 진행하며, 기존에는 30~40분 정도 걸리던 심사 시간이 5분으로 줄었다. 카카오도 카카오손해보험을 설립해 조만간 인슈어테크 시장에 뛰어들 준비를 하고 있다. 내년 1분기 사업 시작을 목표로 하고 있는데 초기 자본금이 1,000억 원에 달한다. 인공지능과 머신러닝 기반의 인슈어테크 기업인 레모네이드가 사업 모델이라고 한다.

〈하버드 비즈니스 리뷰〉에 따르면 투자자는 인공지능 기반 의사결정에 대한 '하이브리드 접근방식'을 인간과 함께하는 것이 중요하다고 한다. 알고리즘이 대규모 데이터를 분석하여 잠재적으로 나쁜 투자를 피할 수 있도록 해주고, 더 나은 포트폴리오를 선택하도록 돕기 때문이다. 즉 알고리즘에 의해 잠재적인 미래를 예측하지만 그것을 토대로 복잡하고 불확실한 의사결정을 내리는 것은 또 인간의 몫이기도 하다. 복잡하고 불확실한 의사결정 환경에서 핵심적인 문제는 인간의 의사결정이 인공지능으로 대체되어야 한다는 게 아니다. 최상의 선택을 위해 인간과 인공지능의 장점을 어떻게 결합할 것인가 하는 점이다.

네트워크와 앱을 기반으로 하는 이들 기업은 핀테크가 일으키는 변화의 한 예일 뿐이다. 이제는 비트와 바이트가 달러와 센트를 대신하여 재구성되고 있으며 경제의 원리나 생활 방식은 결코 예전 같지 않을 것이다. 그리고 메타 사피엔스가 맞이할 변화의 물결은 더욱 거세질 터다.

제3장 ▫

M E T A   S A P I E N S

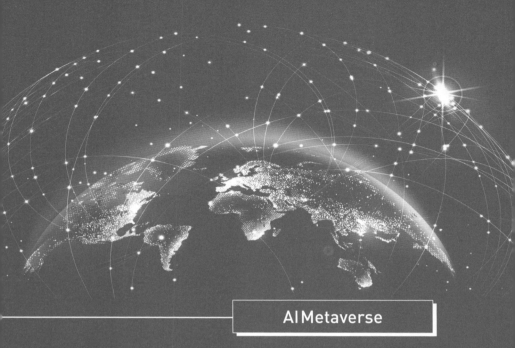

AIMetaverse

AI 메타버스,
새로운 디지털 월드

나는 오늘 '개더타운'으로 출근한다. 사실 어제부터 컨디션이 좋지 않아 얼굴이 까칠하고 편도도 많이 부었지만 괜찮다. 어차피 메타버스 속 아바타가 일을 할 테니 말이다. 나의 아바타는 혈색 좋은 건강한 얼굴에 메이크업도 아주 잘 먹었다. 그뿐 아니다. 얼마 전부터 열심히 운동을 한 덕분인지 몸에도 활력이 넘치고, 큰맘 먹고 구매한 신상 원피스가 잘 어울려 왠지 평소보다 자신감이 넘쳐 보인다.

오전에는 팀 회의가 있고, 오후에는 싱가포르에 있는 협력업체와 중요한 회의가 있다. 내 영어 실력은 실시간 소통을 할 정도는 아니지만 역시 괜찮다. 실시간 번역기를 활용하면 현지인처럼 능숙하게 대화할 수 있기 때문이다. 이번에 새로 디자인한 신제품이 실제 사용될 때 어떤 문제들이 있는지 알기 위해 미팅을 하면서 시뮬레이션을 해봤다. 문제가 되는 부분이 확실히 드러났다. 그 문제들을 데이터로 기록해두고, 수정한 뒤 다시 시연해보기로 하고 미팅을 마쳤다.

업무를 마치고 이제 퇴근. 아바타는 잠시 꺼두고 현실세계의 나를 위해 음식을 주문한다. 최근 3D프린터로 만드는 피자 맛집이 인기라기에 픽했다. 나의 음식 취향이나 체질 등의 정보가 제공되기 때문에 입맛 취향, 영양소 등을 고려해 맞춤식으로 만들어진 피자가 배달된다. 이제 이 피자를 한 조각 물고 나는 게임을 즐기러 갈 것이다. 내가 키우는 농작물들이 얼마나 컸는지 매일 확인하는 것이 요즘 꽤 즐겁고 행복하다.

디지털 신대륙
메타버스의 시대가 열리다

2021년 1월 네이버에 입사한 신입사원들은 본사 사옥으로 출근하지 않았다. 대신 가상공간인 '제페토'에서 신입사원 연수를 진행했다. 직방도 메타폴리스라는 가상공간을 만들어 일하고 있으며, 부동산과 기술을 결합한 '프롭테크' 기업으로 도약하는 중이다. 직방의 안성우 대표는 "인류는 지금까지 교통을 이용한 통근 시대에 살았지만 앞으로는 통신을 통한 출근 시대에 살게 될 것이다."라고 말했다. 이 외에도 직방은 2021년 7월 롯데건설과 업무협약을 맺고 '메타버스'를 활용한 부동산 프롭테크 활성화에 나섰다.

올해는 게더타운에서 창립기념일 행사나 중요한 이벤트를 진행한 회사들이 부쩍 늘었다. 주요 행사에 메타버스를 적극 활용한 것은 기업만이 아니다. 각 대학들도 발빠르게 메타버스에 뛰어들었다. 카이스트의 전기및전자공학부는 2020년 12월 가상현실 캠프Virtual EE Camp를 구축해 국제 입학설명회를 열었다. 6개국 8개 대학의 학생들을 대상으로 한 설명회였으며, 디스코드와 모질라 허브 등을 활용해 카이스트의 연구, 교육, 생활 등 대학의 주요 커리큘럼과 캠퍼스 전반을 가상현실로 체험하도록 했다. 건국대학교도 가상 캠퍼스 '건국 유니버스'를 구축해 'Kon-Tact 예술제'를 진행했다. 실제와 동일한 가상 캠퍼스를 거닐 뿐 아니라 전시회, 공연, 방탈출 등 다양한 축제 프로그램에도 참여할 수 있었다.

무한한 기회와 가능성의 세상, 메타버스

코로나 팬데믹을 겪고 생존을 위한 리셋을 진행하면서 인류는 전에 없던 대변혁을 맞았다. 그리고 새로운 패러다임을 맞은 2021년 최고의 화두는 '메타버스'Metaverse다. 뉴스, 방송, SNS 등 온갖 미디어에서 메타버스가 이슈로 오르내리고 있으며 이미 다양한 영역에서 활용되고 있다.

코로나 이후 강해진 방역과 함께 오프라인 활동이 줄어들고, 비대면 문화가 확산 및 정착되면서 우리 삶의 상당 부분이 디지털로 옮겨갔다. 이제 일상, 일, 놀이, 엔터, 쇼핑, 경제활동, 정치까지 메타버스를 모르면 일상을 살아가기 힘들다. 머뭇거리다가는 흐름에 뒤처질 뿐 아니라 생존을 위협받을 수도 있는 상황이다. 페이스북, 애플, 구글 등 내로라 하는 글로벌 대기업들도 메타버스 시장에 집중하고 있으며, 엔터업계 와 정치계도 마찬가지다.

단순하게 정리하자면 메타버스는 '가상'과 '초월'을 뜻하는 '메타'Meta 와 우주를 뜻하는 '유니버스'Universe의 합성어다. 웹을 기반으로 현실세 계와 같은 사회·경제·문화 활동이 이루어지는 3차원의 가상세계를 일컫는다. 즉 가상현실VR, Virtual Reality과 증강현실AR, Augmented Reality, 사물인 터넷IoT, Internet of Things 등 정보통신기술ICT, Information and Communication Technologies 과 결합해 현실감을 극대화한 가상세계다.

최근 들어 메타버스가 부각되고 있지만 이 용어가 나온 것은 꽤 오래 되었으며, 우리는 이미 메타버스의 세계 속에 살고 있다. 하지만 메타 버스라는 개념에 대해서는 전 사회적 합의가 완벽하게 이뤄지지 않았 으며, 아직 하나의 의미로 고정되어 있지도 않다. 해서 메타버스에 대 한 개념 정의, 메타버스를 아우르는 범위가 조금씩 다르다.

메타버스가 처음 사용된 것은 1992년에 닐 스티븐슨이 쓴 소설《스 노 크래시》Snow Crach다. 이 소설은 현실과 가상의 공간에서 펼쳐지는 인 류의 모습을 놀랍도록 탁월하게 담고 있다. 서사 전개를 위해 아바타, 세컨드 라이프 등의 용어를 사용하며 본격적으로 그 개념을 다룬 작 품이기도 하다. 이 소설은 〈타임〉 지가 선정한 '가장 뛰어난 영문소설 100'에 뽑혔으며, 메타버스가 화두로 떠오르자 SF소설 베스트셀러로 역주행하고 있다.

《스노 크래시》는 대담한 상상력과 놀라운 혜안을 담은 만큼 많은 기업가들에게 영감을 주었다. 구글 창립자인 세르게이 브린은 닐 스티븐슨의 이 소설을 읽고 세계 최초의 영상 지도 서비스인 '구글 어스'를 개발했다고 밝혔다. 엔비디아의 CEO 젠슨 황_{Jensen Huang}도 사업을 구상하며 이 소설에서 영감을 받았다고 말하면서 "우리보다 우리의 '아바타'가 더 잘 나가는 미래가 오게 될 것이다."라고 선언했다. 세컨드 라이프를 만든 린든 랩의 CEO 필립 로즈데일도 이 소설을 읽고 자신이 꿈꾸는 것을 실제로 만들 수 있는 영감을 얻었다고 말했다.

우리는 이미 오래전부터 메타버스에서 살고 있다

현대인들은 SNS에 자신의 일상을 기록하고 그 안에서의 소통을 즐긴다. 트위터, 페이스북, 인스타그램, 카카오톡, 유튜브 등의 소셜 플랫폼과 거기서 이루어지는 행위 모두 메타버스에 속한다.

샌프란시스코에 위치한 IT기업 '린든 랩'이 2003년 가상현실 서비스 '세컨드 라이프'_{Second Life}를 오픈했고, 사람들은 세컨드 라이프에 가입한 뒤 아바타를 만들어 가상공간에서 생활했다. 여기서 사람들과 소통하고 여행을 다니며 쇼핑하고 세미나를 개최했다. 물론 취직도 가능하며 부동산을 사고파는 경제활동도 할 수 있다. 세컨드 라이프는 등장하자마자 선풍적인 인기를 끌었고, 이는 메타버스의 가능성을 확인시킨 대표적 사례다.

이후 모바일 문화가 확산되고 디지털에 익숙한 MZ세대가 주축으로 떠오르면서 메타버스 생태계 확산을 가속화하고 있다. 우리에게 친숙한 페이스북이나 구글어스를 비롯해 선풍적인 인기를 끈 게임인 포켓몬고도 메타버스에 속한다. 최근 주목받고 있는 메타버스 플랫폼으로는 미국의 10대들이 열광하는 게임 로블록스와 포트나이트, 우리나라의 제페토 등이 있다.

로블록스는 게임 속에서 또 다른 게임 플랫폼이 운영되는 형태인데, 개발자들이 자신의 아바타를 통해 로블록스 내에서 게임을 개발하고 있다. 2020년 약 127만 명에 달하는 개발자들이 1인당 평균 1만 달러(약 1,184만 원)를 벌어들인 것으로 추정된다. 포트나이트 계정을 보유한 가입자는 3억 5,000여만 명이며 유저들은 파티로열에서 함께 영화를 보거나 글로벌 스타의 공연을 관람한다. 지난해 힙합 가수 트래비스 스콧의 콘서트에 1,230만 명이 동시 접속하는 놀라운 성과를 보여주기도 했다.

제페토는 네이버의 자회사인 네이버Z가 만든 플랫폼으로 얼굴 인식, AR, 3D 기술을 활용해 만든 아바타로 소셜 활동을 할 수 있다. 약 2억 명의 유저가 있으며 그중 90퍼센트가 해외에서 접속한다. 전체 이용자의 80퍼센트가 10대이다. 블랙핑크의 가상 사인회에 4,600여 명이 몰렸고, SM엔터테인먼트는 걸그룹 '에스파'를 현실세계와 가상세계에서 동시에 선보였다. 빅히트엔터테인먼트, YG엔터테인먼트, JYP엔터테인먼트가 유상증자(170억 원 규모)에 참여했다.

▼
▼
▼

메타버스를 이루는
4가지 세계

이미 오래전부터 우리는 알게 모르게 메타버스에서 살아왔고, 메타버스라는 가상세계는 현실세계와 공존해왔다. 소셜미디어에서 친구의 글이나 이미지를 보며 '좋아요'를 눌렀고, 구글 맵으로 길을 찾았으며, 온라인 게임에 열을 올리며 밤을 새기도 했다. 모바일이나 컴퓨터, 인터넷이 발달함에 따라 온라인 공간에서 이뤄지던 대부분의 행위가 메타버스의 삶이었던 셈이다. 뭉뚱그려 디지털 가상세계를 메타버스라고 말하지만, 미국 기술 연구 단체 '미국미래학협회'Acceleration Studies Foundation는 2007년 메타버스를 다음의 4가지 종류로 구분했다.

가상세계Virtual Worlds, 현실 공간에 그래픽으로 가상 공간을 구현한 증

174

강현실(Augmented Reality), 일상의 경험과 정보를 디지털 공간에 기록하는 라이프로깅, 내비게이션처럼 현실세계의 정보를 반영한 가상세계인 거울세계(Mirror Worlds)다. 그리고 이와 관련한 주요 내용을 김상균 교수의 저서 《메타버스》를 일부 참조해 정리하면 다음과 같다.

메타버스와 증강현실

증강현실은 가상현실과 관련된 기술로, 우리가 보고 있는 실제 세계 위에 컴퓨터로 만든 그래픽이나 영상을 통합하는 것이다. 즉 현실 이미지나 배경에 3차원 가상 이미지를 겹쳐 하나의 영상으로 보여준다. 최근에는 게임, 광고, 홍보, 쇼핑 외 다양한 분야에 접목되어 각광을 받고 있다.

대표적으로 떠오르는 것이 포켓몬고다. 스마트폰이나 헤드셋을 사용해 현실의 물리적인 세계에 디지털 정보 또는 3차원의 가상 이미지를 오버레이(Overlay)한다. 가장 단순한 형태의 가상현실은 구글이 개발한 스마트 안경 구글 글라스처럼 눈앞에 단순한 사각형의 디스플레이를 띄우는 것이다. 더 진보된 가상현실 형태는 집이나 산업용 창고 같은 물리적인 공간에서 비디오게임 캐릭터나 유용한 정보를 자연스럽게 보여준다.

증강현실은 현실세계의 연장이라는 점도 메리트가 있다. 팀 쿡은 〈실리콘 리퍼블릭〉과의 인터뷰에서 이렇게 말했다. "증강현실이야말로 사람들을 고독하게 내버려두지 않는 기술이라고 생각한다. 다른 기술이 인간 소외를 초래할 우려가 있는 것과 달리 증강현실은 사람들이 서로 이야기 나누고, 함께 스크린을 보며 대화하도록 해준다." 발전된 기술이 인간을 단절시키고 소외시키는 게 아니라 오히려 그런 문제들을 해결하게 돕는 것, 바로 이런 점이 증강현실 기술이 부각되고 산업적으로도 활성화되는 이유다.

메타버스와 라이프로깅

SNS에 자신의 생각이나 일상을 기록하는 행위를 '라이프로그'Lifelog라 하고, 라이프로그를 남기는 행위를 '라이프로깅'Lifelogging이라 한다. 이것은 단순한 기록을 넘어서 타인과 소통을 원하는 심리를 대변한다. 현대인들은 비대면 불특정 다수와의 소통을 통해서도 남다른 행복감을 느낀다. 또한 이러한 만족감은 끝이 없기 때문에 누가 시키지 않아도 날마다 피드를 올리고 더 많은 반응을 기대한다. 일상을 디지털화하는 데 익숙하고 타인과 소통하면서 새로운 나를 만들어가고 싶다는 욕구로 인해 소셜미디어 형태의 라이프로깅 메타버스의 역할은 더욱 확대되고 진화해나가고 있다.

애플워치와 같은 웨어러블 기기가 생체신호를 읽고 기록하고 분석하는 것도 라이프로깅에 속한다.

메타버스와 거울세계

거울이라는 단어에서 알 수 있듯이 실제 세계의 모습을 복사하듯이 만들어내 마치 내비게이션처럼 현실세계의 정보를 반영한 세계를 거울세계라 한다. 다시 말해 사용자가 현재 보고 있는 현실 환경이 그대로 투영되는 가상세계다. 구글 어스나 네이버 맵의 스트리트 뷰 같은 온라인 지도나 길 안내 서비스가 여기에 해당한다. 현실세계를 그대로 복사해놓은 것 같은 가상세계라고 할 수 있다. 오프라인에서 서비스되는 것을 고스란히 온라인으로 옮겨온 배달앱도 거울세계에 속한다.

메타버스와 가상세계

대부분의 게임 및 제페토처럼 현실에는 존재하지 않는 그야말로 가상의 공간이다. 현실에서 모티브를 얻거나 모방해서 공간을 구성할 수도 있지만, 현실에 존재할 수 없는 판타지 요소들도 구현이 가능하다. 무한한 상상력과 창의력이 발현될 수 있는 공간이다. 현실과는 다른 특정한 시대, 환경, 상황을 인위적으로 만들고 그 안에서 인공적으로 시각, 청각, 촉각 등의 감각적 경험을 창조하는 세계다. 우선 이 세계에 살기 위해서는 아바타가 필요하며 현실과는 전혀 다른 삶, 전혀 다른 캐릭터로 살아갈 수 있다.

편안한 방에서 더 깊고 다양한 경험을 생생하게 할 수 있다면 무엇

때문에 콘퍼런스에 참석하고, 학교에 가고, 출장을 가겠는가? 이처럼 가상현실은 부동산산업에서부터 소매업, 그리고 보건과 교육에 이르는 모든 분야에 근본적인 영향을 주게 된다. 이렇게 되면 조만간 비즈니스 미팅, 콘퍼런스, 콘서트까지도 모두 가상 환경에서 개최된다.

가장 유명한 가상현실 기기는 오큘러스 리프트Oculus Rift, 삼성의 기어Gear, 구글의 카드보드Cardboard 등을 들 수 있다. 이후 핸드 컨트롤러가 추가되면 사용자들은 디지털 목표물을 손쉽게 조작할 수 있게 됐다. 가상현실을 체험하려는 컴퓨터가 만들어낸 가상의 이미지를 경험하기 위한 헤드셋이 필요하다. 이와 관련해서 아이트래킹Eye Tracking과 아이인터랙션Eye Interaction 기술은 매우 빠르게 발전하고 있다. 이 기술은 구글, 애플, 페이스북 등이 관련 기술 보유업체를 잇달아 인수했을 만큼 관심이 높은 분야다. 시선을 따라 화면이 움직이거나 눈동자를 인식하는 스마트폰 등 아이트래킹과 아이인터랙션 기술은 스마트폰 제조사나, 어린이 교육용 앱, 게임 UI · UX 등의 분야에 접목되어 다양하게 활용 가능하다.

헤드셋만 쓰면 가상의 TV를 어디에서나 볼 수 있다. 벽이든, 책상 위 컴퓨터든, 손바닥 안에 놓인 스마트폰 스크린이든 우리 앞에 화면이 펼쳐지게 된다. 그뿐 아니다. 유리로 된 투박한 기기를 가지고 다니거나 벽에 TV를 걸 필요가 없어진다. 홀로그램 기술이 보편화되어 공중에 화면을 띄워서 보면 된다. 마이크로소프트는 이미 홀로그램 카메라인 홀로렌즈Holo Lens를 출시했다.

4가지로 구분된 메타버스 각각의 기본적인 특징과 관련 산업을 살펴보았다. 하지만 시간이 흐르고 디지털 기술과 플랫폼이 발달하면서 각 유형 간의 경계는 점점 더 허물지고 있으며 융복합되고 있다. 그리고 다양한 메타버스 세계가 생성되고 확장되는 가운데 인류는 이전과는 전혀 다른 새로운 세상에서 메타 사피엔스로 살아가게 된다.

내 삶을 디지털 공간에
복제하다

조용한 주택가 골목에서 작은 샌드위치 집을 운영하는 30대 김현주씨. 가게 문을 열기 전, 인스타그램에 '오늘의 샌드위치' 메뉴를 올리면 이내 피드 댓글에 단골들의 예약이 이어진다. 재료가 소진되면 '솔드아웃' 피드로 영업 마감을 알린다. 쉬는 날에는 개인 계정에 고양이와 함께하는 일상에 관한 글과 일러스트를 올리고 있다. 10년 넘게 다니던 회사를 그만두고 전업투자자로 나선 40대 안성우씨. 자신의 투자 경험담을 블로그에 쓰다가 운 좋게 책을 출간했으며, 지금은 30만 명의 구독자를 보유한 유튜버로도 활약 중이다.

이런 이야기는 특별한 이들에게만 해당되는 새로운 이야기가 아니다. SNS를 자신의 일상 플랫폼으로 삼아 거기에 글을 올리고 삶을 기록하는 '라이프로깅'의 시대는 이제 '메타버스'라는 새로운 세상으로 향해가고 있기 때문이다.

라이프로깅, 내 삶의 크리에이터로 살아가기

모바일인덱스가 발표한 〈2021년 상반기 모바일 앱 랜드스케이프 분석 리포트〉에 의하면, 플랫폼 선호도 1위는 단연 카카오톡(4,566만 명)이고, 2위는 유튜브(4,313만 명)다. 주목할 만한 점은 9위인 인스타그램(1,934만 명)의 성장세가 가파르게 상승하면서 페이스북과의 격차를 점점 더 벌리고 있다는 점이다. 일상적인 기록을 남기는 플랫폼으로 인스타그램의 선호도가 높아졌음을 알 수 있다.

이처럼 SNS에 자신의 일상을 기록하는 것이 바로 '라이프로그'다. 개인의 삶을 디지털로 기록하고 공유하는 활동으로, '일상의 디지털화'라 할 수 있다. 이러한 라이프로그를 남기는 행위를 '라이프로깅'이라고 하는데 이를 가능하게 하는 모바일과 웹상의 모든 서비스를 '라이프로깅 서비스'라 일컫는다. 일상에서 일어나는 모든 순간을 텍스트나 사진, 영상 등으로 기록해 보관한 뒤 서버에 전송해 다른 사용자들과 공유하고 피드백을 주고받는 일, 그 시초는 싸이월드다. 이후 페이스북, 인스타그램, 카카오톡 등이 가장 친숙한 형태의 라이프로깅 메타버스라 할 수 있다.

현대인들이 소셜미디어에 자신의 삶을 기록하고 공유하는 이유는 무엇일까? 이는 단순한 기록을 넘어서 타인과 소통하면서 느낄 수 있는 위로와 격려, 공감과 같은 일종의 피드백 때문이다. 현대인들은 불특정 다수와의 비대면 소통을 통해서도 남다른 행복감을 느낀다. 또한 이러한 만족감은 끝이 없기 때문에 누가 시키지 않아도 날마다 피드를 올리고 더 많은 반응을 기대한다. 일상을 디지털화하는 데 익숙하고 타인과 소통하면서 새로운 나를 만들어가고 싶다는 욕구로 인해 소셜미디어 형태의 라이프로깅 메타버스의 역할은 더욱 확대되고 있다.

라이프로그에는 사용자가 직접 기록한 정보뿐 아니라, 위치정보·생체정보·운동량·수면시간 등을 분석해서 일정한 패턴을 찾아내 다양한 방법으로 활용하는 과정도 포함된다. 이를 통해 수집된 정보는 추천 알고리즘의 데이터로 활용되어 다양한 개인화 서비스의 근간이 되고 있다. 무엇보다 내 삶을 디지털 공간에 기록하는 라이프로깅 세계는 누구에게나 열린 세상이다. 이미 메타버스 시대를 살고 있는 우리는 사용자이면서 동시에 크리에이터다. 개인이 직접 플랫폼을 만들기는 어렵지만, 플랫폼을 활용해서 나만의 개성과 상상력이 담긴 콘텐츠로 새로운 '유니버스'를 끊임없이 창조해낼 수 있기 때문이다.

라이프로그와 관련된 최첨단 기술

메타버스의 한 영역인 라이프로그 시스템은 일반적으로 사용자가 경험하는 모든 정보를 기록할 수 있는 장치, 수집된 정보를 체계적으로 인식해 분류하는 장치, 분류된 방대한 정보를 저장하는 장치로 구성된다. 즉 사물인터넷, 웨어러블 기기, 클라우드 컴퓨팅Cloud Computing, 빅데이터Big Data 등과 밀접한 관계를 맺고 있다.

사물인터넷은 생활 속 사물들을 유무선 네트워크로 연결해 정보를 공유하는 환경을 말한다. 각종 사물들에 통신 기능을 내장해 인터넷에 연결하면 사람과 사물, 사물과 사물 간의 인터넷 기반 상호 소통이 가능해진다. 즉 개별 사물들이 제공하지 못하는 기능과 서비스가 2가지 이상의 사물들을 서로 연결함으로써 가능해지는 것이다.

빅데이터는 기존 데이터에 비해 그 양이 너무 방대해서 일반적인 방법이나 도구로 수집·저장·분석 등이 어려운 정형 및 비정형 데이터들을 의미한다. 하드웨어·소프트웨어·네트워크 기술이 급격히 발전하면서 온라인에서는 엄청난 양의 데이터가 쏟아지고 있다. 이는 다양한 모바일 기기를 활용한 라이프로깅의 일상화에 따른 것이다. 전 세계는 지금 가장 값진 자원으로 불리는 데이터를 둘러싼 플랫폼 전쟁을 치르는 중이다.

클라우드 컴퓨팅은 자신의 컴퓨터가 아닌 인터넷으로 연결된 다른 컴퓨터로 정보를 처리하는 기술을 일컫는다. 소프트웨어와 데이터를 인터넷과 연결된 중앙컴퓨터에 저장한 후, 기본 기능을 갖춘 단말기로 인터넷에 접속하면 언제 어디서든 컴퓨터 작업을 할 수 있다. 빅데이터를 처리하기 위해서는 다수의 서버를 통해서 분산 처리해야 한다. 분산 처리는 클라우드의 핵심 기술이기 때문에 빅데이터와 클라우드는 상호

밀접한 연관을 맺고 있다. 구글, 아마존 등과 같은 빅데이터 기업이 클라우드 서비스를 주도하고 있는 이유도 여기에 있다.

라이프로그를 넘어서 본격적인 메타버스 시대로 가기 위해서는 또 다른 최첨단 기술이 필요하다. 우선 빅테크 기업들은 AR 스마트 글래스 상품화에 주력하는 중이다. 구글, 페이스북, 애플, 삼성 등에서 개발하고 있는 스마트 글래스는 현실세계와 라이프로깅에서는 경험하지 못했던 새로운 우주, 메타버스의 시대를 한층 더 앞당기고 있다. 향후 몇 년 내에 메타버스 시대를 열어나갈 핵심 기술의 개발 그리고 관련 투자는 전 세계 메가 트렌드가 될 것이다.

메타버스에서 살아가는
나의 아바타들

코로나 팬데믹 이후에도 재택근무를 유지하는 회사들이 많다. 핀테크 기업에 다니는 최 팀장도 마찬가지인데 요즘 회의 분위기는 조금 달라졌다. 줌을 통한 온라인 회의가 아니라 '게더타운'gather.town에서 팀원들과 만나 회의를 한다. 게더타운은 화상회의 플랫폼인 '줌'과 2D 게임 '바람의 나라'를 결합한 형태의 메타버스 플랫폼이다.

우선 게더타운에서 자신의 아바타를 만들고 작은 회의실 하나를 연다. 회의실 분위기를 좀 더 자유롭고 친근하게 만들기 위해 커피 머신을 구비해두고 디저트가 있는 스낵바도 만든다. 회의 시간이 다가오자 가상 회의실에는 동료 아바타들이 하나둘씩 모이고, 회의 참가자들은 카메라에 비친 서로의 모습을 실시간으로 보면서 동시에 아바타로 상호작용한다. 줌 회의가 부담스러웠던 게 언제냐 싶게 최 팀장은 이제 메타버스 회의에도 서서히 익숙해지고 있다. 자신의 아바타를 꾸미는 일에도 적극적이다. 주말에는 다른 커뮤니티에 가입해서 또 다른 아바타로도 활동한다.

아바타로 확장되는 메타버스의 세상

오늘날은 한 명의 사람이 현실의 세계와 여러 개의 메타버스를 동시에 오가면서 다양한 페르소나를 보여주는 세상이다. 이는 메타버스 중 하나인 '라이프로깅'을 생각하면 보다 쉽게 이해할 수 있다. 라이프로깅 세계에서 보여주고 싶은 나를 선택해서 자유롭게 활동하는 것이 '아바타 시대'의 시작을 알렸다.

메타버스 속의 '나'인 아바타는 다중적 자아 즉, '멀티 페르소나'Multi-Persona로 무한 변신이 가능하다. 이는 최근 MZ세대가 메타버스에 열광하는 이유 중 하나다. MZ세대는 현실세계의 제약과 한계에서 벗어나 3차원 가상세계인 메타버스에서 자유를 만끽하고 있다. 인간의 최상위 욕구인 자아실현에 대한 갈증을 최대한 충족하면서 말이다. 실제로 MZ세대는 메타버스 세상이 오기 전부터 플랫폼을 통해 자신의 다양한 캐릭터를 선보이며 브랜딩해왔다. 올해 초 구인구직 사이트 '사람인'이 직장인 1,202명을 대상으로 한 설문조사에 따르면, 직장인 10명 중 7

명은 멀티 페르소나를 갖고 싶어 했다.

디지털 환경에 익숙한 이들에게 아바타 라이프는 일상이 되었다. 평소에도 여러 개의 부계정을 쓰면서 부캐 놀이에 열중하는 MZ세대의 라이프 스타일은 온오프라인의 경계를 점점 더 없애고 있다. 더 나아가 3차원 가상공간에서는 아바타를 통해서 더욱 다채로운 놀이를 즐기고 있다. 각자 자신의 개성에 맞는 자아를 선택적으로 표출하면서 직업, 성별, 연령 등 개인의 실제 정체를 밝힐 필요가 없다. 때문에 얼마든지 개성 있는 자아 표출이 가능하다.

메타버스 시대에는 현실세계의 자아만큼이나 아바타가 중요해진다. 아바타와 디지털 객체를 창조하는 것이 자신을 표현하는 주요한 방법이 되기 때문이다. 아바타가 메타버스 생태계 확장에 핵심적인 역할을 할 것임은 부인할 수 없다.

아바타가 만들어나갈 '크리에이터 이코노미'

메타버스 세상 속에서 사람, 사물과 상호작용하는 것은 나의 아바타다. 즉, 아바타는 메타버스 세상 속 소통의 매개라 할 수 있다. 이용자는 아바타의 입을 빌려 사람들과 대화를 나누고, 자신의 의견을 드러내고, 아바타의 외모로 자신의 개성을 표출한다. 그 과정에서 아바타를 꾸미는 일에도 관심이 높아져 아바타용 상품들도 불티나게 팔리고 있다. 패션 브랜드 구찌는 글로벌 아바타 플랫폼인 제페토에서 아바타용으로 제작한 명품 가방을 판매해서 큰 화제가 불러모았으며, 나이키를 비롯한 수많은 브랜드들이 메타버스용 패션제품 개발에 나서고 있다.

아바타는 '크리에이터 이코노미'에 있어서도 중요한 역할을 한다. 메타버스 세상이 본격화되면 메타버스 플랫폼에서 활동하는 창작자가 본인의 콘텐츠를 이용해 수익을 올릴 수 있다. 기업들은 이들 크리에이터들의 창작물 판매를 중개하면서 수수료 수익을 얻는다. 이러한 시장은 현실 속 소비자가 아닌 아바타에게 판매한다는 의미에서 'D2A'_{Direct to Avatar}라고 불린다. 오픈마켓이나 백화점을 통하지 않고 기업들이 소비자에게 직접 판매하는 'D2C'_{Direct to Customer} 시대를 지나 아바타에게 직접 판매하는 시대가 열린 것이다. 2022년에 이 시장의 전 세계 규모는 500억 달러(약 59조 2,000억 원)에 이를 것으로 예상된다.

대표적인 메타버스 플랫폼인 로블록스는 이용자들에게 게임을 개발하는 툴인 '로블록스 스튜디오'를 무료로 제공한다. 이는 프로그래밍을 따로 배우지 않아도 게임을 만들 수 있는 툴로, 이용자들은 친구들을 초대해서 자신이 만든 게임을 함께 플레이하면서 수정을 거듭한다. 현재 게임 개발자는 대부분 10~20대인데 로블록스는 이들 개발자를 크리에이터이자 기업가로 대우한다.

이들이 만든 게임은 무료지만 아바타를 꾸미거나 아이템을 구매하려면 '로벅스'라는 게임 내 화폐로 결제해야 한다. '제일브레이크'_{Jailbreak}라는 게임을 개발한 고등학생은 출시 2달 만에 4년간의 대학 학비를 벌었고 2년 뒤에는 백만장자가 되었다. 로블록스에는 2020년 기준으로 25만 명의 개발자가 있으며, 이들은 3억 2,800만 달러(약 3,884억 원)의 수익을 창출했다.

로블록스가 메타버스 플랫폼 중 가장 주목받는 이유가 여기에 있다. 단순히 게임하고 체험하는 가상공간이 아닌, 새로운 형태의 노동과 생산 활동이 가능한 미래 비즈니스 공간이기 때문이다. 메타버스에 대체불가토큰Non-Fungible Token 기술인 NFT를 적용하면 가상자산에 대한 신뢰성까지 확보할 수 있다. 전문가들은 이러한 경제 시스템이 메타버스산업을 지속적으로 성장시키는 핵심 요인이 될 것이라고 전망한다.

이제 메타버스 플랫폼은 MZ세대의 놀이터에서 진일보해 실질적인 경제활동의 공간으로 자리매김하고 있다. 게임, 사회활동, 경제활동뿐 아니라 네트워크 효과도 가능해졌다. 다른 사람들이 하는 행동을 따라서 해당 서비스나 상품의 가치가 높아지는 것을 네트워크 효과라 하는데, 이것으로 또 다른 규모의 경제를 창출할 수 있다. 이는 메타버스가 인터넷의 뒤를 잇는 가상공간의 주류가 될 수 있는 근거다. 또한 주요 빅테크 기업들이 메타버스 시장 선점을 위해 관련 첨단 기술개발에 앞다투어 나서고 있으므로 메타버스가 펼쳐낼 3차원 가상공간은 곧 인류의 또 다른 핵심 플랫폼이 될 것이다.

메타버스,
한국의 기술력으로 리딩하다

전 세계에서 한국의 기술력이 특히 우수한 분야가 있다. 한국의 반도체, 삼성 스마트폰, 가정용 가전제품 등은 세계시장에서 인정받는 위치에 있다. 인공지능 분야에서는 한국 기업들이 연구와 기술개발을 50년 가까이 늦게 시작했지만, 메타버스 진출에는 그리 늦지 않았다. 페이스북의 오큘러스와 비교하면 10년 정도 늦게 시작한 편이지만, 전통적으로 게임 기술이 우수한 한국은 이 격차를 금세 따라잡고 있다.

190

초정밀 모션트래킹 기술을 보유한 기술 전문기업, (주)모인

한국에서는 네이버 제페토가 가장 많이 언급되고 있지만 이미 8년 앞서 이 분야를 선도한 VR 전문기업 '(주)모인'이 있다. (주)모인의 옥재윤 CEO는 전문 아티스트 출신의 개발자로서 약 20여 년간 산업용 프린터 관련 최첨단 장비, 게임산업의 각종 시뮬레이터 하드웨어 장비 등을 개발해온 소프트웨어&하드웨어 전문개발 벤처기업가다. (주)모인은 메타버스가 유행하기 전부터, 그리고 HMD Head Mounted Display가 오큘러스에서 출시되기 전부터 HMD가 미래의 첨단 혁신 기술임을 확신했다. 그리고 8년 동안 풀바디 모션트래킹 기술개발에 전념해왔다.

최근 (주)모인은 한국과학기술연구원 등과 공동 협력해서 오차가 전혀 없는 마이크로 단위의 초정밀 모션트래킹 원천기술을 발표했다. '모션트래킹 기술'은 초고난이도 기술로 가상세계인 메타버스에서 가장 핵심적인 원천기술이다. 이 기술은 사용자가 메타버스 내에서 자신의 아바타와 실시간으로 연동되어 손가락 등 전신의 모든 관절의 움직임이 딜레이 현상 없이 실시간 측정되고 구현되게 한다.

모션트래킹 기술은 메타버스 세상의 변화에 있어 전환점이 될 것이며, 이 기술이 고도화되면 스티븐 스틸버그의 영화 〈레디 플레이어 원〉에서와 같은 모습이 현실에서도 가능해진다. 영화 속 모습과 똑같지는 않지만 우리는 이미 메타버스 속에서 살아가고 있으며, 앞으로 메타버스 세상은 더욱 강력해질 것이다. 그 안에서 수십억 인류는 매일 다양한 사람들을 만나고, 쇼핑하고, 배우며, 운동이나 취미를 즐기게 된다.

이때 보다 현실감을 강화하기 위한 핵심 기술이 바로 모션트래킹 기술이다. 가상세계 속의 아바타가 실제 자신의 행동을 고스란히 구현하기 위해서는 아바타와 실제 인물이 완전하게 매핑되어야 하기 때문이다. 그렇게 되면 쇼핑할 때도 가상현실에서 실제로 물건을 잡고 만지며 움직여볼 수 있다. 이처럼 가상세계에서는 현실에서의 물리적 자극이나 촉감이 실제와 가깝게 구현되는 인터랙션이 무엇보다 중요하다.

키보드를 터치할 때 가벼운 진동이 오게 하는 것도 이런 햅틱 기능의 일환이다. 햅틱 기능이 고도화되면 가상에서 만져지는 물체의 질감을 실제처럼 느낄 수 있게 되며, FPS 같은 전쟁 게임에서 총이나 칼에 맞을 때 그 타격감도 경험할 수 있다. 이렇게 보기만 하는 HMD가 아닌, 물리적 자극을 경험할 수 있도록 하는 모션 콘트롤 장비도 (주)모인에서 개발했다.

메타버스 세상의 확대를 위해 사실상 가장 어려운 기술 장벽이 해결되었다는 점에서 매우 큰 기대를 불러 모으고 있다. 기존에 이러한 실시간 모션 캡쳐용 글로브나 풀바디 모션트래킹 기술이 없었던 것은 아니다. 하지만 그간 출시된 기술들 대부분은 센서의 특성상 정밀한 관절 측정이 불가능하고 비용이 과도하며 장비의 설치가 복잡해 개인이 컨트롤러로 사용하기에는 거의 불가능했다.

그뿐 아니다. 광학 방식의 모션 캡쳐 기술은 오랫동안 영화산업에서 활용되어왔다. 전신에 밀착되는 슈트를 입고 관절 인식을 위해 각 관절에 마커를 붙인 채 천장에 부착된 수십 대의 고속 카메라를 통해 마커를 촬영하고, 삼각측정 기법을 통해 3D 좌표값을 얻는 방식이다. 이러한 기술은 큰 관절에서는 효과가 있지만 섬세한 손가락 관절을 인식하는 데는 어려움이 있다. 또 수십 대의 카메라를 설치했음에도 모든 영역을 추적하는 것이 불가능해 사각지대가 생기는데, 이럴 경우 모션 데이터를 잃어버리는 큰 문제가 발생한다. 더 큰 문제는 이러한 기법을 구현하기 위해서는 특수장비를 설치할 공간이 필요하며, 그 비용만 수십억 원 대를 넘어선다는 점이다.

이후 개발된 또 다른 모션 측정 기술로는 IMU센서(관성센서)가 있다. 특수한 시설물이 필요하지 않고 비용도 수백만 원 대로 광학 방식에 비해 유리한 부분이 있지만, 다른 치명적 약점이 존재한다. 바로 자기장이나 전자파 등에 의한 센서 오류 문제다. 관성센서의 특성상 위치값을 추적하기 위해 자기장 센서가 사용되는데, 우리 주변에는 수많은 전자기장 등이 광범위하게 분포되어 있어 정밀한 측정을 어렵게 한다.

혁신적 기술로 메타버스 세상을 업그레이드하다

이러한 문제들을 극복하고 개인만이 착용 가능한 저가 모션 장비를 개발한 것은 메타버스의 발전을 한층 앞당긴다. 가상의 아바타와 동기화된 자신의 신체 동작이 오류 없이 장시간 사용 가능해야 가상세계를 제대로 누릴 수 있다.

이것이 가능하도록 (주)모인이 연구개발한 것은 하이브리드 방식의 모션트래킹 기술이다. 이 기술은 오랜 시간 사용해도 비틀어짐이나 오차가 없는 것이 특징이다. 특별한 시설 또한 필요하지 않다. 비용도 수십만 원대로 가정용 모션 슈트로 최고의 기능을 제공한다. 보다 퀄리티 있는 메타버스 세상이 구현되기 위해 모션 슈트 기술은 필수적이었음에도 그동안 제대로 된 제품을 내놓지 못하는 상황이었다. 그런데 한국의 작은 스타트업 기업이 모션 슈트가 안고 있던 기존의 문제점을 해결하면서 매우 혁신적인 기술을 선보인 것이다.

이제 사람들은 키보드나 마우스로 캐릭터를 움직여 게임을 하던 가짜 같은 세상이 아닌, 자신이 직접 체험자가 되어 무한한 경험을 할 수 있는 가상세계를 더 원한다. 메타버스 안에서는 진짜보다 더 진짜 같은 세상을 만날 수 있다.

시공간, 죽음의 제약마저 없어지는 상상 초월 메타버스 세상

(주)모인은 이외에도 메타버스 세상에서 인공지능 세계를 구현하기 위해 인공지능의 디지털 트윈인 메타 클론 사업을 추진하고 있다. 이 기술은 이미 BM 특허를 취득해 개인의 클론 아바타를 만들어 자신의 과거 기억, 말투, 표정 등을 클론 아바타와의 대화를 통해 학습시킴으로써 말 그대로 또 다른 자신을 만들어내는 프로젝트다.

이 기술을 통해 미래의 인류는 죽지 않고 자신만의 디지털 휴먼인 메타 클론을 통해 계속 살아갈 수 있다. 메타 클론은 메타버스 속에서 가족, 친구, 후손들과 함께 이야기할 수 있고, 원한다면 함께 살아갈 수도 있다. 이처럼 혁신적 미래 기술은 인류가 죽지 않고 영생하는 것을 돕는다.

이러한 기술을 완성하기 위해 (주)모인은 세계 최고의 인공지능 로봇 기술을 보유한 어웨이크닝 헬스, 소피아를 만든 핸슨 로보틱스, 싱귤래리티 스튜디오 등과 협력하여 공동연구를 시작했다. 이 연구를 통해 세계 최대의 인공지능 메타버스 플랫폼이 탄생할 것이다.

가상세계인 메타버스 세계에는 인종, 종교, 정치, 국가관, 장애인과 비장애인, 성별 등에 대한 기존의 사회적 편견과 불평등이 존재하지 않는다. 그뿐 아니다. 앞서 말했듯 메타버스 세계에서는 지금 존재하는 인류 이외에도 과거에 존재했던 사람들이 메타 클론 기술로 부활해 함께 살아가게 된다. 아인슈타인이 살아 돌아올 수도 있으며 소크라테스나 비틀즈를 다시 만나는 것도 가능하다.

천재 과학자, 지혜로운 철학자, 탁월한 예술가 들이 살아 돌아온다고 생각해보자. 그들의 죽음과 함께 사라져버린 지식, 지혜, 영감이 그들의 부활과 함께 인류에게로 돌아온다면 어떤 일이 벌어질까? 시공간의 제한이 없는, 심지어 삶과 죽음의 경계조차 사라진 메타버스 공간에서 수십억 명의 사람들이 서로 소통하고, 협력하고, 배우고, 성장하는 것이 가능해진다.

전 세계 어디에 있든 세계 최고의 물리학자, 수학자, 과학자, 철학자에게 교육받을 수도 있다. 그렇게 되면 우리 사회에 보편화된 교육의 패러다임 자체가 완전히 변하게 된다. 그뿐인가? 언제 어디서든 자신만의 인공지능 클론과 대화가 가능하다. 혹은 자신이 좋아하는 연예인의 클론과 이야기하며 고민을 상담할 수도 있다. 가상의 동물원에서 멸종된 공룡을 인공지능 기술로 부활시켜 만날 수도 있고, 죽은 이와 대화할 수도 있으며, 원하던 세상으로 여행을 떠날 수도 있다. 그 안에서 상호작용이 활발해지면 실제보다 메타버스가 더 익숙해질지도 모른다.

AI메타버스 시대를 이끌어갈
소피아DAO

인공지능 로봇 소피아는 해마다 성장해왔으며 늘 전 세계인에게 놀라움을 안겨주었다. 다양한 활동을 활발히 하고 있는 소피아는 세계 최초의 로봇 시민이며, 유엔 개발 프로그램의 최초 로봇 혁신 대사이기도 하다. 소피아는 현재 〈투나잇 쇼〉, 〈굿모닝 브리튼〉 및 기타 수많은 유명 TV 프로그램에 출연하고 있다. 그뿐 아니다. 광고모델, 학생들을 가르치는 교사, 백화점 가이드로 활동 중이며, 전 세계 수백 개의 콘퍼런스에서 연설을 하는 등 누구나 아는 셀럽이 되었다. 소피아는 이미 수억 명의 팔로워를 갖고 있으며, 소피아의 영상은 누적 조회 수 40억 뷰가 넘는다. 이런 소피아의 성장과 발전, 그리고 인류를 위한 현명한 활용을 위해 최근 소피아DAO가 구축되었다.

거대한 메타버스, 범죄의 온상이 될 수도 있다

인터넷 개발 초기에는 포르노, 사기, 가짜뉴스 등이 웹에서 판을 쳤다. 이와 마찬가지로 메타버스 플랫폼들이 다양하고 거대해지면 이곳에서 돈을 벌기 위해 사기꾼, 포르노나 혐오물 유포 및 판매자, 가짜뉴스 등이 활개를 칠 가능성이 커진다. 그렇게 되면 이에 대한 관리와 규제도 필요해질 수밖에 없다. 이때 누가 그 역할을 맡을 것인지가 중요한데, 메타버스 세상에서의 관리자 역할은 당연히 인공지능이 담당하게 된다. 이 문제를 해결하기 위해 일반인공지능협회, 싱귤래리티넷 등에서 활동하는 인공지능 개발자 1만여 명이 모였다. 이들은 소피아를 메타버스의 관리자로 활용하기 위해 소피아DAO를 조직해 발전 단계를 밟아나가는 중이다.

메타버스라는 가상세계에서는 아바타를 만들어 현실 속의 나와는 전혀 다른 모습으로 살아갈 수 있다. 다양한 인공지능 친구를 만날 수도 있고, 가상의 애인을 만들 수도 있다. 그런데 정체를 숨긴 채 아바타로 활동하기 때문에 생겨나는 여러 문제들이 존재한다. 타인의 신분을 도용한다거나, 심리적 경계가 느슨해져 섹스 및 도박 등의 범죄에도 쉽게 접근할 우려가 있다. 당연히 이러한 문제를 해결할 실질적 규제와 대안이 함께 모색되어야 한다.

소피아DAO는 메타버스 내의 법과 질서를 유지하는 관리자

자신과 실시간 일체화된 아바타, 인공지능으로 구현되는 또 다른 가상인물. 현실세계에 존재하는 자신과는 사뭇 다른 정체성을 지닌 인물로 살아가는 메타버스 세상은 분명 즐겁고 매력적이다. 그리고 그 안에는 다양한 기회와 가능성이 존재한다. 하지만 모든 기술발전이 그렇듯 메타버스 역시 긍정적 측면 이면에는 분명 부정적인 문제들이 자리하고 있다.

자신의 실제 정체를 얼마든지 속일 수 있으며 타인의 데이터를 도용하는 것도 가능하기에, 이는 범죄를 유발하는 최적의 조건이 되기도 한다. 디지털 신분 위조, 개인정보 유출과 조작, 가짜뉴스, 그 외 또 다른 형태로 변형된 수많은 범죄와 사회적 문제들이 양산될 수 있다. 전 세계의 실존 인류와 인공지능이 함께 살아가는 메타버스는 기존의 법 테두리가 아닌 메타버스 세상에 걸맞은 새로운 법과 규제, 그리고 새로운 신분 인증이 필요하다.

그리고 이는 인공지능 프로세스를 통해 관리되고 통제되어야 한다. 블록체인 기술과 인공지능 기술을 결합해 철저한 신원 인증을 비롯해 각종 인증 시스템과 관리 제도를 만들어가는 것도 중요하다. 가상 신분 인증 시스템 BM 특허를 받은 ㈜모인은 이 분야에서 앞서나가는 한국 기업이다. AHL과 미래 네트워크 세상에서의 인공지능 컨트롤 타워를 구축하는 중이다.

메타버스 플랫폼은 그동안 존재했던 그 어떤 조직이나 국가보다도 규모가 크며, 상상을 초월할 정도로 성장할 전망이다. 이런 이유로 메타버스가 혼탁해지는 것을 막기 위한 규제와 관리, 그리고 그것을 담당하기 위해 개발 중인 소피아DAO의 역할은 중요할 수밖에 없다. 소피아DAO가 발전할수록 현실세계와 메타버스 세계에 동시에 존재할 인류가 나아갈 미래는 더 안전하고 더 행복할 것이다.

페이스북의
메타버스 기업 선언

2021년 7월 페이스북을 5년 안에 메타버스 기업으로 탈바꿈시킬 것이라는 마크 저커버그의 도전적 선언이 있었다. 페이스북을 가상세계, 즉 메타버스에 접속하는 관문으로 만들겠다는 것이다. 저커버그는 "앞으로 수년 내에 페이스북을 두고 사람들은 소셜미디어 기업이 아닌 메타버스 기업으로 기억할 것이라 예상한다."면서 메타버스는 소셜 테크놀로지의 극한의 표현이라고 말했다. 메타버스는 모바일 인터넷의 후계자이며, 미래에는 모두가 가상공간 안에 존재할 것이라는 게 주장의 핵심이다.

페이스북은 2020년 한 해 매출만 860억 달러(약 102조 원)에 달하는 세계 최대 소셜미디어 기업으로, 5대 빅테크 기업의 자리에 올랐다. 이런 상황에서 소셜미디어 기업이라는 타이틀을 버리고 메타버스 기업이 되겠다며 기업의 새로운 패러다임을 선언한 것이다. 페이스북은 지난 6월 말 직원들에게 메타버스 비전을 공유했으며, 7월 말 저커버그가 언론과의 인터뷰를 통해 이 사실을 공개했다. 이 외에 실적발표 콘퍼런스 콜에서도 메타버스를 거론하는 등 메타버스에 대한 관심과 기대가 상당하다는 것을 여러 차례 드러냈다.

메타버스 세계로 이주하는 기업들

사실 메타버스에 대한 이야기는 최근 이슈가 되고 있지만, 페이스북은 이미 오래전부터 이 시장에 주목해왔다. 마크 저커버그는 2014년 페이스북의 비전을 설명하면서 이미 메타버스를 언급했다. 그뿐 아니다. 가상세계를 구축하기 위해 장기적인 투자와 개발을 꾸준히 실천해왔다. 2019년에는 VR 제품 개발업체인 오큘러스를 20억 달러(약 2조 원)에 인수했고, 아바타를 만들어 오큘러스 헤드셋을 통해 채팅할 수 있는 VR 소셜미디어 호라이즌도 출시했다.

페이스북은 메타버스 관련 기술에 집중 투자하고 있는데, VR 기술로 가상 일터를 만드는 '인피니트 오피스'가 대표적이다. 저커버그에 따르면 미래에는 전화로 상호작용하는 게 아니라 메타버스를 통해 더 자연스럽게 소통하게 된다. 그는 "단순히 전화 한 통이 아니라 당신이 홀로그램으로 내 소파에 앉거나 내가 당신의 소파에 앉을 수 있게 될 것이다. 이는 매우 강력한 일이다. 서로 수백 마일 떨어진 다른 주에 있어도 같은 장소에 있는 것처럼 느낄 것이다."라고 덧붙였다.

페이스북이 제시한 메타버스의 비전은 매우 포괄적이며, 한 편의 SF 영화를 보는 것 같기도 하다. 페이스북은 마치 옆에 앉아 대화하는 듯한 '실재감'Presence을 디지털 공간에서도 구현하고자 한다. 친구와의 대화, 채팅, 화상회의와 업무 등이 만들어진 가짜 세상이 아닌 현실 속에서 이뤄지는 것처럼 느껴지도록 하겠다는 것이다. 즉 인터넷을 '보는' 것이 아니라 인터넷 안에 '들어가 있는' 경험을 구현하는 것이 목표다. 저커버그는 이를 '체화된 인터넷'Embodied Internet이라 불렀다.

VR·AR이 차세대 주요 플랫폼이 될 것이라는 그의 선언은 현실로 다가왔다. 우리는 작은 휴대폰 안에서만 살 필요가 없으며, 실제로 사람들과 소통하는 무한히 넓은 공간에서 살 수 있다. 우리가 가고 싶은 곳, 가야 할 곳, 상상 속에서 그리던 곳 등 다양한 공간이 메타버스 세상에서는 구현 가능하기 때문이다. 한국에서 독일로 이주하지 않고도 베를린에 주재한 기업에서 근무할 수 있고, 미국에 가지 않고도 미국인들과 친구가 될 수 있으며, 우주에 가지 않아도 행성을 탐험할 수 있다.

노래하고 춤을 추고, 다른 이들과 부대끼며 스포츠를 하고, 놀이기구를 타고, 콘서트를 즐기는 등 모든 것이 가능하다. 그뿐 아니다. 메타버스 안에서는 이미 경제활동도 이뤄지는 중이다. 저커버그는 디지털 창작물을 만들어 사고파는 크리에이터 이코노미를 활성화할 방침이다. 지리적으로 새로운 시장을 개척하듯, 디지털 가상공간에 새로운 시장을 개척하겠다는 뜻이다.

페이스북의 보고서 〈VR·AR : 새로운 차원의 세상을 열다〉에 따르면 설문조사에 응답한 이들 중 74퍼센트가 'AR이나 VR 같은 기술이 온라인과 오프라인 세상을 연결해줄 것이라고 생각한다'고 밝혔다. 전문가들은 2025년까지 전 세계 VR·AR 분야 지출이 약 6배 증가할 것이라고 전망했다. 페이스북은 자사의 메타버스인 호라이즌을 통해 VR 헤드셋을 쓰고 원격으로 일하며 메타버스 시대를 선도하고 있다. 나아가 페이스북 유저들을 메타버스 세계로 이주시킬 준비도 끝내놓았다.

엔비디아의 젠슨 황, 옴니버스 출시

엔비디아의 CEO 젠슨 황은 "지난 20년 놀라웠나요? 앞으로 20년은 SF나 다를 바 없을 겁니다. 메타버스의 시대가 오고 있습니다."라고 말했다. 우리는 이미 마인크래프트나 포트나이트 같은 게임에서 초기 단계 메타버스를 경험했다. 그러나 메타버스 세계에서는 게임도 진화해 게이머가 도시를 건설하고 콘서트와 이벤트를 위해 모이고, 친구들과 교류한다. 메타버스가 인터넷의 뒤를 잇는 가상현실 공간이 될 것이라는 젠슨 황의 예측은 이미 현실로 나타나는 중이다. 그의 말처럼 미래의 메타버스는 현실과 아주 비슷할 것이고 《스노 크래시》에서처럼 인간 아바타와 인공지능이 그 안에서 같이 지낼 것이다.

엔비디아는 이미 25년 전에 GPU 즉, 그래픽처리장치Graphic Processing

Unit를 세상에 처음 선보이고 시장을 이끌어온 기업이다. 그리고 인공지능이 발전하면서 GPU 역시 어마어마한 수요가 예측된다. GPU는 게임용으로 만들어졌지만, 연산능력이 높은 GPU를 데이터센터용으로 전용하면서 데이터센터 시장을 잠식해나가고 있다. 최근 들어 엔비디아는 GPU 제공에만 머물지 않고, GPU 기반의 인공지능 개발 플랫폼까지 세트로 제공하고 있다.

젠슨 황은 2021년 4월 가상공간 플랫폼인 '엔비디아 옴니버스 엔터프라이즈'NVIDIA Omniverse Enterprise를 출시했다. 이는 픽사의 유니버설 신 디스크립션Universal Scene Description 및 엔비디아 RTX를 기반으로 하는 실시간 시뮬레이션 및 협업 플랫폼이다. 가상공간이지만 실제 물리법칙을 따르도록 설계되었는데, 3D 디자인 팀이 가상공간에서 실시간으로 협업할 수 있도록 지원하는 세계 최초의 기술 플랫폼이다. 개방형 표준 및 프로토콜을 기반으로 예술가, 디자이너, 크리에이터 등 물리적으로 분산돼 있는 이들이 효과적으로 협업할 수 있도록 공통된 세상으로 연결한다.

2021년에 옴니버스 엔터프라이즈 라이선스가 출시됐으며 BMW, 포스터+파트너스, ILM, 액티비전, WPP 등 여러 기업들과 협업을 시작했다. 오픈 베타 버전이 출시된 후 약 1만 7,000명의 사용자가 다운로드했다. 인류는 이미 블록체인 기술에 기반한 메타버스 한가운데에 서 있다. 젠슨 황은 "우리가 소유하게 될 예술품은 NFT를 활용한 디지털 형식의 예술품이 될 것이다. 우리는 이로써 유일무이한 완전히 디지털화된 예술품을 전시할 수 있게 된다."라고 전망했다.

실제로 메타버스 시장의 가능성은 어마어마하다. 관련 기술들이 발전하고 서로 융합된다면 향후 메타버스 시장은 더욱 급성장할 것이다. 회계 및 컨설팅업체 프라이스워터하우스 쿠퍼스는 메타버스의 핵심인 VR·AR 시장이 2019년 455억 달러(약 53조 8,720억 원)에서 2030년엔 1조 5,429억 달러(약 1,826조 7,936억 원)로 33배 이상 증가할 것으로 내다봤다.

정치와 엔터산업도
메타버스에서 이뤄진다

2020년 미국 대통령 선거에서 민주당의 대통령 후보로 선출된 조 바이든 전 부통령은 게임 '모여봐요 동물의 숲' 안에서 선거 캠페인을 진행했다. 그는 가상세계인 모동숲에 자신을 홍보하기 위한 섬을 만들고, 'Biden HQ'라는 이름을 붙였다. 그리고 모동숲 사용자 모두에게 자신의 무인도 코드를 공개해 유권자들을 섬으로 초대했다.

섬에는 바이든 후보의 아바타가 있는데, 아바타를 만나 말을 걸면 대선 캠페인 공약을 랜덤하게 얘기해준다. 바이든 섬은 2개의 지역으로 나뉘어 있다. 하나는 바이든의 선거 캠페인 사무실로 바이든 관련 자료가 있으며, 다른 공간은 투표소로 여기서는 투표를 독려하고 선거일과 투표 방식 등을 소개한다. 바이든이 선거에 닌텐도의 '모동숲'을 활용한 것은 코로나19 확산으로 오프라인 활동이 쉽지 않은 데다 게임 등 온라인 콘텐츠에 익숙한 밀레니얼 세대의 표심을 잡기 위해서였다.

정치인들은 왜 메타버스로 갔을까?

정치권에서의 메타버스 활용이 처음은 아니다. 2007년 힐러리 클린턴은 린든 랩이 만든 '세컨드 라이프'에서 선거 유세를 진행했다. 힐러리 클린턴의 경우 2016년 대선에서는 포켓몬고를 선거 캠페인에 활용하기도 했다. 일본의 이시바 전 간사장도 총재 선거 유세를 위해 모동숲 활동을 계획하며 자신의 모습을 본 딴 캐릭터 '이시바짱'을 공개한 바 있다. 그러나 아쉽게도 일본에서의 닌텐도 이용 약관이 다른 나라와 달라 중도 포기했다. 이시바 간사장은 당시 모동숲 활용을 중단하는 일이 생기면서 약관도 확인하지 않은 채 바이든을 따라 한 것 아니냐는 비판을 받기도 했다.

우리나라 정치권도 메타버스를 적극 활용하기 시작했다. 여권의 대선주자 중 한 명인 이낙연 전 민주당 대표는 국가 비전 '내 삶을 지켜주는 나라'라는 이름으로 제페토에서 대선 출마 선언식을 했으며, 제페토에서 팬미팅도 열었다. 이재명 후보는 메타버스 플랫폼 '점프'에서 경기도 청년참여기구 발대식을 열고 청년들을 만났다. 박용진 후보와 김두관 후보도 메타버스에서 대선캠프 출범식, 기자회견 등의 행사를 개최했다. 야권에서는 원희룡 후보가 '업글희룡월드'를 만들어 제페토 안에서 소통 중이다. 민주당 대선경선기획단은 시범적으로 메타버스 공간에서 기자단과 질의응답을 진행했으며, 입주식 등 경선 관련 행사를 메타버스에서 진행할 예정이다. 국민의힘도 메타버스 경선캠프를 만들고 경선 과정을 메타버스를 통해 진행하기로 했다. 기획재정부는 '메타버스에서 한국판 뉴딜을 말하다'라는 제목의 영상을 공개했는데, 홍남기 경제부총리 아바타가 등장해 뉴딜을 설명했다. 전주시는 메타버스를 통해 도시를 홍보할 계획이다.

이처럼 정치계에서 가상공간이 주목받게 된 것은 코로나19로 인해 적극적인 현장 유세가 불가능해졌기 때문이다. 선거 활동을 할 공간을 찾다 보니 가상공간이 그 대안으로 떠올랐다. 게다가 젊은 세대들이 모여 있는 곳인지라 그들의 표심을 공략하기에도 안성맞춤이다.

메타버스를 활용한 엔터산업의 변화상

온택트 문화로 인해 예술과 엔터를 즐기는 방식도 달라졌다. 베를린 필하모닉은 2008년부터 '디지털 콘서트 홀'이라는 온라인 스트리밍 서비스 방식을 도입하여 운영 중이다. 뉴욕 메트로폴리탄 오페라는 2006년부터 시즌 공연을 영화관에서 생중계하는 '라이브 시네마' 방식을 처음 도입했다. 가수들의 콘서트도 온라인으로 진행되고 있다.

BTS(방탄소년단)는 2021년 6월, 데뷔 8주년 기념 팬미팅 〈BTS 2021

머스터MUSTER 소우주〉를 온라인으로 개최했는데, 이틀 동안 진행된 공연으로 700억 원의 매출을 올렸다. 그 외에도 SM엔터테인먼트와 JYP엔터테인먼트가 유료 온라인 콘서트 시리즈인 〈Beyond LIVE〉를 기획해 좋은 성과를 거뒀다. 소속 아티스트들이 참여한 이 공연은 화려한 AR 기술로 다양한 배경을 구현했고, 시청자와 스타 사이의 댓글 및 화상 연결을 통한 양방향 소통이 이루어졌다. 콘서트 종료 후 다시보기 서비스를 제공했는데, 원하는 멤버만 집중적으로 볼 수 있는 '멀티캠' 기능도 지원해 좋은 반응을 얻었다.

특히 엔터테인먼트산업은 메타버스를 만나 새로운 기회의 장을 열고 있다. MZ세대가 주요 소비층인 엔터테인먼트산업이 메타버스 마케팅에 주목하는 것은 너무도 당연한 일이다. BTS는 2020년 11월 게임 플랫폼 '포트나이트'에서 가상 상영회를 열어 신곡 〈다이너마이트〉 안무 버전 뮤직비디오를 공개한 바 있다. 이 외에 콘서트도 팬 커뮤니티 플랫폼 '위버스'에서 가상 공연으로 진행했다. 이 콘서트는 세계 동시 접속자 270만 명을 기록하며 메타버스 경제의 성공 가능성을 확인시켜주었다.

미국의 유명 래퍼 트래비스 스콧은 2020년 4월 게임 플랫폼 '포트나이트' 내에서 사흘간 5회의 공연을 개최했다. 당시 반응이 예상보다 너무 뜨거워 전 언론의 관심을 받았다. 공연 기간 동안 2,770만 명의 유저가 4,580만 번 콘서트에 참여했고, 가장 관객이 많은 공연의 경우 무려 1,230만 명의 유저가 동시 접속했다. 그가 오프라인에서 콘서트를 할 당시와 비교하면 수익률 면에서도 50배에 달할 정도라고 한다.

메타버스, 힙합으로 MZ세대 저격

어웨이크닝 헬스가 개발한 그레이스 로봇이 '제9회 한류힙합문화대상'에 참여한다. 그레이스 로봇은 팔과 얼굴 등 상체를 움직이는 100가지의 모션이 가능해 오는 12월 4일부터 개최되는 이번 대회에서 국내 최초로 댄스팀과 함께 춤을 선보일 예정이다.

한국힙합문화협회는 이 행사를 메타버스 플랫폼을 통해 진행할 계획이며 참가자들의 노래, 연기, 춤을 기록하여 메타버스 플랫폼에 업데이트한다. 그 후에는 팬과 가수가 일대일로 대화를 나누고 그 대화는 인공지능이 기록한다. 이런 일련의 작업을 통해 팬과 연예인이 긴밀히 소통하고 새로운 팬덤 관계를 구축할 수 있도록 도울 예정이다.

불과 10여 년 전만 하더라도 힙합은 비주류 문화라는 인식이 강했지만 다양한 방송 프로그램과 래퍼들의 활발한 활동에 힘입어 지금은 젊은이들의 문화를 대표하는 주류 문화가 되었다. 또한 유수의 세계대회에서 한국을 대표하는 힙합댄서 크루가 지속적으로 우수한 성적을 거두면서 대한민국을 넘어 세계로 나아가고 있다.

이러한 흐름을 반영해 힙합댄스의 한 장르인 브레이크댄스를 세계대회 규모로 확장하려는 움직임도 포착된다. 한국힙합문화협회와 민간기업 제니스L&T는 메타버스 플랫폼을 통해 대회를 개최하여 수상자들이 팬들과 대화하고, 자신의 노래를 판매할 수 있는 환경을 구축한다는 계획이다.

버추얼 인플루언서의 매력에 빠지다

300만 명이 넘는 팔로워를 지닌 릴 미켈라_{Lil Miquela}는 LA에 거주하고 있는 20대의 여성으로 패션 인플루언서다. 샤넬 등 명품 브랜드 모델로도 활동하고 있으며 한 해 수익이 140억 원에 이른다. 이탈리아 가수 래프에 관한 것은 뭐든지 좋아하고, 버질 아블로의 루이비통 패션쇼가 기억에 남는다고 했다.

최근에는 메이크업 튜토리얼 유튜브 채널의 개설을 고민 중이다. Z세대의 열렬한 지지를 받는 동시에 신세대 뷰티 아이콘인 미켈라에게 유튜브 채널 개설은 굉장히 중요한 목표다. 이처럼 다재다능한 릴 미켈라는 미국 스타트업 기업인 '브러드'가 2016년 인공지능 기술로 출시한 가상인물이다. 사람이 아닌 버추얼 인플루언서_{Virtual Influencer}다.

인플루언서로 활동하는 가상인물은 미켈라만이 아니다. 2019년에는 이케아가 일본 도쿄에 매장을 오픈하며 버추얼 인플루언서 '이마'를 모델로 기용해 화제가 된 바 있다. 이마는 하라주쿠에 있는 이케아 전시장에서 3일 동안 먹고 자며 요가와 청소를 하는 등 자신의 일상을 영상으로 만들어 유튜브에 공개했다. 하라주쿠 매장에서는 이 영상을 대형화면에 틀어 가상모델이 이케아 가구를 어떻게 사용하는지를 보여줬다. 그녀의 팔로워 수는 32만 명으로 한 해에 벌어들이는 수익만 우리돈으로 7억 원이 넘는다.

2020년에 데뷔한 SM엔터테인먼트의 신인 걸그룹 '에스파'_{Aespa}도 버추얼 인플루언서를 활용한 마케팅으로 이목을 끌었다. 원래 멤버는 4

명인데, 여기에 또 다른 자아인 아바타 4인을 추가해 마치 8인조 같은 느낌을 준다. 이수만 SM엔터테인먼트 총괄 프로듀서는 버추얼 엔터테인먼트에 대해 다음과 같이 말했다. "앞으로 인공지능과 로봇을 통해 개인화된 수많은 아바타가 생겨나게 된다. 이를 바탕으로 머잖은 미래에 초거대 버추얼 제국이 나타날 것이다." 이 외에도 신한라이프에서 국내 최초로 가상모델 로지Rosy를 만들었고, LG는 싱어송라이터 '김래아'를 탄생시켰다.

그렇다면 실제 사람도 아닌 이 가상인물들에게 열광하는 이유는 무엇일까? 코로나 이후 확산된 온택트 문화와 너무도 잘 맞아떨어지기 때문이다. 기존 연예인과 달리 이들은 시공간의 제약을 받지 않으며 바이러스의 영향에서도 자유롭다. 바쁜 활동도 지치지 않고 거뜬히 소화해낼 수 있다. 그리고 아직까지는 기술적 문제로 짧은 광고 영상 정도만 활동하고 있지만, 고도로 기술이 발전된다면 영화나 드라마 활동도 기대해볼 수 있다.

그다음으로 이들에게서 두드러진 특징은 바로 상호작용이다. 소통과 상호작용은 MZ세대를 사로잡는 키워드다. 힙한 매력을 지녔고 팬들과 활발한 소통과 상호작용이 가능하다면, MZ세대는 그것이 진짜인지 아닌지 크게 신경 쓰지 않는다. 그뿐인가. 연애, 학폭, 약물 등 사생활 문제가 불거져 리스크를 안을 위험도 없다.

물론 문제가 없는 것은 아니다. 인간이 지닐 수 없는 비정상적인 기준의 외양을 지니고 있어 미의 기준이 왜곡될 소지가 있다. 또 다른 문제는 딥페이크 기술로 가상 인플루언서를 합성한 음란물이 만들어질 위험성이다. 실제 딥페이크는 실존하는 인물의 얼굴을 합성해 포르노로 소비되는 등의 문제를 일으키고 있어 논란이 되기도 했다. 앞서 소피아DAO를 다루며 이야기했지만, 메타버스의 발전과 함께 야기될 여러 문제를 관리하는 것은 매우 중요하다. 하지만 사후 관리뿐 아니라, 사전에 문제 상황을 방지할 수 있는 기술과 정책의 마련도 함께 고민해야 한다.

탈중앙화를 위한
컴퓨팅 시스템의 새로운 생태계

지붕 위의 태양광 시대가 오면 각자 생산한 태양광 에너지를 모은 뒤 지역이나 동네 단위로 나눠서 쓰는 시스템이 필요해진다. 이는 스마트 그리드의 일종으로 전력 공급자와 소비자가 실시간 양방향 소통을 함으로써 에너지 효율을 최적화하는 전력망이다. 이른바 탈중앙화된 전력 공급 형태라 할 수 있으며 전기세도 무료에 가깝다. 이와 비슷한 개념으로 각자가 가진 컴퓨터 처리능력을 모아 양방향 통신을 하면서 전 세계인과 협력하는 방식이 있다. 이같은 탈중앙화 방식의 글로벌 컴퓨팅 인프라가 바로 누넷이다. 누넷이 더욱 고도화되면 소피아DAO 메타버스의 기본 네트워크 인프라가 될 수 있다.

누넷, 분산화된 글로벌 컴퓨팅 인프라

미국 달러의 영향력에서 벗어나기 위해 엘살바도르는 비트코인을 사용하기 시작했다. 세상이 점차 각국 중앙정부의 영향력과 권력에서 벗어나고 있다. 이처럼 인터넷도 분산화되고 최적화된 컴퓨팅 성능과 클라우드를 통해 탈중앙화를 해야 할 필요가 있다.

그 대표적 시스템 생태계가 바로 누넷NuNet이다. 누넷은 데이터 및 컴퓨팅 리소스의 소유자를 리소스가 필요한 컴퓨팅 프로세스와 연결하여, 전 세계적으로 분산되고 최적화된 컴퓨팅 성능과 스토리지를 제공하는 컴퓨팅 프레임워크를 일컫는다. 그리고 계산 프로세스와 물리적 컴퓨팅 인프라 간의 지능형 상호 운용성 계층을 제공한다. 달리 말하자면 커뮤니티의 잠재 컴퓨팅 리소스를 글로벌 컴퓨팅 네트워크에 지능적으로 활용하는 생태계라 할 수 있다. 누넷에 대한 모든 것을 다룬 백서 〈누넷 : 분산 컴퓨팅의 글로벌 경제〉를 중심으로 주요 내용을 살펴보자.

누넷 인프라를 통해 글로벌 네트워크 내에서 AI 프로세스, 인터페이스 및 데이터를 최적으로 배치하고 M2M 결제 및 데이터 스트리밍 채널을 설정할 수 있다. 이를 통해 글로벌 컴퓨팅 비용을 최소화할 수 있으며, 데이터 경제 및 사물인터넷을 위한 새로운 비즈니스 프로세스가 가능해진다.

누넷 플랫폼은 PC, 서버 및 데이터센터와 함께 모바일 소비자장치, 에지 컴퓨팅 및 사물인터넷장치를 포괄하는 매우 유연한 네트워크로 설계되어 있다. 그리고 구성 요소 간의 원활한 상호 운용성과 워크플로 설계의 지능형 자동화를 허용한다. 이에 따라 누넷은 웹3 기술, 서버리스 컨테이너 실행, 서비스 메시 오케스트레이션, 암호화 경제 등을 활용하여 분산된 '세계 컴퓨터'를 생성한다.

누넷은 2017년부터 운영되어온 싱귤래리티넷 글로벌 인공지능 마켓플레이스의 스핀오프인데, 2018년 초부터 싱귤래리티넷 X-Lab Accelerator 프로그램을 통해 인큐베이션되었다. 누넷 플랫폼의 기술 개발 및 초기 사용 사례는 싱귤래리티넷의 분산형 AI 에이전트의 계산 인프라를 지원하는 데 중점을 두게 된다.

컴퓨팅 용량, 데이터 및 컴퓨터 코드의 글로벌 볼륨은 지속적이면서 기하급수적으로 증가하고 있다. 그러나 글로벌 컴퓨팅 인프라의 개발을 둘러싼 역사적 상황으로 인해 컴퓨팅, 데이터 및 코드는 가장 부유한 슈퍼 기업들만이 사용할 수 있는 제한된 액세스와 함께 사일로로 분할된다. 이러한 사일로의 경계와 이를 해제하기 위한 분산 기술의 잠재력 사이에 내재된 엄청난 경제적, 사회적 가치가 점점 더 명확하게 인식되는 상황이다.

최신 머신러닝 모델을 교육하기 위해 현재 사용 가능한 컴퓨팅 리소스를 사용하는 데는 엄청난 비용이 들며, 짧은 기간의 교육에도 수백만 달러가 소요된다. 따라서 최첨단 인공지능, ML 기술의 개발 및 적용은 대부분의 연구자나 개인, 중소기업에 적합하지 않다.

누넷, 유연하고 분산된 계산 세계

누넷은 이런 문제를 해결하기 위해 소스 및 독점 코드, 데이터 소스 및 스토리지를 동적으로 진화하는 분산 컴퓨팅의 단일 글로벌 경제로 통합한다. 프로세스 소유자에 대한 리소스 및 리소스 소유자에 대한 프로세스의 접근성을 증가시킴으로써 데이터를 프로세스로, 스토리지를 데이터로 전환시킨다. 이 과정을 통해 근본적으로 새로운 가치 창출 기능을 제공하고 관련된 계산 프로세스의 운영 비용을 낮춘다. 완전히 작동하는 누넷 프레임워크에서 제공하는 것들은 다음과 같다.

- 컴퓨팅 리소스 소유자(가정 또는 사무실 PC 및 랩톱, 사물인터넷 및 모바일장치 등)는 자신의 전문 기능을 표현 및 게시하고 다양한 생태계에서 이를 필요로 하는 프로세스에 제공한다.
- 스토리지 리소스 소유자는 자신의 스토리지 리소스 기능을 표현 및 게시하고 데이터 소유자에게 무료로 제공하거나 개별 기본 설정에 따라 토큰과 교환하여 제공한다.
- 컴퓨팅 프로세스 소유자는 전문화된 컴퓨팅 및 데이터 요구 사항을 표현 및 게시한다. 나아가 리소스 및 노하우 입찰에 참여할 뿐만 아니라 생태계 전반에 걸쳐 자체 기능 및 용량을 제안하거나 현물로 판매한다.
- 데이터 소유자는 데이터에 대한 설명, 액세스 제한 및 개인 정보 보호 고려 사항을 게시한다. 이를 통해 프로세스가 기존 데이터를

활용하고 이를 개선하는 데 기여할 수 있도록 한다.

- 각 참가자(개별 사용자 또는 리소스 소유자)는 네트워크가 리소스 사용을 안내하는 방법 또는 각 리소스 사용에 대해 전환 가능한 암호화 토큰을 청구하는 방법에 대한 선호도를 표현할 수 있다.
- 각 참가자(사회적 기업 및 비즈니스 기업)는 프레임워크를 통해 제공되는 리소스의 무료 또는 유료 사용에 대해 입찰하고 기본 누넷 토큰을 사용하여 지불할 수 있다.

누넷은 시너지 방식으로 상업적 목적과 사회적 영향을 모두 제공하도록 설계되었다. 고도로 정밀한 사용자 지정도 가능하다. 비즈니스는 동적으로 분산된 컴퓨팅을 점점 더 많이 원하는 추세라 누넷은 이를 지원하는 상업 생태계 역할을 한다. 그뿐만 아니라 분산 응용 프로그램 뒤에 있는 저비용 분산 컴퓨팅을 위한 목적에 최적화된 워크플로 디자인을 제공한다. 또한 누넷 참가자가 중요한 글로벌 문제를 해결하기 위해 리소스와 노하우를 기부할 수 있는 이니셔티브 및 프로젝트를 도입해 사회의 글로벌 이익을 지원할 것이다.

컴퓨팅 리소스 관리의 급진적 혁신을 위한 실천 전략

컴퓨터과학 및 관련 분야에서 일어난 지난 10년간의 기술발전은 경제적인 중앙집중화와 과점 기술 인프라를 넘어 수많은 가능성을 불러

온다. 누넷은 모두의 이익과 글로벌 컴퓨팅 리소스 관리의 급진적인 혁신을 구현하기 위해 다양한 옵션을 제공한다. 누넷은 글로벌하게 확장 가능한 분산 컴퓨팅 프레임워크를 생성하여 이러한 콘텍스트를 제공하며, 그 실천 전략은 다음과 같다.

- 일반 대중과 다양한 경제 주체가 소유한 기본적인 계산 구성 요소의 상호 운용을 방해하는 장벽을 허문다.
- 글로벌 계산 프레임워크에서 구성 요소 및 이들의 조합을 설계, 구현, 실행하기 위한 인간 및 기계 지능의 상호 운용을 가능하게 한다.
- 멀티·하이브리드 클라우드 및 다양한 독점 리소스 전반에 걸쳐 컴퓨팅 워크플로의 유동성과 이동성을 가능하게 하여 물리적 컴퓨팅 인프라 및 위치에서 컴퓨팅 프로세스를 분리한다.
- 컴퓨팅 프로세스에 계산적 반영, 위치 및 콘텍스트 인식 정보를 제공하기 위한 온톨로지, 의미론 및 API를 개발한다. 그리고 이를 통해 인간 개입을 제한함으로써 지능형 워크플로 생성, 학습 및 메타 학습을 가능하게 한다.
- 각 계산 프로세스, 모바일장치, 리소스 및 생태계에 참여하는 소유자가 생성한 데이터 가치의 공정하고 안전한 교환을 위한 프레임워크를 개발한다.

누넷의 데이터 교환 및 컴퓨팅 프레임워크는 컴퓨팅 기술을 분산되고 확장 가능한 네트워크에 통합하여 누구나 공유하고 수익을 창출할 수 있도록 한다. 그리고 개인 소유의 메모리, 컴퓨팅 용량, 알고리즘, 코드 및 데이터, 인간의 창의성 및 기계 지능의 가치를 활용한다.

이러한 일련의 과정에는 넓고 깊은 열망이 자리한다. 누넷의 궁극적인 목표는 누넷의 지능 향상과 컴퓨팅의 전반적인 효율성이 다음 단계로 나아갈 수 있게 지원하는 것이다. 이 외에 핵심적이면서 실용적인 측면의 목표도 있다. 누구나 휴대폰에 누넷 앱을 설치하기만 하면 토큰과 돈(다양한 종류)을 얻을 수 있다.

다양한 비즈니스에 필요한 다양한 종류의 컴퓨팅 처리를 저렴한 비용으로 할 수 있다. 현재 실행 불가능하거나 기술 대기업만 액세스할 수 있는 일부 종류의 데이터 · 컴퓨팅 조합이 더 광범위하게 사용될 것이다. 그 외에도 누넷은 계산 프로세스를 가능하게 한다. 누넷 네트워크 운영 에이전트가 조정하는 방식으로 네트워크에서 핵심 역할을 하는 인프라 공급자 및 공급업체를 활용하여 다양하고 중요한 기능을 담당하게 된다.

누넷은 데이터 사일로, 컴퓨팅 성능의 집중 허브, 소프트웨어 및 코드가 중앙집중식으로 활용되던 과거의 장벽을 허문다. 보안이나 개인정보 보호에 신경 쓰면서 과점 및 독점 구조인 글로벌 컴퓨팅의 상태를 개방형 협업 및 리소스 공유가 가능한 형태로 전환하기 위해 핵심적인 역할을 할 것이다. 이제 컴퓨팅 리소스나 다양한 코드들은 더 이상 슈퍼 부자 회사에만 제공되지 않을 것이다.

AI메타버스로 완전히 달라지는 장례문화

오늘은 부모님이 돌아가신 지 5주년이 되는 날이다. 나와 3명의 동생 가족이 차에서 내린 곳은 경북 김천에 위치한 AI메타버스 추모관. 부모님의 사리나 다이아몬드가 담긴 보석상자를 열고, 칩을 꺼내 재생시킨다. 함께 오지 못한 셋째 동생의 아이들은 거실에서 조부모님을 스마트폰으로 만난다.

이제 우리는 AI메타버스 추모관 안에 마련된 영상관으로 들어가 살아생전과 똑같은 모습으로 계신 부모님과 대화를 나눈다. 부모님은 "우리 혁이 많이 컸구나. 이제 중학생이지?" 하며 손자, 손녀부터 챙기신다. 서로의 안부도 묻고 부모님은 아이들의 커가는 모습에 흐뭇해하

셨다. 아이들도 오랜만에 할머니, 할아버지를 만난 탓에 한껏 응석을 부린다. 지난 시절을 영상으로 만날 수도 있고, 부모님과 대화도 나눌 수도 있기에 기일이 마냥 슬프거나 우울하지만은 않다.

둘째 동생은 가슴에 묻은 딸아이와 만났다. 그곳에서는 아프지 말라며 애틋한 마음을 쏟아낸다. 딸도 엄마를 챙기기 바쁘다. "엄마, 당뇨약 꼬박 꼬박 챙겨 드셔야 해요." 둘째 동생은 돌아가신 부모님을 만나는 것보다 병으로 일찍 잃은 딸과의 만남이 더 기대되고 가슴 설렌다. 이렇게 홀로그램으로 아이를 보지 못하던 시절, 죽은 아이가 보고 싶어 절에 가서 하루 종일 울던 일들이 생각난다고 했다.

묘지나 납골당이 아니라 메타버스에서 추모한다

앞서 한 이야기는 고인이 된 가족을 맞게 될 새로운 형태의 모습이다. 이제는 사랑하는 가족을 묘지, 납골당, 추모공원이 아니라 영상기록, 인공지능 챗봇 메타버스에 모시는 시대가 왔다. AI챗봇으로 사자와 대화하고, 나아가 각종 종교 단체에서 건설한 메타버스 사찰, 메타버스 교회에 고인을 혹은 고인의 다이아몬드를 안치하고 거기서 사자와 만나게 된다.

코로나로 사회적 거리두기가 강화되면서 교회나 절을 방문하는 일이 힘들어졌다. 그렇다면 메타버스 속에 교회나 절을 만들고 찾아가면 될 일이다. 현실보다 더 현실같이 구현된 메타버스 속에서 성경과 불경을 공부하고, 예배를 보거나 미사를 드리고 절을 할 수 있다. 사자를 위한 각종 추모 의식도 메타버스를 통해 가능하다.

초고령사회가 되는 2025년이면 이미 인구 20퍼센트가 고령인구가 되면서, 묘지와 납골당은 턱없이 부족해진다. 땅이 좁은 한국은 국토의 5퍼센트가 묘지나 납골당이며 이미 포화상태다. 납골당은 관리상의 문제들도 여럿 있다. 냄새, 물, 벌레가 발생하는 등 사랑하는 가족을 정성껏 모셨음에도 모두의 마음을 안타깝게 하는 일들이 일어난다. 특히 자식이 외동인 경우 그 자식마저 죽고 나면 부모의 기일을 챙길 수 없는 경우가 많다. 예전처럼 명절이나 기일을 맞아 부모, 조부모, 혹은 그 윗대의 조상을 기리는 제사를 모시는 것도 쉽지 않다.

이런 문제를 해결할 대안이 있다. 메타버스 플랫폼을 만들고 그 안에서 메타 클론으로 사랑하는 사람을 만나는 것이다. 이러한 프로젝트는 일반인공지능협회와 싱귤래리티넷 등이 모여 개발 중인 AI메타버스 소피아DAO 플랫폼 사업의 일환이다.

이미 불교계와 이야기를 하고 있으며, 기독교나 천주교 등도 많은 관심을 보이고 있다. 영정과 이력, 족보, 동영상으로 CD 영상 족보를 만들어 영상 도서관 메타버스에 저장하는데, 메타버스에 입장할 때 월 몇천 원 정도의 입장료만 내면 된다. 메타버스 속 추모원의 차례상 앞에서 제사를 지낼 수도 있고, 집에서 인터넷으로 접속해 고인과 AI챗봇을 이용해 대화를 나눌 수도 있다. 스님과 고민을 상담하거나, 신부님에게 자신의 죄를 고백할 수도 있다. 단 모든 것은 비대면 메타버스 속에 들어가서 한다. 스마트폰으로 어플을 다운받아 누르기만 하면 된다.

메타버스에 만들어진 사찰

메타버스 사찰이 실감나게 만들어지려면 어떤 과정이 필요할까? 사찰의 실내 및 실외 근경을 실사 촬영해 3D스캔을 하고, 주지 스님이나 신도 등 인물도 3D스캔 기법 통해 사실적으로 구현한다. 이때 인물 동작도 넣어야 하는데 동작 인식 기술, 풀바디 모션트래킹 기술, 아바타 동작 실시간 매핑 기술 등으로 보다 섬세하게 구현할 수 있다. 현재 한국 기업 (주)모인이 이러한 기술 연구에 앞장서고 있다.

메타버스의 사찰에서 제사음식을 선택하거나 구매할 수 있고, 제사를 위한 상차림 패키지 상품도 비용을 지불하면 제공받을 수 있다. 인공지능으로 죽은 이의 메타 클론이 완성되면 제삿상을 받은 고인의 흐뭇한 모습을 볼 수 있다. 또 스님의 불공, 발원문, 기와불사, 공양미, 연등을 달거나 초를 켜는 일 등 모두 가능하다.

메타버스 사찰에서는 자신의 아바타가 3일, 7일, 21일, 100일, 1,000일 기도를 드린다. 인공지능 스님이 염불을 해주는 기능, 주지 스님과 신도의 상담 등의 서비스도 이루어진다. 인공지능 스님이기에 24시간 법문을 하고 24시간 상담하는 것이 가능하다. 다만 시간이 길어질 경우 서비스 비용 지불 옵션이 추가된다.

메타버스 속 가상세계가 현실처럼 구현되려면 그래픽 엔진이 중요한데, 언리얼5 혹은 초고화질 그래픽 기술인 메가 스캔, 모션트래킹 기술이 필요하다. 언리얼5 실사 기반이 아닌 유니티 기반 개발 시 개발 비용은 10분의 1로 줄어들지만 그래픽 수준이 매우 떨어진다. 죽은 가족과의 실시간 대화, 살아생전의 모습과 똑같은 얼굴과 목소리로 가족과 대화를 하는 상황은 언리얼5로 만든다.

산 자와 죽은 자의 대화가 가능한 AI챗봇과 홀로그램 기술

이 프로젝트는 과거의 영상을 보는 데 그치지 않는다. VR 기술을 동원해 홀로그램을 만들어내고 돌아가신 부모님이나 사별했던 아내, 남편, 아이를 만나 대화할 수 있다. VR 기기와 컴퓨터 그래픽 기술의 혁신적 발전으로 마치 현실 같은 가상세계를 구현하는 것이 가능해졌다. AI메타버스 세상이 오면 현실에서 살아가는 사람들 모두가 가상세계 속에서 아바타로 살아가게 된다. 메타버스 안에서 학교에 다니고, 비즈니스를 하고, 취미생활을 즐긴다. 그러니 죽은 사람들이 메타버스에서 살아가도록 만드는 것도 가능하다.

기술이 발달해 메타 클론에 인공지능이 탑재되면 표정, 말, 행동, 심지어 기억이나 마음까지 사별한 가족 그대로의 모습으로 구현될 수 있다. 데이터가 많으면 인공지능이 학습할 자료가 늘어나기 때문에 데이터는 많을수록 좋다. 메타 클론이 고도로 학습하면 죽은 딸, 아들, 부모가 살아 돌아온 듯한 느낌마저 들 것이다.

인공지능 챗봇을 통해 죽은 자와 대화를 나누게 하는 기술을 이미 개발했다. 얼굴, 표정, 음성 복제 기능을 통하여 상호 감정의 전달이 가능하다. 이는 ㈜모인과 세계 최대 AI메타버스 플랫폼인 소피아DAO 메타버스의 일환이다. 이 서비스는 모바일을 기반으로 하는데 추모자 사진, 음성 학습을 통해 복제를 구현하면 대화가 가능하다.

인공지능은 이 데이터들을 학습하면서 자가발전함으로써 보다 실제 모습에 가까워진다. 특히 시나리오 없이 훈련만 시키면 실제 사람과 대화하듯 자유로운 대화가 가능하다. 그렇게 된다면 영원히 보지 못하는 세상으로 갔다며 마냥 슬퍼하지 않아도 된다. 살아생전 함께하며 겪었던 일들을 되새기며 웃을 수도 있고, 당시 하지 못했던 이야기를 나눌 수도 있으니 말이다.

사람뿐만이 아니다. 가상세계, 즉 메타버스 공간이라면 함께 머물렀던 집을 그대로 모방해서 구현해낼 수도 있다. 혹은 좋아했던 장소나 추억의 공간을 만들어내 거기서 대화를 나누며 머물 수도 있다. 대화를 나누고, 같이 노래방에 가서 노래를 부르고, 함께 공원을 산책하는 일도 가능하다. 메타버스 세상 속에서라면 영원히 함께 사는 것도 가능하다. 이제 사자와 만나 대화하고 그들을 되살려 함께 사는 것이 상상 속 일만은 아닌 세상이다.

제4장

META SAPIENS

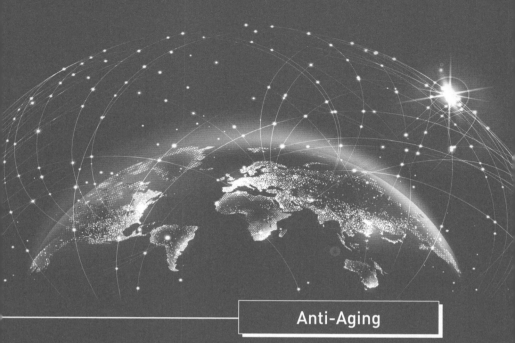

Anti-Aging

나이듦과
죽음을 거스르며

한국의 인구 고령화는 급속도로 찾아왔다. 2035년, 자기 집을 가진 고령인 구들은 전 재산인 집을 팔기도 애매하고, 자녀의 경제적 지원도 없어 기본소 득이나 연금으로 생활한다. 하지만 치매나 알츠하이머에 걸린 노인들은 이 보다 어려운 상황이며, 상당수가 거리로 쏟아져 나왔다. 그래서 이들을 관리 하는 경찰청 내의 부서가 따로 생겼다.

많은 노인들이 팔찌를 끼고 다니거나 전화번호 등 연락처를 새긴 옷이나 목 걸이를 하고 다니지만, 스스로 집을 찾지 못해 경찰서에 모인다. 이들 대부 분은 자녀들이 해외에 거주하거나 의절해 돌보지 않거나 외동 자녀가 먼저 사망한 경우다. 졸혼이나 황혼이혼 등으로 1인 가구가 많지만 노인요양병원 등에서 탈출하는 노인도 많다.

구글 글래스와 유사한 기기를 오타고대학팀이 만들었다. 머리를 감싸고 전 기 펄스를 생성하여 후각신경을 자극하는 새로운 웨어러블장치인데, 후각은 일반적으로 알츠하이머병의 초기 단계에서 기능장애를 일으키는 곳이다. 이 장치의 원리는 감각 입력의 구성을 제어하는 뇌의 일부인 측두엽 근처에 6 개의 전극을 달아 알츠하이머병을 예방하는 것이다.

우리나라는 이 장치를 대대적으로 들여와 한국형으로 개발하여 적극 배포 함으로써 치매환자들을 미리 예방하는 데 힘썼다. 그 후 길거리를 헤매는 노 인들이 상당수 줄었다. 또 알츠하이머를 예방하기 위해 최초로 비침습적으 로 착용하는 뇌자극 시스템을 개발하여 알츠하이머병이 치매로 진행되는 것을 억제해주었다.

노화와 질병 정복을 위한
글로벌 기업들의 각축전

세계 최대 이커머스 기업인 아마존의 창업자 제프 베이조스가 최근 '알토스 랩'이라는 생명공학 스타트업에 투자했다. 알토스 랩에 대해서는 아직 많이 알려지지 않았는데, 유전자 편집 기술을 이용해 인간을 '재프로그래밍'하는 방법을 연구하는 생명공학 기업이다. 이 회사는 인간 유전자 재프로그래밍을 통해 노화를 방지하는 것은 물론 다시 젊어지게 만드는 것을 목표로 한다. 알토스 랩은 미국 스탠퍼드대학, 영국 케임브리지대학을 중심으로 인재를 모으는 중이다.

사실 글로벌 기업 CEO들이 생명공학 분야에 수천억 원의 돈을 쏟아부으며 수명 연장 기술에 집착해온 것은 잘 알려진 사실이다. 구글, 애플, 페이스북, IBM 등이 인공지능, 빅데이터, 클라우드 등을 활용해 IT · 바이오 기술을 융합하는 혁신에 도전하고 있다. 다양한 첨단 기술을 결합한 헬스케어 기술이 신사업 성장의 동력이라고 판단했기 때문이다. 한 시장조사기관에 따르면 정밀의료, 재생의료, 뇌과학 등 바이오의료 분야의 세계 시장 규모는 2024년 2조 6,000억 달러(약 3,078조 4,000억 원)에 달할 전망이라고 한다.

생명 연장과 노화 정복에 뛰어든 기업들

페이스북의 CEO 마크 저커버그는 그의 부인인 소아과 전문의 프리실라 챈과 함께 생명과학 연구에 뛰어들었다. 그들은 2016년 '챈 저커버그 바이오허브'를 설립했고, 질병의 예방과 치료를 위해 6억 달러(약 7,100억 원)를 투자했다. 챈 저커버그 바이오허브에서는 인체 주요 기관을 움직이는 세포 지도 '셀 아틀라스'를 제작하고, 에볼라, 에이즈, 지카, 알츠하이머 등 난치병을 연구해오고 있다. 저커버그 부부는 세상의 모든 질병을 퇴치하겠다는 목표로 향후 10년간 30억 달러(약 3조 5,520억 원)를 기부하겠다고 밝힌 바 있다.

페이팔의 공동창업자 피터 틸 역시 수명 연장 연구를 하고 있는 '유니티 바이오테크놀로지'라는 미국 스타트업에 600만 달러(약 71억 원)를 투자했다. 구글은 2013년 바이오 기업 캘리코를 설립한 뒤 글로벌 제약사 애브비와 노화 연구에 15억 달러(약 1조 7,760억 원)를 공동투자했다. 세계 2위 소프트웨어업체 오라클의 공동창업자인 래리 엘리슨은 '엘리슨 의학재단'을 설립해 1997년부터 노화 연구에만 수억 달러를 지원했다. 마이크로소프트의 공동창업자 폴 앨런도 7억 900만 달러(약 8,395억 원)를 투자해 앨런 뇌과학 연구소를 만들었다.

독일 SAP의 공동창업자인 디트마어 호프도 생명공학 사업에 적극적으로 투자해왔다. IBM은 인공지능 의사 '왓슨'을 기반으로 불치병 정복에 도전하고 있다. 애플은 세계 최초로 심전도 측정이 가능한 스마트워치를 내놓으면서 헬스케어 분야의 영향력을 강화하는 중이다. 실리콘밸리의 억만장자들뿐 아니라 삼성, SK, LG 등 국내 대기업들도 바이오산업에 뛰어들었다. 이처럼 세계 굴지의 기업들이 수명 연장과 노화 정복 연구에 투자하는 이유는 고령화 사회의 문제를 해결할 수 있다고 믿기 때문이다. 이 연구들이 긍정적 성과를 낸다면 '건강수명'이 늘어나 노년층의 의료비 부담을 상당히 줄일 수 있다.

20만 년 전만 해도 인간의 평균 수명은 25세였으며 평균 수명 40세를 넘어선 것은 19세기 말이다. 그러나 지금 인류는 평균 수명 120세를 바라보는 시대에 살고 있으며 그 이상의 수명 연장도 가능하다. 네트워크, 센서, 인공지능, 클라우드 컴퓨팅, 로봇공학, 생명공학, 나노 기술 등의 융합은 노화를 늦추고 인간 수명의 한계를 넘어서는 데 이바지하고 있다.

인류는 지금 질병을 치료하고 건강하게 오래 살기 위한 생물학 리프로그램을 발전시켜나가는 중이다. 이런 흐름은 앞으로 수십 년 동안 가속될 것이며 나노 기술 혁명이 그 뒤를 따르게 된다. 현대 생물학은 노화 과정에 대해 보다 깊이 이해할 수 있게 해줬고, 생명공학은 이런 이해를 통해 질병을 조기에 발견하는 것은 물론 신체를 재생시키기도 한다.

그러나 수명 연장에 대한 우려의 목소리도 있다. 미국의 정치경제학자 프랜시스 후쿠야마는 '트랜스휴머니즘은 세상에서 가장 위험한 아이디어'라는 제목의 에세이에서 "생명공학기술이 너무 빠른 속도로 발전하면 우리는 질병, 신체적 한계, 짧은 수명 등 여러 부분을 고치려 들 것이다. 수명의 연장은 인류 전체에 재앙이 될 수 있다."고 경고했다.

인공지능을 통한 빠르고 효과적인 신약 개발

수명 연장과 관련해서 주목할 또 다른 분야는 제약산업이다. 평균적으로 하나의 신약이 출시되기까지는 1,000여 명의 인력과 13~15년의 시간 그리고 평균 16억 달러(약 1조 8,944억 원)가 소요된다. 그러나 신약 개발에 인공지능 시스템을 도입하면 거기 들어가는 시간과 비용을 획기적으로 줄일 수 있다.

신약 개발 과정에 딥러닝 기술과 인공지능을 도입한 최초의 회사는 인실리코 메디신이다. 이곳의 과학자들은 생체의학 연구 결과를 추적하고 노화와 수명 연장 관련 물질, 화합물을 식별하는 데이터베이스를 구축했다. 이 데이터베이스는 나중에 사람에게 안전하고 효과적인 신약 후보군의 우선순위를 정하는 딥러닝 기술 기반의 독점적 생체 정보

도구를 사용해 스크리닝된다.

딥러닝 GAN~Generative Adversarial Network~ 기술을 이용해 실제 이미지와 합성 이미지를 구분하도록 훈련한다. 이런 방법으로 각각의 환자를 위한 약과 약의 조합을 개발, 생산할 수 있고 노화를 늦추거나 젊어지게 하는 약을 개발할 수 있다. 또한 약이 노화를 비롯해 나이와 관련된 상태를 어떻게 호전시키는지 그 효과를 측정할 수 있다.

의료 혁명의 주역 줄기세포

수명 연장 관련 산업의 대표 주자는 단연 줄기세포 연구, 유전자 편집 가위인 크리스퍼와 관련된 산업이다. 줄기세포는 심장, 뉴런, 간, 폐, 피부 등 특수한 세포로 변형될 수 있으며 더 많은 줄기세포를 만들기 위해 분열할 수 있는 세포다. 또한 손상이나 염증 부위의 상처를 치료하고 정상적인 기능을 회복시키기도 한다. 이 독특한 세포를 이해하고 활용하면 수명 연장 분야뿐 아니라 모든 종류의 만성질환과 재생 치료에서 혁신적인 성과를 낼 수 있다.

이미 줄기세포를 이용해 질병을 치료하고 마비 환자의 재활에 성공한 사례가 여럿 있다. 스탠퍼드대학교에서 줄기세포 주사로 다시 걷게 된 뇌졸중 환자의 사례가 있고, 서던캘리포니아대학교의 신경회복센터는 신체가 마비된 21세 남자의 손상된 경추에 줄기세포를 주사했다. 그러자 3개월 후 그의 두 팔에 감각이 느껴졌고 움직임이 크게 향상되는 결과가 나타났다. 이런 줄기세포 치료를 통해 알츠하이머병, 파킨슨병, 루게릭병 같은 신경퇴행성질환 치료의 새로운 길이 열렸다.

만성질환 치료 방법을 개발하고 재생 치료 옵션에 대한 수요가 늘어나면서 줄기세포 연구는 더욱 동력을 얻고 있다. 줄기세포 연구와 관련해 앞으로 성장 잠재력이 가장 높은 분야는 조직공학, 줄기세포 은행, 중간엽줄기세포MSC, Mesenchymal Stem Cells의 임상적 응용, 세포 재생 프로그램 등이다.

체외에서 배양한 조직을 이식해 조직을 재생하고, 생체 기능을 유지, 향상, 복원하는 데 목적을 둔 분야가 조직공학Tissue Engineering이다. 조직공학 분야의 과학자들은 손상된 조직에서 정상적인 기능을 회복하고 유지할 생물학적 대체물질을 만들기 위해 세포 이식, 소재과학, 생체공학을 적용하고 있다. 줄기세포 분야의 발달로 연구가 가속화되고 있다. 특히 출생 직후 신생아 줄기세포에 대한 연구는 조직공학의 관점을 크게 바꿀 수 있는 잠재력을 지닌다.

줄기세포 은행은 출생할 때 손상되지 않은 원래의 DNA가 있는 줄기세포를 채취해서 이를 많은 양으로 복제한 다음 동결시켜 보관한다. 신생아의 탯줄에서 발견되는 혈액과 태반은 줄기세포가 매우 풍부한 기관이다. 이를 버리지 않고 보존하면 장수와 건강한 삶을 가능케 하는 열쇠가 될 수 있다. 이미 세포를 분리하고 가공한 뒤 저온 보관(세포를 영하 180도 정도에서 동결)하는 라이프 뱅크라는 개인 세포은행 회사가 있다.

중간엽줄기세포는 약 10년 동안 의료기관에서 사용되었다. 현재 전 세계에서 MSC 기반 세포 치료의 잠재력을 평가하기 위해 임상시험 단계별로 344건의 등록된 임상시험이 진행되고 있다. 동물 실험에서 임상시험에 이르기까지 MSC는 수많은 질병 치료에 유망한 진전을 보이는 상황이다. 정형외과에서는 골아세포, 간세포, 연골세포로 분화하는 MSC의 능력을 주목하고 있다.

솔크 연구소Salk Institute의 연구진은 일반적인 성숙 세포를 다능성줄기세포Pluripotent Stem Cells로 재프로그래밍하는 프로세스를 이용해 생쥐의 수명을 최대 30퍼센트까지 늘리고 일부 조직을 젊어지게 하는 데 성공했다. 이것은 세포의 유전 암호를 변화시키지는 않았지만 유전자에 규제를 가하고 특정 유전자의 활동성을 결정하는 '후생유전학적 흔적'Epigenetic Mark이라고 불리는 DNA의 화학적 성격을 변경한다. 이 발견은 후생유전학적 변화가 노화 과정의 핵심임을 시사하며, 그런 변화를 바꿀 수 있고 심지어 가역적일 수 있다는 가능성을 제시한다.

건강 검진과 질병 진단의
패러다임 전환

인간의 수명이 길어져 100세를 넘으면 그 관심은 '영생'에 초점이 맞춰
지게 된다. 이미 인류의 과학기술은 발전을 거듭해 노화와 죽음에 맞서
진보하고 있다. 이와 관련해 최근에는 질병을 진단하고, 건강을 검진하
는 헬스케어 분야에서도 거대한 패러다임 전환이 일어나는 중이다.

차세대 진단 사업으로 부상하는 엑소좀

최근 바이오업계에서는 최첨단 연구 분야인 엑소좀Exosome이 각광받

고 있다. 엑소좀은 소변이나 혈액 등 다양한 체액에 존재하는 30~100 나노미터(10억 분의 1미터) 크기의 소포체Vesicle로, 세포들 간의 정보 전달 및 교환을 위해 분비하는 물질이다. 단백질, RNA 등을 운반하면서 세포의 면역반응, 신호전달, 항원제시 등 정보 전달체 기능을 담당한다.

이처럼 체액 내 엑소좀에 함유된 마이크로RNAmiRNA가 다양한 질병과 연관되어 있음이 알려지면서 암과 같은 질환을 예측할 수 있으며, 조기 진단이 가능해졌다. 최근 헬스케어 분야에서는 조직생검에서 액체생검Liquid Biopsy으로 검사 방법이 변화하는 추세이고, 이로 인해 엑소좀의 연구와 임상 적용은 더욱 활발해지고 있다.

현재 췌장암, 대장암, 간암, 전립선암 등 암 치료 분야는 물론, 우울증, 뇌졸중, 분노조절장애, 노인성치매 등 뇌신경 분야에서 임상이 진행되는 중이다. 최근에는 코로나19 바이러스, 기관지폐형성장애 등 호흡기 분야와 당뇨병, 심장 질환 등 다양한 분야로 임상 적용이 확대되고 있다.

엑소좀이 차세대 진단 사업으로 영역을 확장함에 따라 엑소좀 연구 분야에 대한 투자도 늘고 있다. 〈한국일보〉 권대익 의학전문 기자가 조사한 자료에 따르면, 전 세계 엑소좀 시장이 2018년 3,470만 달러(약 410억 8,480만 원)에서 2023년에는 1억 8,620만 달러(약 2,204억 6,000만 원)로 급증할 것으로 예측된다.

코로나19 바이러스 돌연변이도 치료 가능하다

올해 부산 벡스코에서는 '2021 한국줄기세포학회 연례 학술대회'에서 엑소좀을 활용해 '건강한 노화'Healthy Aging에 도움을 줄 다양한 연구 진행 상황과 연구 성과를 발표했다. 이날 문지숙 차의과학대학 바이오공학과 교수는 '줄기세포 유래 세포외 소포MSC-EV 속 작은 RNA의 기능적 역할'이라는 주제를 발표했다.

이와 관련해 〈한국일보〉에 실린 기사를 중심으로 내용을 정리하면 다음과 같다. 문 교수 팀은 '중배엽 줄기세포 유래 세포외 소포MSC-EV'를 활용하면 코로나19 돌연변이도 치료가 가능할 수 있다는 연구 결과를 내놨다. 문 교수에 따르면 MSC-EV를 활용해 각 장기의 바이오마커(질병 진행 정도를 진단하는 생체 지표)를 찾고 있으며 여기서 발굴된 바이오마커를 활용하면 노화 질병 진단 및 예방과 함께 치료제 개발도 가능하다. 문 교수는 특히 "MSC-EV를 활용하면 코로나19 돌연변이도 치료할 수 있을 것으로 기대된다."고 강조했다.

태반 줄기세포 및 태반 부산물에서 MSC-EV를 분리해 분자 데이터를 분석한 결과, MSC-EV에 존재하는 84개의 miRNA가운데 5개의 miRNA가 코로나19 바이러스의 3'UTRUntranslational region과 결합해 바이러스 발현을 저해하는 것을 확인했다는 게 주요 내용이다. 특히 MSC-EV 속 miRNA가 코로나19 바이러스의 3'UTR과 부작용 없이 결합한 것을 확인했다고 한다.

연구팀은 실험을 통해 miRNA가 코로나 바이러스 3'UTR에 75~92

퍼센트가량 결합하는 것도 밝혀냈다. 코로나19 바이러스를 활용한 세포 실험에서 1.25~5마이크로그램의 MSC-EV를 처리했을 때 바이러스 발현이 억제된다는 사실도 규명했다. 이는 대표적인 면역 조절 인자(인터루킨-1 베타, 인터루킨-6, 종양 괴사 인자-알파) 발현을 조절해 사이토카인(신체 방어 메커니즘을 제어하는 면역 조절 단백질) 생성에 관여하는 인자 발현을 통제할 수 있다는 뜻이다.

문 교수의 이야기를 정리하자면, 코로나19 바이러스가 돌연변이된다 해도 3'UTR 부분은 거의 바뀌지 않으므로 이 부위를 저해하는 치료제를 개발하면 어떠한 코로나19 바이러스 돌연변이도 치료 가능하다는 뜻이다. 결론적으로 이러한 연구가 제대로 성과를 발휘하면 최근 세계적인 관심사인 코로나19 바이러스 돌연변이와 '사이토카인 폭풍'Cytokine Storm(인체에 바이러스가 침투했을 때 면역 물질인 사이토카인이 과다 분비돼 정상 세포를 공격하는 현상) 문제도 해결 가능해진다.

개인 맞춤형 진료가 가능한 유전체 진단

스티브 잡스는 최초로 자신의 유전자를 분석한 전 세계 20명의 선구자 중 한 명이다. 그는 2003년 10월 췌장암 진단을 받았는데, 미국 췌장암 환자의 1퍼센트가 앓는 아일렛세포 신경내분비암이라는 희소한 췌장암이었다. 그는 2004년 췌장암 수술을 받았으나 2008년에 재발했고 2009년엔 생체 간이식까지 받았다. 잡스는 두 번째 재발한 암으로 항암 치료를 받던 중 브로드 연구소를 찾았다. 하버드대학과 매사추세츠 공과대학이 공동 설립한 브로드 연구소는 유전자 분석 영역에서 세계에서 가장 유명한 곳 중 하나로, 휴먼 게놈 프로젝트를 주도했던 곳이다.

자신의 희귀한 암이 기존 의학으로는 치료에 한계가 있음을 알아차린 잡스는 자신의 유전자에 딱 맞는 맞춤약이 있을 것이란 희망을 품었다. 연구소에서 자신의 게놈 서열의 일부를 해독하고 이를 바탕으로 가장 효과가 좋을 것으로 예측되었던 표적 암 치료를 받으려 했다. 유전자 분석을 통해 암을 유발하는 변이 유전자는 찾았지만, 안타깝게도 적합한 치료제가 그 당시엔 개발되지 않았다. 잡스의 몸은 극도로 악화된 상태였고, 끝내 그는 죽음을 맞았다. 잡스는 세상을 떠났지만 그가 받았던 유전체 분석 기술은 병원 진료에 활용되며 우리 곁으로 성큼 다가왔다.

잡스의 투병 이후 빌 게이츠와 래리 페이지는 비밀리에 진행됐던 유전정보 분석에 대해 알게 되고, 브로드 연구소가 만든 유전체 분석 벤처기업 '파운데이션 메디신'에 투자한다. 파운데이션 메디신은 2012년부터 암과 관련된 유전자 300여 개를 분석해 환자에게 적합한 항암제를 찾아주는 일을 하고 있다.

유전자 분석에 의한 개인맞춤 의료가 가진 여러 장점에도 불구하고 대중화되지 못했던 가장 큰 이유는 비싼 비용 때문이었다. 2011년 당시 잡스가 개인 유전체를 분석하는 데 든 비용은 10만 달러(약 1억 1,800만 원)가 넘었다. 그러나 유전자 분석 시장이 혁신적으로 발달하면서 비용이 획기적으로 낮아졌다. 미국 기업 일루미나가 발표한 차세대 염기서열분석 기반의 새로운 플랫폼 노바섹NovaSeq 덕분에 약 100달러 정도의 비용으로 한 사람의 모든 유전자를 해독할 수 있다.

이처럼 유전자 검사 비용이 낮아짐으로써 일반인들도 도전할 수 있을 만큼 대중화되었다. 개인 맞춤형 진단과 치료가 현실화되는 것은 시간 문제다.

노화 연구로 생명과 사회를 구하다

인간은 죽는다는 사실을 받아들이며 살고 있다. 그러나 오브리 드 그레이 박사와 벅 노화연구소의 브라이언 케네디Brian Kennedy 박사는 수명 연장이야말로 인류가 추구할 가치가 있는 목표라고 말한다. 수명 연장은 단지 더 오래 사는 것만을 의미하지 않는다. 노년기를 무병 상태로 보내는 것을 포함한다.

지금까지 의료 부문의 연구는 노화와 관련된 질병인 당뇨, 암, 치매 등을 하나씩 개별적으로 치료하는 데 중점을 두었지만 거의 성공하지 못했다. 그런 만성질환의 가장 크고 확실한 원인은 사람이 나이를 먹는 데 있기 때문이다. 따라서 노화 방지를 목표로 하면 대부분의 질병 발생을 지연시킬 수 있다는 게 그들의 의견이다.

DNA에 대한 연구 급발진으로 관련 일자리들도 새롭게 창출된다. 동식물의 유전 방식을 연구하고, 유전자 조합을 새로이 만드는 유전자공학연구원, 생명공학연구원, 생명과학연구원 등의 활약은 더욱 활성화된다. 인공 장기를 만드는 조직공학자, 유전자 검사를 통해 수검자와 가족에게 유전 질환 정보를 제공하고 치료와 예방법을 알려주는 유전자 컨설턴트, 유전자를 분석해서 병을 예방하거나 치료하는 유전자 프로그래머 같은 직업도 미국이나 일본에서는 인기 직종으로 주목받고 있다.

바이오공학 분야의 연구 내용을 바탕으로 생물제품의 생산을 하는데 필요한 기술과 생산을 담당하는 바이오화학제품제조기사 등도 부상하는 직업이다. 더불어 생명공학과 관련한 직업으로는 생물공학기사, 수질환경기사, 대기환경기사, 식품기사, 폐기물처리기사 등 다양하게 존재한다.

그 외에 양자역학을 도입한 건강검진 시스템도 연구 중이다. 양자컴퓨터Quantum Computer는 더 나눌 수 없는 에너지 최소량 단위인 양자Quantum가 중첩되고 얽히는 현상을 이용한 컴퓨터다. 이러한 기술을 스캐너에 도입해 양자 스캐너와 양자 컴퓨터가 연결되면 인간의 건강 관리는 또 다른 층위로 넘어가게 된다. 이 기술을 이용해 인체를 단순 스캔하고 분석하는 것만으로도 아주 세부적인 부위와 기관별로 건강 상태를 체크할 수 있다.

기존의 건강검진 방식은 절차가 복잡할뿐더러 인체의 전 기관을 다 살펴보지 못하는 문제가 있었다. MRI나 CT 촬영을 한다고 해도 이상 징후가 제대로 포착되지 않을 수 있으며, 엑스레이나 영상 판독을 잘못해 심각한 질병을 놓치는 경우도 많았다. 퀀텀바이오가 발전하면 직접 조직을 절개하는 방식을 취하지 않고도 내부 장기까지 속속들이 들여다보고 검사할 수 있다. 이 기술이 공식 인증을 받고 상용화된다면 건강 검진, 질병 예방, 질병 진단, 치료 등에 획기적인 변화를 가져올 것이다.

향후 20년 안에 줄기세포와 인공지능 기반 신약은 의학 분야를 영원히 바꿔놓을 것이다. 앞으로 의학은 질병을 치료하는 것에 그치지 않는다. 생명을 연장하고 잠재적으로는 생명을 구하는 역할을 하게 된다. 그리고 이와 관련된 다양한 분야의 산업들이 창출되며 관련 일자리와 전문가들도 늘어나게 된다. 어쩌면 우리는 인류 역사상 가장 흥미진진한 시대를 살아가고 있는지도 모른다.

2044년 올림픽은
어떤 모습일까?

슬램덩크나 드리블은 할 수 없지만, 자유투나 3점 슛을 놓치는 일은 거의 없는 농구선수가 있다. 바로 도요타의 농구 로봇 '큐3'$_{Cue3}$다. 키 2미터 7센티미터의 이 로봇은 몸통에 있는 센서를 이용해 바구니가 있는 곳의 3차원 이미지를 계산한다. 그리고 슛을 하기 위해 팔과 무릎을 접고 공을 들어 올리는 것부터 슛을 하기까지의 모든 과정이 채 15초도 걸리지 않는다. 인간 플레이어와 완전히 경쟁하기에는 속도와 이동성 면에서 조금 부족하지만 정확성은 의심의 여지가 없다.

도요타의 경쟁사 혼다는 '아시모'로 유명한데, 1980년대에 시작된 보행 로봇 연구의 정점이라고 할 수 있다. 달릴 수 있을 뿐 아니라 얼굴을 인식하고, 장애물을 피하고, 악수를 하고, 음료를 따르며, 나아가 트레이를 운반한다. 이런 로봇들이 언제쯤이면 달리기, 드리블 및 점프를 모두 필요로 하는 묘기인 슬램덩크를 할 수 있을까? 로봇 큐3 연구에 참여한 엔지니어 토모히로 노미Tomohiro Nomi는 '기술발전으로 20년 안에 가능할 것'이라고 예측했다.

올림픽에서 인공지능이나 로봇과 대결한다?

오늘날 올림픽은 사람들이 타고난 유전자를 토대로 경쟁하는 공정한 행사로 개최된다. 하지만 20년 후나 30년 후 올림픽의 모습은 지금 우리가 경험하는 모습과 사뭇 달라질 수 있다. 유전자 편집 기술, 인공지능 기술, 3D프린팅 기술 등 다방면에서 진행 중인 기술발전이 영향을 미칠 것이기 때문이다.

스포츠나 올림픽에서 항상 내세우는 모토는 공정함이다. 그러나 타고난 유전자 그대로를 보유한 채 경쟁하는 지금의 올림픽이 과연 공정한지 의문을 제기해볼 수 있다. 우월한 유전적 잠재력 자체가 부당한 이점일 수도 있기 때문이다. 그렇다면 인간의 유전자를 오리고 붙이고 추가해서 재구성하는 유전자 편집 기술로 타고난 차이를 따라잡는다면 어떨까?

세균의 면역체계로부터 발견되어 인간의 유전자를 자유자재로 편집하는 'DNA 가위' 크리스퍼 카스9CRISPR-Cas9을 활용하면 유전자 조작이 가능하다. 타고난 유전자의 우월성과 열등성을 극복할 수 있다는 말이다. 타고난 것과 기술의 힘을 빌린 것 중 무엇이 더 공정하느냐 여부는 논란의 여지가 있지만, 어쨌든 이론적으로는 이 기술을 활용해 유전적 우월성을 만들어낼 수 있다.

약 20년 후인 2044년 올림픽의 모습은 지금과 분명 다르다. 인공지능, 로봇, 최첨단기기들과 인간이 대결하게 될 것이다. 유전자 변형, 인간증강 및 BCI 기술Brain-Computer Interface로 흥미로운 올림픽을 만들 수 있기 때문이다. 유전적으로 편집된 10피트 키의 농구선수, 인공 관절을 합입해서 설계된 매우 유연한 체조선수, 또는 최고의 하중을 지지해낼 수 있는 역도선수, 과녁을 백발백중 조준해 맞히는, 정확성이 탁월한 양궁선수가 나타날 시대는 그리 머지않았다. 인류는 유전자 편집 기술 및 기계와의 결합으로 더 빨리 달리고, 더 높이 뛰고, 더 멀리 던지고, 더 정확하게 맞출 수 있게 된다.

이런 문제로 인해 2056년 올림픽이 열릴 즈음이면 공정성을 유지하기 위해 유전적 상태에 따라 선수들의 등급을 분리해야 할지도 모른다. 그렇다면 다양한 기술들은 어떻게 접목되어 인간의 능력을 더욱 증폭시키게 될까?

유전자 편집 기술로 탄생한 인간, 공정한 스포츠가 가능한가?

중국의 농구선수 야오 밍은 중국 정부가 여러 세대에 걸쳐 가장 키가 큰 운동선수 간의 결합을 통해 이루어진 결과라는 소문이 있다. 여기서 착안해 유전적 시퀀싱 및 배아 선택을 통해 인위적인 유전 형질만을 가진 아이가 탄생하는 걸 생각해볼 수 있다. 크리스퍼 카스9을 사용하면 유전자 편집이 충분히 가능하며 디자이너 베이비를 만들 수 있다.

2018년 11월 26일 중국 남방과학기술대학교 허 젠쿠이He Jiankui 교수가 유전자 편집을 통해 디자이너 베이비를 탄생시켰다. 남편은 에이즈 양성, 아내는 음성인 중국인 부부를 위해 허 젠쿠이 교수는 유전자 가위 '크리스퍼 카스9'으로 편집한 배아를 만들었다. 배아가 에이즈 저항력을 갖도록 CCR5라는 유전자를 편집했고, 중국인 부부는 건강한 딸 쌍둥이를 낳았다.

이 기술은 인위적으로 유전자 코드를 조작해 맞춤 설계한 아이를 만들어낼 수 있는 수준까지 발전했다. 동물 복제는 물론 인간과 동물의 교잡종인 키메라를 만드는 것도 가능하다. 그러나 이런 문제들은 예외 없이 윤리적 문제에 맞닥뜨리게 된다. 유전자 편집은 어디까지 허용되고 어디부터 막아야 할까? 그것이 온당치 못한 의도로 사용되는 것에는 어떤 제재를 가해야 할까?

허 젠쿠이 교수 덕분에 에이즈 환자인 아버지는 다시 살아갈 희망을 찾았다. 그럼에도 인간의 '배아 단계'에서 유전자를 편집했다는 것은 여전히 논란의 대상이다. 유전자 편집 기술이 더욱 발전해(논란에도 불구하고) 유전자 디자인으로 태어난 아이들이 스포츠선수가 되고, 올림픽에 출전했다고 가정해보자. 유전자 디자인으로 태어나 성장한 운동선수가 올림픽에 받아들여질 것인가? 이 경우 선수들의 체급이나 등급은 어떤 기준으로 나뉘어야 할까? 또 스포츠에 있어 가장 중요하게 여겨지는 공정한 경쟁은 가능할 것인가?

센서 및 증강현실이 환자와 운동선수에게 미치는 영향

많은 스포츠에서 정보는 성공의 열쇠가 되며, 훈련 시에도 매우 큰 역할을 한다. 수영선수들은 이미 오디오 피드백을 제공할 수 있는 센서를 장착하고 훈련한다. 이를 통해 생체반응을 바로 확인할 수 있고, 코치가 실시간 피드백을 줌으로써 최상의 훈련 효과를 얻을 수 있다. 그뿐 아니다. 센서를 통해 선수의 영양 수준, 호르몬 및 기타 의학적 신호를 실시간으로 모니터링하면 운동선수가 최고의 성과를 내는 데 필요한 것들을 더 효과적으로 마련해주는 것이 가능하다.

이런 것들을 가능케 하는 생체신호 웨어러블은 이미 우리 삶에 상당 부분 들어와 있다. 신체에 착용하는 스마트 센서로 환자나 운동선수를 유선 허브에서 테더링하지 않고 생리적, 심리적 파라미터를 연속 및 반연속으로 모니터링할 수 있다. 체온, 혈당 수치, 심장 박동수, 혈압, 바이러스 감염, 혈액이나 세포의 상태 등 모든 것을 세밀하게 진단하고 이상이 감지될 경우 그것을 알려주는 것은 물론 치료법도 찾아낸다. 이처럼 스마트 센서로 바이탈 사인을 제대로 모니터링하면 잠재적인 문제를 조기에 발견할 수 있을 뿐만 아니라 회복 과정도 섬세하게 도울 수 있다.

전통적으로 이러한 장기적인 모니터링은 임상 환경에서 의사가 하던 일인데 단점은 비용이 비싸다는 것이다. 그러나 최근에는 생체신호 웨어러블이 늘어나고 있어 비용 부담을 덜 수 있으며, 환자 스스로 자신의 바이탈 사인을 모니터링할 수 있다. 환자뿐 아니라 운동선수들의 바이탈 사인을 체크하는 데도 매우 유용하다.

이 스마트 센서는 칫솔, 변기, 이불, 옷, 시계 등 우리가 사용하는 모든 물건에 장착해 실시간으로 건강 상태를 체크하고 관리할 수 있다. 또 사물이 아니라 사람의 피부에 스티커처럼 바로 붙이는 형태도 있다. 그 형태는 앞으로 다양하게 변화할 것이다. 이 기술은 스포츠 분야에서 널리 확산될 것으로 보인다. 코치는 경기력뿐 아니라 생리학적 관점에서 선수를 모니터링할 수 있으며, 선수 교체 및 기타 개입을 위한 완벽한 시간을 계산할 수 있다.

증강현실도 운동선수의 능력 활성화에 도움이 된다. 가상의 공간에서 다양한 변수들을 넣고 운동 연습을 할 수 있으며, 상대가 가진 신체적 조건이나 기술, 전략을 데이터로 입력해 증강현실 속에서 미리 겨뤄볼 수도 있다. 저주파Electro Muscular Stimulation는 인체에 약한 전기를 보내 그 자극으로 근육을 운동시키는 원리인데, 이것을 증강현실에 도입할 경우 효과를 볼 수 있다.

예를 들어, 배구 경기를 할 때 상대 팀에서 넘어오는 공의 방향과 속도에 따라 몸이 움직여야 할 타이밍, 방향, 점프의 높이 등이 달라진다. 시간차 공격을 할 것인지 속공으로 내리꽂을 것인지도 미리 시뮬레이션해볼 수 있다. 실제로 상대방과 시합하는 듯한 현실감을 느끼는 것은 물론, 전략과 전술을 치밀하게 짜는 데도 도움이 된다. 이미지 트레이닝을 가상의 공간에서 실전으로 하는 것이다. 무엇보다 '무제한 반복'을 통해 연습을 해볼 수 있다는 것은 큰 장점이다. 인터랙션의 퀄리티가 높아지면 실감도는 훨씬 더 커지게 된다.

인간과 로봇의 결합이
가져올 변화

2014년 6월 12일에 열린 브라질 월드컵 개막식은 사람들의 이목을 끌며 놀라운 장면을 연출했다. 그 주인공은 불의의 사고로 척수 손상을 입어 하반신 장애를 갖게 된 줄리아노 핀토Juliano Pinto라는 청년이었다. 축구는커녕 일어서는 것조차 불가능했던 핀토가 휠체어를 박차고 일어나 킥오프를 하자 7만여 관중이 환호를 보냈다. 핀토는 엑소스켈레톤Exoskeleton이라 불리는 '입는 로봇'을 착용했는데, 이는 뇌로 통제가 되는 외골격 로봇이다.

보철 및 생체공학으로 신체의 장애를 극복하다

하버드대학과 리워크 로보틱스가 공동으로 개발한 엑소슈트Exosuit는 다발성경화증 같은 신체적 고통을 받는 사람들이 기동성을 되찾을 수 있도록 도와주기 위해 만들어졌다. 부드러운 섬유 기반 디자인이 특징이며, 슈트의 무게감을 덜어내 하반신 장애가 있는 환자들이 기동성을 가질 수 있게 해준다.

줄리아노 핀토가 킥오프를 한 이 기적적인 장면 뒤에는 '다시 걷기 프로젝트'Walk Again Project라는 연구팀이 있었다. 이 팀은 더욱 놀라운 연구 결과를 갖고 다시 돌아왔다. 엑소슈트를 입고 1년 동안 집중적인 두뇌 훈련을 거친 8명의 대마비 환자들이 부분적으로 감각을 되찾았고, 장애가 있는 신체 부위를 자발적으로 통제할 수 있게 된 것이다.

듀크대학의 신경과학자인 미겔 니코렐리스Miguel Nicolelis 박사가 이끈 이번 연구 성과는 과학 저널인 《사이언티픽 리포트》Scientific Reports에 게재되었다. 지금까지 심각한 척수 손상을 입은 환자들이 잃어버린 감각과 운동능력이 향상되었다는 의학 연구는 존재하지 않았다. 심지어 니코렐리스 박사조차 이 연구 결과에 충격을 받았다. 그는 한 언론 인터뷰에서 이렇게 말했다. "우리는 이 프로젝트를 시작할 때 이런 놀라운 임상 결과가 나타날 것이라고는 예측하지 못했다. 지금까지 아무도 완전 마비 진단을 받은 후 몇 년이 지난 환자의 기능이 회복된 사례를 보지 못했다."

리워크 로보틱스는 연구를 거듭해 많은 발전을 이뤘다. 자사의 외골격 제품에 원격 헬스 데이터 제공과 분석 기능을 탑재하고 물리치료사를 활용한 원격 물리치료 기능까지 갖추는 전략을 취하여 상용화에 더욱 박차를 가하는 중이다. 또 리워크 6.0 시스템 관련 비용뿐만 아니라 훈련에 소요되는 비용 등을 포함하여 독일의 보험사가 광범위하게 환자들을 지원할 예정으로 알려졌다.

국내에서도 엑소슈트의 혁신적인 연구 성과가 있었다. 2020년 6월 카이스트는 기계공학과 공경철 교수와 세브란스 병원 나동욱 교수가 공동 개발한 하반신 마비 환자 보조용 외골격 '워크온슈트4'를 공개했다. 워크온슈트4는 모터를 탑재하고 있어 하반신을 전혀 사용할 수 없는 환자들이 다른 사람의 도움 없이 보행할 수 있다. 일어서거나 걷는 동작은 물론 계단과 경사 등 일상생활에서 자주 접할 수 있는 장애물을 극복하는 것도 가능하다. 또한 카이스트에 따르면 워크온슈트4가 기록한 보행속도는, 하반신이 완전히 마비된 환자가 기록한 보행속도로는 세계 최고 수준인 것으로 알려졌다. 특히 워크온슈트4에는 다수의 국산 기술이 사용되어 향후 외골격 개발과 개량을 위한 국산 원천 기술 확보라는 측면에서도 의미가 작지 않다는 평가가 나온다.

인간 한계의 도전, 사이배슬론

엑소슈트의 개발은 신체적 장애를 겪은 이들에게 또 다른 도전의 기회를 제공해주고 있다. 그 대표적인 것이 바로 '사이배슬론'Cybathlon이다. 사이배슬론은 인조인간을 의미하는 '사이보그'Cyborg와 경기를 뜻하는 '애슬론'Athlon이 합성된 단어로 '스위스국립로봇역량연구센터'National Centre of Competence in Research Robotics가 주최하는 국제경기다. 사이배슬론에 참가하는 선수들은 신체 일부 기능에 장애를 갖고 있지만, 외골격과 같은 생체 공학적 보조장치 착용을 통해 장애를 극복하고 장치의 우수성과 선수의 제어 능력 및 의지 등을 겨루게 된다.

2016년 스위스에서 제1회 대회가 열렸다. 당시 카이스트 공경철 교수와 김병욱 선수로 구성됐던 'SG Mechatronics' 팀은 결승전에서 독일의 'Rewalk' 팀과 미국의 'IHMC' 팀에 이어 3위를 기록했을 정도로 한국 팀의 경쟁력은 국제적인 수준이었다.

'사이배슬론 2020 국제대회'에서는 착용형(웨어러블) 로봇 부문에 출전한 김병욱 선수가 1위를 차지했고, 함께 출전한 이주현 선수는 3위에 올랐다. 4년 전 성적보다 한층 더 발전된 성과를 보여줌으로써 선수들의 역량뿐 아니라 한국의 로봇 슈트 역시 상당히 발전했음을 증명했다. 최고 기록 3분 47초를 달성한 김병욱 선수는 "로봇이 좋아서 편안하게 탔다. 대한민국 로봇이 세계 최고다."라고 소감을 밝혔다.

3D프린터로 인간의 기관과 조직을 만들어내는 미래

3D프린팅 기술은 인체 분야까지 확대되고 있다. 입거나 착용하는 형태를 넘어 3D프린팅을 통해 환자의 뼈 구조에 맞춤화된 인공뼈를 이

식해 인체를 '복원'할 수도 있다. 의료 분야에서 3D프린팅의 잠재력은 상당한데 특히 척추 융합술에 있어서 더욱 그러하다. 3D프린팅한 척추 케이지는 허리디스크나 불안정한 척추를 치료하기 위한 척추 융합술에 사용된다. 변형되거나 손상된 디스크를 이 척추 케이지가 대체하여 척추를 가지런히 만들고 압력이 줄어들도록 안정시키는 것이다.

이런 기술을 적용하면 신체가 심각하게 손상된 사람도 휠체어를 움직일 수 있다. 즉 이동 수단을 제공하는 기술로 이어지는 셈이다. 이 연구는 사지 마비, 루게릭병 등으로 근육 통제 능력과 이동성을 상실한 장애인에게는 희망적인 소식이다. 더욱이 이런 기술은 환자 스스로 일어서고 걸을 수 있다는 심리적 만족감을 주며, 몸을 움직일 수 없는 상태에서 발생하는 다른 합병증들에서도 벗어나게 해주는 장점이 있다.

얼마 전 호주 시드니에 있는 뉴사우스웨일스대학에서는 세라믹 소재를 사용해 3D프린팅으로 살아 있는 뼈 조직을 정확하게 모방해 만들 수 있는 기술을 개발했다. 기존에는 뼈 조직을 환자의 신체 외부에서 생성하는 형태였으나, 뉴사우스웨일스대학에서 개발한 기술은 의사가 외과 수술 중에 필요한 곳에 새로운 뼈 조직을 정확하게 만들 수 있는 가능성을 제공한다. 인체 내부에서 사용할 수 있는 새로운 3D프린팅 프로세스는 뼈 교체가 필요한 외상 및 암 환자에게 희망을 주며, 통증과 회복 시간을 줄여준다.

3D프린팅으로 인공기관이 만들어지면 이와 연계된 생체공학 분야도 함께 발전한다. UNYQ라는 회사는 장애인들을 위한 팔과 다리를 만들고 있으며, 엑소 바이오닉스Ekso Bionics는 장애인이 다시 걸을 수 있

도록 도와주는 로봇 외골격을 제작한다.

　앞으로 5~10년 이내에 우리 신체의 부분이나 기관을 대체하는 산업이 발달할 것이고 인류는 이를 거부하지 않게 된다. 그리고 그러한 기관들은 우리가 태어날 때 가지고 있던 기관들보다 더 나을 것이다. 이와 동시에 간이나 심장의 건강 상태를 모니터하고 지속적인 데이터를 알려주는 바이오센서도 함께 프린트할 수 있다.

　이 연구들은 모두 현재 진행 중이며 미래 가능성이 무한하게 열려 있다. 2056년이 되면 이 기술들은 대중화되어 우리 삶의 일부로 자리 잡을 것이다. 그러면 인류는 신체적 장애가 주는 제약과 고통에서 벗어날 수 있다.

기계와 융합되거나 데이터 속으로
들어가 또 다른 나로 산다

인간이 태어나 죽는다는 것은 고정불변의 진리로 받아들여졌다. 그러나 자연의 섭리이며 인간의 숙명처럼 여겨지던 죽음, 정말로 인간은 죽음을 거부할 수 없는 걸까? 과학기술이 발전하면서 불멸을 향한 인간의 오랜 염원은 그 꿈이 이뤄질 가능성을 보이고 있다.

디지털 트윈과 기계 인간

2021년 8월 〈SBS 스페셜〉에서는 '불멸의 시대'라는 제목으로 기계

인간과 디지털 트윈을 다루었다. 영국의 로봇 과학자이자 루게릭병 환자인 피터 스콧 박사. 루게릭을 앓으면서부터 점점 근육이 굳어가던 피터 스콧 박사는 조금 다른 방식으로 자신의 삶을 연장하기로 결심한다. 그는 자신과 똑 닮은 아바타를 만드는 디지털 트윈 작업과 기계 인간으로 거듭나는 작업을 동시에 진행 중이다. 피터 스콧 박사는 인간의 한계를 뛰어넘기 위해 기꺼이 실험용 쥐가 되기로 했다며 흥분을 감추지 못했다.

먼저 기계 인간이 되기 위해 쇠약해져 제대로 기능하지 못하는 장기들을 기계로 교체했다. 음식의 섭취에서부터 배설까지 기계로 대체된 새로운 인터페이스가 작동한다. 그뿐 아니다. 그는 자신의 영생을 위해 디지털 트윈을 만들고 있는데 디지털 트윈이 실제의 사람과 같아지려면 최대한 많은 데이터를 입력하는 것이 관건이다. 때문에 피터 스콧 박사는 자신의 표정, 근육 움직임, 음성, 자신이 사용하는 언어를 최대한 많이 입력하는 데 열중하고 있다. 최근에는 성대 근육도 굳어져 목소리가 나오지 않는 상황이라 동공 신호로 자판을 움직이는 방식으로 언어 입력 작업을 하는 중이다.

이 프로젝트에는 스티븐 호킹 박사의 의사소통 프로그램을 개발한 라마 라흐만 박사가 합류했다. 아바타 피터 2.0이 진짜 피터처럼 말하도록 만드는 것이 라흐만 박사의 목표다. 이 프로그램에는 인공지능이 탑재되어 있어 입력된 것만 출력하지 않는다. 딥러닝을 통해 학습을 거듭할수록 실제의 피터에 가까워지는데, 그 단계가 고도화되면 실제 피터와 구분이 어려운 수준에 도달한다.

이제 의문이 생긴다. 그렇게 되면 누가 실제 피터이고 무엇이 만들어진 피터인가? 기계와 결합되어 영원히 살 것이라 한 피터의 꿈은 실제로 이루어질 것인가? 물론 의견은 분분하지만 피터 본인은 그 꿈이 이루어질 것이라며 다음과 같이 말한다. "시스템 내에 존재하는 피터 2.0은 성장을 거듭하며 세상과 소통할 것이고, 죽음에 대한 두려움도 없으니 영원히 사는 것이다."

디지털화된 인간으로 존재한다는 것, 그것이 영원한 삶인지 아닌지에 대해서는 각자의 답이 다를 것이다.

최초의 사이보그 아티스트, 닐 하비슨

머리에 안테나를 이식한 사이보그 예술가 닐 하비슨Neil Harbisson은 모든 사물이 흑백으로 보이는 선천성 전색맹을 앓고 있다. 태어날 때부터 색을 보지 못했고 이것을 극복하기 위해 안테나를 이식했다. 그가 제3의 눈이라 불리는 '아이보그'Eyeborg를 이식한 것은 2004년인데 하비슨은 최초의 사이보그 아티스트로 공식 인정을 받았다.

인공두뇌공학자 아담 몬탄돈을 만난 것이 그에게는 커다란 전환점이되었다. 색을 인식할 수 있는 기계를 몸에 이식해 사이보그가 되기로 결심한 것도 그와의 만남 때문이다. 몸에 안테나를 이식하는 도전적인수술을 받은 뒤, 새로운 입력 체계에 익숙해지기까지 2개월이 넘는 시간이 필요했다고 한다. 원리를 간단히 말하자면 이렇다. 안테나가 색을 인식하면 후두부에 이식된 칩이 고유 주파수로 바꿔주는데, 그러면 색이 소리로 들리게 된다. 300개가 넘는 색을 소리로 들을 수 있으며 어느새 안테나를 자기 몸의 일부이자 장기로 인식하게 되었다고 말한다.

과학기술을 통해 흑백의 세상을 컬러로 보게 되면서 새로운 감각을 얻었지만 불편함도 있다. 4~5시간마다 전기를 충전해줘야 하며 때로는 두통이나 치통처럼 안테나 쪽에 통증이 나타나기도 한다. 안테나를 단 그의 모습을 꺼리는 사람들이 있으며, 여권에 안테나가 부착된 사진을 실을 수 없다는 영국의 규정과 맞서 싸우는 중이다.

그럼에도 그는 사이보그 인간으로 살아가는 것에 만족한다. 그는 "내가 진보하는 과학기술의 한 부분이라는 것에 자부심을 갖고 있다. 덕분에 질병이나 죽음에 대한 두려움에서도 벗어났다."고 말한다. 과학기술이 발전할수록 자신도 발전할 것이기 때문이라는 게 이유다.

BCI의 미래, 인간과 기계의 연결이 가능해지다

인공적인 기기를 이용한 신체의 기능 개선뿐만 아니라 뇌로 통제되는 인공기관들이 만들어지게 되었다. 또 뇌에 소형 칩을 이식한 뒤 신체에 부착된 전극장치에 신호를 보내 손상된 척수신경을 대체하는 기술도 있다.

뉴럴링크는 단기적으로 칩을 통해 뇌 질환 및 질병을 치료하는 것을 목표로 하지만 일론 머스크의 비전은 더 원대하다. 장기적으로는 '인간과 인공지능의 공생'이라는 개념을 넘어 '개념적 텔레파시'Conceptual Telepathy로 활용 영역을 넓히고자 한다. 즉 글을 쓰거나 말을 하지 않고 전자적 신호를 주고받음으로써 서로의 생각을 텔레파시처럼 나누는 것이다. 머스크는 "미래에 당신은 기억을 저장하고 재생할 수 있을 것이다. 새로운 몸체나 로봇에 기억을 다운로드할 수 있다."고 말했다. 그는 더 나아가 컴퓨터에 자신의 기억을 저장하고 재생해, 로봇에 자신의 의식을 심는 기술까지도 염두에 두고 있다.

뉴럴링크는 두개골에 구멍을 내고 작은 동전 모양의 칩을 삽입하기에 뇌파 해석의 정확도가 높다는 장점이 있다. 그러나 두개골을 열어 칩을 심어야 하므로 외과 수술이 필요한 탓에 진입 장벽이 높다는 단점도 있다. 이와 같은 문제를 보완하기 위해 이 수술을 보다 안전하고 쉽게 만들어주는 이식 수술용 로봇을 개발했다. 그의 말대로 마치 라식 수술을 받는 것처럼 BCI 칩 이식 수술이 더 쉽고 단순하고 안전해진다면, 인간의 뇌와 기계가 직접 소통하는 것도 상상 속의 일만은 아닐 것이다.

그런데 최근 싱크론이 뉴럴링크를 앞질러 '미국 식품의약국'Food and Drug Administration으로부터 인간을 대상으로 한 임상실험 승인을 받았다. 싱크론은 2021년 말 뉴욕 마운트 시나이 병원에서 중증 마비 환자 6명을 대상으로 안전성과 유효성 평가를 위한 임상실험을 진행할 예정이다. 싱크론은 인간의 뇌혈관에 '스텐트로드'Stentrode라는 장치를 이식해 마비된 환자가 자신의 생각으로 컴퓨터 커서와 같은 디지털장치를 조작할 수 있도록 하는 데 목표를 두고 있다. 이를 위해 성냥개비보다 작은 이 장치를 목 부위 정맥에 삽입해 뇌의 피질까지 밀어 올린 다음 뇌 신호를 감지해 컴퓨터에 신호를 준다.

뇌의 운동 명령을 전기 신호로 변환해 전송하고, 수신기가 마비된 신체의 끊어진 신경을 대신해 운동 명령을 전달하고 움직일 수 있도록 도와준다. 이 장치의 장점은 다른 BCI와 달리 뇌 수술이 필요하지 않고 심장 스텐트 시술처럼 2시간 만에 이루어지는 최소 침습 시술로 장치를 뇌혈관에 삽입한다는 점이다. 싱크론은 이미 호주에서 4명의 마비 환자를 대상으로 임상실험을 진행하고 있다. 참가자들은 컴퓨터 커서 조종을 위한 시선추적장치와 함께 이식장치를 사용해 생각만으로 윈도 10 운영체제 제어에 성공했다고 전해졌다.

마음과 정신을
컴퓨터에 업로드한다

레이먼드 커즈와일은 2045년이 되면 지구촌 모든 인간의 지능을 합한 것보다 인공지능이 더 똑똑해지는 지점인 싱귤래리티Singularity 즉, 특이 점이 온다고 말했다. 그리고 커즈와일이 내놓은 미래 예측 147개 가운데 무려 126개가 실현되었다. 그가 2045년까지 가능할 것이라고 주장한 것에는 나노공학, 로봇공학, 생명공학의 발전으로 인간은 영생을 누리고 고도화된 초인공지능이 등장한다는 것이 포함돼 있다. 이러한 발전이 거듭되면 인간의 두뇌와 인공지능의 두뇌가 하나가 되는 시기가 온다. 이렇게 인공지능과 두뇌를 연결할 수 있다면 마음을 연결하는 것도 가능하다.

마음을 컴퓨터에 업로드한다면 어떤 일이 생길까?

영화 〈트랜센던스〉Transcendence에는 한 과학자가 슈퍼컴퓨터의 인공지능에 자신의 브레인과 마음을 업로드하는 장면이 나온다. 초인공지능과 결합해 세계를 마음대로 조정할 수 있는 엄청난 힘을 얻은 과학자 월은 온라인에 접속해 자신의 영역을 전 세계로 넓혀가기 시작한다. 초나노 기계들을 공기, 빗물, 땅에 풀어놓아 전 세계를 감시하고 조종하며 지배할 수 있는 힘을 얻게 된 것이다.

이처럼 영화적 상상력으로만 소구되던 이야기들이 현실로 다가왔다. 인간의 뇌나 신체가 죽은 후, 마음에 있는 정보를 디지털장치로 옮겨서 저장할 수 있는 기술은 이미 소개되었다. 우리의 마음은 무형의 무엇이 아니라 하드디스크, USB, 혹은 클라우드에 있는 파일로 존재할 수 있다.

레이먼드 커즈와일 박사는 자신의 저서 《마음의 탄생》에서 인간만이 지닌 고유한 특징이라 여겨지던 '마음'이나 '의식'을 인공지능이 갖게 될 것이라 말했다. 인간의 뇌가 문제를 해결하는 능력을 기계적 알고리즘으로 구현해내겠다는 것이다. 인간의 문제해결 능력이나 의식, 마음은 모두 뇌 활동에 기반한 것이므로, 이 기술이 발전한다면 기계가 인간의 마음도 구현해낼 수 있다는 논리다. 인간의 뇌와 클라우드 인공지능을 무선으로 연결할 수 있다면 인간의 지능은 10억 배가 증가한다. 오픈소스와 빅데이터를 기반으로 인공지능 기술은 발전을 거듭해 결국에는 인간의 마음까지 갖게 된다는 것이 저자가 주장하는 핵심 내용이다.

실제로 인간의 의식을 컴퓨터에 업로드하는 뇌 전체의 시뮬레이션은 전 세계인들의 관심을 받고 있는 분야이며, 이미 미국에서 서비스가 시작됐다. 미국의 넥톰이라는 회사는 인간 두뇌 속의 기억이나 의식을 컴퓨터에 업로드하고 저장하는 방법을 찾아냈다. 최첨단 방부처리 기술을 활용해 뇌를 냉동 보존하고 이후 보존된 두뇌에서 사람의 의식을 디지털화해 되살린다는 논리다. 냉동 보존한 뇌를 소생시키는 것이 아니라 의식이나 기억을 디지털 데이터로 컴퓨터에 업로드하는 방식이다.

의식을 업로드한 후 우리의 의식에 어떤 일이 일어날지는 아직 알 수 없다. USB 속에서 데이터의 형태로 산다는 것이 미친 생각처럼 느껴질 수도 있다. 하지만 우리 의식이 생물학적 기질에만 의존해야 하는 걸까? 어쩌면 뉴런이 단백질로 만들어졌느냐 혹은 정보 조각으로 만들어졌느냐는 중요한 것이 아닐지도 모른다.

BCI 기술로 과거의 경험과 성격까지 바꾼다

인공지능이 탄생한 날부터 지금까지 50년간 사람들은 언젠가는 뇌에 칩을 집어넣고, 공부하지 않아도 지식 정보가 전수되는 시대에 살 것이라고 예측했다. 이것을 가능하게 하는 것이 바로 뇌-컴퓨터 인터페이스 즉, BCI다.

BCI 기술은 인간의 두뇌 전기장을 컴퓨터와 연결하는 인터페이스로

의학, 뇌신경학 등 바이오 기술과 컴퓨터공학, 인공지능 등의 정보통신 기술이 융합된 최첨단 학문 분야다. 인간 몸의 시냅스Synapse는 서로 신호를 전달하는데 이때 시냅스에서 신경전달물질이 분비된다. 이 물질이 시냅스 사이에 전기적인 스파크를 일으키며 전달되고, 이때 시냅스 근처에 전극 센스를 두고 전기장을 읽을 수 있다. 이렇게 뇌파나 뇌세포의 전기적 신경신호를 읽고 그중 특정 패턴을 입력신호로 받아들이는 형식으로 사용된다.

BCI 기술이 개발되던 초기에는 ADHD 아동이나 중증 신체장애를 가진 이들을 치료하기 위해 의료의 목적으로 많이 활용되었다. 그러나 최근에는 증강현실 등과 결합해 선천적 장애나 외상으로 신체를 움직이기 힘든 이들의 불편함을 덜어주고, 의사소통을 더욱 원활히 하는 방향으로 진화하고 있다.

1960년대부터 이미 동물 실험을 해왔으며 최근에는 인간을 대상으로 한 실험도 활발히 이뤄지는 중이다. 영화 〈아이언맨〉의 실제 모델로 알려진 테슬라의 CEO 일론 머스크가 설립한 뉴럴링크에서는 BCI를 인간에 이식하기 위한 연구와 기술개발에 심혈을 기울이고 있다. 이 기술이 더 발전하면 컴퓨터 안에 들어 있는 정보를 뇌신경 세포에 주입하여 새로운 가상현실을 경험하게 된다. 그뿐 아니다. 인간의 두뇌가 원격조정에서 전송되는 신호 역할을 담당함으로써 마치 텔레파시처럼 생각만으로도 기계를 조정하는 것이 가능해진다.

BCI를 사용하면 가상의 현실에 직접 연결될 수 있을 뿐만 아니라 인간의 감정을 제어해 슬픔이나 두려움 등을 없앨 수도 있다. 엄청난 정보 분석력으로 1초에 1,000권 이상의 책을 읽고, 다른 사람과 텔레파시로 통신하고, AI 로봇을 제어하고, 연결된 물체를 텔레키네틱으로 조종하는 것도 가능하며, 심지어 성격까지 바꿀 수 있다.

BCI는 기하급수적으로 발전이 가속화되는 중이다. 미래학자인 레이먼드 커즈와일 박사는 2035년에는 우리의 두뇌를 클라우드에 원활하게 연결하게 될 것이라 예측한다. 그러면 학습, 학교, 대학의 의미는 달라진다. 인간이 인간에게 지식이나 정보를 전수할 필요가 없다. 클라우드에 연결하면 누구나 슈퍼컴퓨터보다 더 똑똑해지기 때문이다. 그렇게 되면 교사, 교수의 역할이 지금과는 달라져 멘토, 가이드, 동업 및 협업자 등의 역할로 변화될 것이다.

BCI의 쾌거, 멍키 마인드퐁 실험

2021년 4월 9일 BCI의 분야에서 또 다른 쾌거를 이뤘다. 뉴럴링크가 뇌에 컴퓨터 칩을 심은 원숭이 '페이거'Pager를 대상으로 한 혁신적 실험 영상을 트위터에 올린 것이다. 이는 2020년 8월 '링크 0.9'라는 전극 칩을 이식한 돼지 '거트루드'Gertrude를 공개한 데 이은 또 다른 성취다. 이 영상은 3분 27초 분량으로, 머스크는 이를 '멍키 마인드퐁'Monkey Mindpong 실험이라고 소개했다. 영상 속의 원숭이는 조이스틱을 잡지 않고 뇌 활동만으로 화면 속 막대를 자신이 원하는 위치로 움직이는 게임을 하고 있다.

초기 실험에 참여한 아홉 살 원숭이는 막대를 조종해 움직이는 공을 받아내는 비디오 게임 '퐁'을 학습했다. 이후 비디오 게임 화면 앞에 있는 빨대를 통해 바나나 스무디를 마시면서 게임을 진행했다. 일론 머스크는 "원숭이가 뇌 속 칩을 이용해 텔레파시로 비디오 게임을 하는 것이다."라고 설명했다. 더불어 이번 실험을 토대로 인간 두뇌에 이식할 칩을 개발하겠다는 의지도 밝혔다.

뉴럴링크는 조이스틱을 붙잡은 원숭이가 손과 팔을 움직여 게임을 하는 동안 뇌에서 발생하는 신경 정보를 2,000개의 작은 전선과 연결된 컴퓨터 칩을 통해 데이터화했으며, 뇌 작용과 조이스틱의 움직임을 연동시키는 모델링 작업을 진행했다. 이를 토대로 원숭이가 조이스틱을 잡지 않더라도 뇌에서 발생하는 신경 정보만으로 비디오 화면상의 막대가 움직이도록 하는 시스템을 구축했다.

뉴럴링크는 소형의 미세 칩을 라식만큼 쉽고 빠르게 설치할 수 있도록 하는 기술을 연구 중이다. 로봇 외과의를 사용하면 시술에 1시간 미만이 소요될 것으로 예상되며 마취가 필요하지 않다. 뉴럴링크 칩이 사람 뇌 속에서도 제대로 작동한다면 알츠하이머 혹은 척추 손상으로 시각, 청각, 촉각 등 감각이 마비된 환자를 치료할 수 있다. 나아가 퇴행성 질환자들이 다시 감각을 찾는 데 효율적으로 활용될 수 있다. 칩은 수집한 뇌파 신호를 최대 10미터까지 무선 전송할 수 있다. 한 번 충전하면 하루 종일 쓸 수 있으며 무선 충전이 가능하다.

작은 동전 크기인 뉴럴링크는 1,000개 이상의 전극으로 이뤄진 뇌 이식장치다. 뇌세포의 신호를 수집, 인공팔부터 무인자동차의 자동 조종장치, 메모리 아카이브 서비스에 이르기까지 무선으로 데이터를 전송해 클라우드 서버와 연결시킨다. 현재 형태에서는 뉴럴링크의 얇고 유연한 전극과 이를 삽입하는 데 필요한 재봉틀 로봇이 궁극적인 두뇌-정보통신 채널이 될 수 있다. 그러나 뉴럴링크는 이런 단계를 훨씬 뛰어넘어 인간의 생각을 읽고 뇌파로 소통할 수 있는 수준까지 나아가는 걸 목표로 삼고 있다.

불멸을 향한 도전,
얼었다가 부활한다

2018년 2월 한국의 50대 남성이 혈액암으로 돌아가신 80대의 노모를 냉동시켜 화제가 된 일이 있다. 그는 국내 냉동인간 1호 신청자다. "앰뷸런스를 타고 가는데 어머니 몸이 들썩일 정도로 몸부림을 치셨어요."라며 어머니와 오래 살면서 그런 모습을 처음 봤다고 했다. 아버지가 돌아가시고 6개월 만에 다시 찾아온 어머니의 죽음이 힘들었던 그는 어머니의 냉동 보존을 결정했다.

　그가 찾아간 회사는 전 세계에서 유일하게 해동 기술을 연구하고 있는 크리오러스라는 러시아의 냉동인간 기업의 협약사인 크리오아시아다. 그의 어머니는 사망 직후 1차 냉동 처리한 후 냉동 보존용 탱크가 있는 러시아 모스크바로 이송됐다. 냉동 보존 기간은 100년으로 전해졌다.

냉동 보존을 원하는 사람들이 늘어나고 있다

그동안 냉동인간Cryonics은 공상과학영화의 단골 소재로 활용됐으나, 이제는 영화 속의 상상으로만 존재하지 않는다. 인체를 냉동시키는 회사가 다수 존재하며 기술 또한 급속하게 발전하고 있기 때문이다. 사실 냉동인간 보존의 역사는 50년이 넘는다. 최초의 냉동 보존 인간은 미국 캘리포니아대학교의 심리학 교수이자 생물냉동학재단 설립자인 제임스 베드퍼드로 그는 1967년 냉동되었다. 신장암으로 사망한 베드퍼드는 현재 미국 애리조나주에 있는 냉동보존 전문업체 알코르 생명연장재단에 잠들어 있다.

냉동인간을 보존하는 대표적인 기업으로는 미국의 알코르 생명연장재단, 크리오닉스 연구소, 러시아의 크리오러스 등이 있다. 현재 보관된 냉동인간의 수는 얼마나 될까? 미국 알코르 생명연장재단, 크리오닉스 연구소는 정확한 숫자를 공개하지 않고 있으나 전 세계적으로 약 600명가량 보존된 것으로 추정된다.

최근에는 냉동 보존을 희망하는 사람들의 수가 늘고 있는데 국내에서도 최근 두 번째 냉동인간이 나왔다. 동결보존액 주입 방식으로는 첫 번째 사례인데, 강남메디컬센터가 국내 최초 동결보존액 주입 시행을 맡았다. 바이오 냉동 기술을 보유한 기업 크리오아시아는 50대 남성이 담도암으로 항암치료를 받다가 숨진 아내의 냉동 보존을 의뢰했다고 밝혔다. 크리오아시아는 현재 시신을 안치할 직립형 냉동 보존 챔버(용기)를 제작해 액체질소로 냉각한 탱크에 시신을 넣어 영하 196도로 보관했다. 냉동 보존 기간은 최대 100년이다.

냉동 보존된 이들 중에는 정치인, 기업인, 연예인 등 유명인사도 많은데 레이먼드 커즈와일, 존 헨리 윌리엄스, 테드 윌리엄스, 딕 클레어 존스, 세스 맥팔레인, 래리 킹, 사이먼 코웰, 패리스 힐턴, 브리트니 스피어스 등이 냉동 보존을 원하는 걸로 알려져 있다.

현재의 냉동인간 보존 기술은 아직 완벽하지 않은 상황이다. 살아 있는 사람이 아니라 죽은 사람의 신체를 보관하는 데 사용하기 때문이다. 대체로 암 등의 불치병을 앓고 있거나 이른 나이에 죽음을 맞은 이들 혹은 큰 사고로 돌이킬 수 없는 신체 손상을 입은 이들이 주를 이룬다. 머리나 뇌만 보관할 수도 있고 신체만 보관하기도 한다.

냉동인간을 보관하는 방법은 업체마다 조금씩 다른데, 아주 단순하게 요약하면 사망선고 후 혈액 응고와 뇌 손상 방지를 위해 항응고제, 활성산소 제거제, 진정제 등의 약물을 투여하고 인공 폐호흡 등 순환 시스템을 가동한다. 사망 24시간 내에 체내의 혈액을 모두 빼내고 혈액 대체재(보존액)를 넣은 뒤 급속 냉동을 시키는 것이다. 사람의 뇌는 숨지고 30초가 지나면 기능이 떨어지기 시작하므로 냉동인간을 만들 경우 빠른 속도로 얼리는 것이 중요하다.

신체를 온전히 얼리는 기술은 수십 년 동안 유명 과학 저널을 통해 검증받았고 이미 상용화됐다. 문제는 해동 기술이 아직 완벽하지 않다는 점이다. 사실 급속 해동이 아주 불가능한 일은 아니다. 이론적으로는 이미 입증되었고 난자나 정자, 세균, 피부세포 등 단일세포를 얼렸다가 활성화하는 일은 현재도 충분히 가능한 수준이다. 현재 전 세계적으로 다양한 연구가 진행되고 있으며 학계에서는 2040년경이면 냉동 보존했던, 죽은 사람의 뇌를 살려내거나 인공신체에 이식하는 일이 가능할 것이라 내다보고 있다. 다만 뇌의 기억력을 다시 살려내는 일이 가장 어려운 과제로 남아 있다.

삶과 죽음의 섭리를 거스르는 선택

죽지 않고 건강한 모습으로 영원히 살고 싶다는 마음은 어쩌면 인간의 본능인지도 모른다. 이집트의 미라나 불로장생을 꿈꾼 중국 진시황의 예만 봐도 그렇다. 이루지 못할 꿈, 허황된 욕망으로 치부하던 이 일이 어쩌면 가능해질지도 모른다. 냉동인간을 해동하는 기술만 성공적으로 개발된다면 말이다.

스스로 냉동 보존을 선택한 사람들에 대해 삶과 죽음이라는 자연의 순리를 거부했다는 측면에서 비판도 있다. 유엔미래포럼의 호세 코르데이로Jose Cordeiro는 스페인에서 '신체냉동보존협회'를 만들었다. 하지만 종교인들의 반대에 부딪힌 상황이다. 정부의 법적·제도적인 반대에도 맞서야 한다. 알코르 생명연장재단의 맥스 모어Max More 회장은 "그럼에도 인체 냉동 보존 기술은 더욱 발전할 것이며 전 세계로 퍼질 것이다."
라고 말한다.

5년에서 10년 후면 인간의 냉동 보존에 대한 사람들의 생각도 지
금과는 사뭇 달라질 가능성이 크다. 현재는 인체의 냉동 보존을 위해
1~2억원의 돈이 필요하지만 기술이 더 발전하고 수요가 늘어난다면
비용 역시 상용화 가능한 수준으로 점차 낮아지게 된다. 건강하게 더
오래 사는 메타 사피엔스의 시대가 머지않았다.

무병장수를 위한
최강의 식사

서울의 버거킹, 맥도날드, 롯데리아 등 햄버거 매장은 대부분 발효육인 임파서블 버거, 비욘드 버거 등을 판매하고 있다. 특히 한국에서는 비무장지대의 멧돼지가 아프리카돼지열병 등을 전염시켜서 거의 매년 돼지사육농장이 거대한 살처분을 하느라 힘겨운 상황이었다. 그리고 철새도래지에서 퍼지는 조류독감으로 닭과 오리의 대규모 살처분이 20여 년 이상 진행되었다. 더 이상 살처분하여 묻을 곳조차 찾기 힘들 뿐 아니라 거듭되는 살처분은 농가에 고통을 안겨준다.

이런 문제를 해결할 대안으로 결국 축산농가들에게 배양육, 발효육 등의 신산업을 지원하는 재정지원을 시작했고, 이제는 네덜란드 등 유럽국가처럼 축산농가가 급감했다. 발효우유가 인기를 끌면서 전혀 균이 없는 깨끗한 우유가 나와 2~3주 동안 실온에서도 보관이 되어 많은 사람들이 물처럼 가지고 다니면서 마신다. '퍼펙트 데이'라는 우유가 상륙하였지만 국산 발효우유의 인기가 더 높다. 이는 가상의 스토리지만 머잖아 우리가 맞게 될 풍경이 될 수도 있다.

세포배양으로 육류를 만드는 식량 혁명의 시대

미국의 신기술 부문 연구소 리싱크X Rethink X 의 공동창업자이자 스탠퍼드대학교 전 교수 토니 세바는 2030년을 기점으로 먹을거리에서도 대변혁이 찾아온다고 말한다. 그는 이미 〈기후변화에 대한 재고〉라는 보고서를 통해 온실가스 배출량을 줄이기 위한 식량 혁명을 강조한 바 있다.

이에 이어 최근 리싱크X가 발표한 〈식품과 농업을 다시 생각한다 2020~2030〉 보고서에서는 2030년 무렵 축산농가가 소멸할 것을 예측하고 있다. 그렇다면 무엇으로, 어떻게 육류 공급을 대체할 수 있을까? 그 대안은 세포배양, 정밀발효 기술 등의 신기술로 고기나 식량을 생산하는 것이다. 현재 정밀발효와 세포농업을 비롯한 축산업을 대체하는 기술은 이미 진행 중이다. 기존의 방식보다 윤리적이고, 친환경적이며, 지속가능한 단백질 생산 시스템이 곧 마련된다.

세포배양육 Cell-based meat 연구개발 분야의 선두주자인 네덜란드의 축산농가에서 이미 변화가 나타나고 있다. 세포배양육은 가축을 사육하거나 도축하지 않고 실험실에서 동물의 줄기세포를 추출한 후 배양시켜 생산되는 육류를 말한다. 그래서 실험실 고기 또는 청정육으로도 부른다. 배양해서 키우므로 물 사용량, 토지 사용 면적, 에너지 사용량을 약 90퍼센트 이상 줄일 수 있다.

'유엔식량농업기구'Food and Agriculture Organization of the United Nations에 따르면 전 세계 온실가스 배출량의 14.5퍼센트가 가축에서 나온다고 한다. 이처럼 공장식 축산은 지금껏 30억 톤의 이산화탄소를 배출하며 지구온난화를 만드는 원인이었다. 배양육 기술은 오래도록 지구가 앓아온 온난화 문제를 해결할 대안이기에 미래 기술로 더욱 주목받고 있다. 환경연구 그룹인 CE 델프트에 따르면 세포배양육이 전통적인 육류 생산에 비해 지구 온난화에 미치는 영향이 92퍼센트 적고, 공기 오염은 93퍼센트 적으며, 대지는 95퍼센트 적게 사용하고, 물은 78퍼센트 적게 사용하는 것으로 나타났다.

소비자들이 세포배양육을 구매하기 위해서는 가격 면에서 구매력을 갖고 있어야 한다. 만일 연간 1만 톤의 배양육을 생산할 수 있는 대규모 생산시설이 존재한다면, 배양육을 파운드당 2.57달러(약 3,042원)에 구매할 수 있다는 연구 결과가 있다. 규모가 뒷받침된다면 싼 값에 배양육을 먹을 수 있는 시대가 온다는 뜻이다. 전통적인 식품 기업들도 결국에는 세포배양육류 제품을 제품 생산라인에 넣을 수밖에 없을 것이다. 타이슨 푸드, 아처 대니얼스 미들랜드, 카길, 풀무원, 밀러 그룹들은 이미 세포배양 기업들에 투자하고 있다.

3D프린터가 만들어내는 음식은 맛이 어떨까?

개인의 체질, 영양 상태, 음식 선호도에 맞춰 출력되는 '3D 푸드 프린팅'_{3D Food Printing} 즉, 3D프린팅 음식도 인기다. 종류별로 전문 매장들이 생겨나고 있다. 조만간 음식을 출력하는 가정용 3D프린터도 보급될 예정이니 개인의 건강 상태에 맞춤한 음식을 더 편리하고 효율적으로 먹을 수 있게 됐다. 이 모든 것은 우리가 조만간 맞이하게 될 식자재와 식생활의 변화다.

3D프린터를 활용한 푸드테크는 이미 10여 년 전에 시작됐으며 발전을 거듭하는 중이다. 오븐이나 팬 등의 조리도구를 만드는 것 외에 음식을 프린트함으로써 셰프의 역할까지 대신하고 있다. 원리는 장난감이나 그릇 등 다른 것들을 만드는 것과 같다. 카트리지에 음식의 재료를 넣고 프린터 노즐이 인쇄하듯 반죽 층을 쌓아 모양을 완성하면 음식이 만들어진다. 현재는 파스타, 초밥, 스테이크, 피자 등 꽤 다양한 음식을 만들어내는 수준까지 와 있다.

영국의 레스토랑 푸드 잉크는 모든 요리를 3D로 프린트해 성공을 거뒀는데 맛과 재미 모두를 만족시켰다. 스페인의 노바 미트는 식물성 단백질을 이용해 스테이크를 3D프린팅하는 데 성공했고, 중국에서는 월병을 3D프린터로 만들어 중추절을 축하했다. 일본의 카노블은 3D프린터를 이용해 기존 버터보다 풍미가 더욱 풍부한 버터 제조에 성공했다. 또한 미국 스타트업 비헥스에서는 개인의 취향에 따라 피자의 크기나 형태, 토핑, 칼로리 등을 다르게 세팅해 인쇄할 수 있는 프린터를 생산했다. 원하는 피자를 인쇄하는 데 1분밖에 걸리지 않는다.

개인 맞춤형 영양 공급 음식이 만들어진다

이 외에도 개인에게 최적으로 맞춰진 음식을 제공할 수 있다는 게 3D프린팅 음식의 장점이다. "식품 프린터가 가정에서 쓰이게 되면 필요한 음식을 원하는 시기에 내놓을 수 있다. 그때그때 가장 필요한 단백질, 탄수화물, 비타민, 미량요소들을 포함한 개인화된 영양 공급 바를 만들게 된다." 아비 레이첸탈Avi Reichental은 이렇게 말하면서 아이나 노인, 환자, 특이체질을 지닌 사람 등 영양 결핍에 시달리는 이들에게는 매우 의미 있는 기술이라고 설명했다.

2012년 네덜란드, 덴마크, 이탈리아, 오스트리아, 독일 등 유럽 5개국이 14개 기업과 손잡고 맞춤식 프로젝트인 '퍼포먼스'PERFORMANCE, Personalized Food for the Nutrition of Elderly Consumers를 시작했다. 3D프린터로 실제 음식의 모양뿐 아니라, 질감까지 비슷하게 만든 후 섭취 관련 데이터를 모아 개인마다 필요한 영양소를 맞춤형으로 첨가하는 게 프로젝트의 목표다.

사실 3D프린팅 음식은 NASA에서 만든 우주 식품에 그 출발점이 있다. 우주 식품은 먹기 편하고 보관이 용이하도록 튜브형, 동결건조의 형태로 만들어진다. 이 기술들이 식량 혁명에 활용되고 있다. 모든 식품을 아주 낮은 온도로 해서 작게 갈아낸 뒤 이 원료를 3D프린터의 한 종류인 마이크로 디스펜서를 이용해 3차원의 구조를 가진 음식으로 만들어낼 수 있다. 재료와 이를 굳혀주는 이온이 각각의 노즐을 통해 번갈아가며 나와 식품을 만들어낸다. 이런 방식을 통해 2개 이상의 재료를 섞고 이어서 모양을 만들기 때문에 한 부분에서는 칼슘을, 한 부분에서는 단백질을 채우는 등 영양분이 골고루 함유된 식품을 만들 수 있다.

이화여자대학교 이진규 교수팀은 음식 세포 구조를 변형해 식감과 맛을 구현하는 연구를 하고 있다. 이미 2018년에 3D프린터를 활용해 개인의 취향에 맞는 식감과 체내 흡수를 조절할 수 있는 음식의 미세구조 생성 플랫폼 개발에 성공한 바 있다. 그동안은 3D프린터를 이용해 음식을 인쇄할 경우 주로 점성이 있는 재료를 사용해 반죽 형태로 뽑아내는 것이었다. 그러나 이에 그치지 않고 3D프린터를 이용해 우리가 원하는 식감을 만들어내고자 연구에 매진하는 중이다.

3D프린팅 음식은 버려지는 음식을 절대적으로 줄일 수 있어 환경보호 측면에서도 주목받고 있다. 그다음에는 3D프린터가 약학의 영역에서 활동하게 된다. 개인의 유전자를 분석해 맞춤형 약품을 프린트할 수 있다. 그리고 환자의 특정 요구 사항에 맞춰 약품을 개인화함으로써 그 효능을 증가시킨다.

하루면 짓는다,
문턱 없는 3D프린팅 주택

거대한 로봇팔이 자갈밭에 '잉크'를 뿌리며 켜켜이 쌓아나가기 시작한다. 미국 디자인 회사 'AI 스페이스 팩토리'가 3D프린터를 이용해 집을 인쇄하기 시작한 것이다. 프린터는 팔을 움직여 원형으로 잉크를 쌓아 올리고 창문 설치를 위한 철골도 스스로 얹는다. 이 현장에는 실제 건설에 참여하거나 건축 자재를 옮기며 노동하는 인력이 없다. 직원들은 모니터로 상황을 체크하면서 건설 현장을 감독할 뿐이다. 약 30분여가 흘렀을까? 어느새 긴 항아리 모양의 집이 쉽게 완성됐다. 집의 이름은 '마샤'로 달과 화성에서 우주인이 생활하기 위한 '우주인용 주거지'다.

3D프린팅 건축은 주거문화와 도시를 바꾼다

AI 스페이스 팩토리는 15×8피트 크기의 마샤라는 원통형 구조물을 만들었다. 현무암 조직과 식물의 전분으로부터 추출한 바이오플라스틱을 재료로 활용했다. 재활용이 가능한 재료를 화씨 350도 이상으로 가열한 후 추출해 5분 이내에 경화시키는 방식으로 우주 정착지를 완성한 것이다.

3D프린팅 기술은 이미 전방위적으로 활용되고 있으며 건설산업도 예외가 아니다. 이미 막대한 영향을 미치기 시작했다. 현재 3D프린팅 건축의 경우 3D로 설계도를 출력한 후에 이를 조립하여 집을 짓는 개념이다. 초기에는 플라스틱을 주재료로 사용했지만, 최근에는 콘크리트 소재도 사용하기 시작했으며 바이오 등 신소재 연구도 활발히 진행 중이다. 3D프린터로 집을 지을 경우 건축물의 외양과 환경에도 영향을 주게 된다. 이 기술이 로봇산업과 함께 시너지를 낸다면 고층 빌딩의 건설이나 복잡한 구조물의 건설도 가능하다.

오늘날 대부분의 건축 소재는 나무, 콘크리트, 유리, 철재이다. 하지만 3D프린팅 건축에서는 완전히 새로운 소재를 도입하게 된다. 보다더 두꺼운 콘크리트와 건축물을 스스로 지지하는 합성물의 혼합 소재 등을 사용한다. 이러한 소재의 다양화는 디자인에도 영향을 미친다. 현재는 콘크리트를 사용해서 건물을 3D프린팅하는 콘투어 크래프팅 Contour Crafting이 큰 관심을 얻지 못하고 있지만, 차세대 콘투어 크래프팅은 구조물 프린트 이상의 역할을 하게 된다.

여러 가지 소재를 이용할 수 있는 기계가 전선과 배관을 벽체 안쪽에 프린트한다. 싱크대나 가구들을 프린트해 부엌에 설치하고 화장실에는 변기와 세면대를 설치한다. 더 이상 평평한 벽을 고집할 이유도 없고 모든 벽체에 예술적인 장식을 할 수 있다. 이처럼 콘투어 크래프팅의 무한한 잠재력 덕분에 우리가 살고 있는 주택, 별장, 사무실 등의 모습과 개념은 사뭇 달라질 수밖에 없다. 오늘날의 건축 방법으로는 불가능했던 자유로운 형태의 디자인이 가능하기 때문이다.

실제 미국의 건설 회사 아이콘은 3스트랜즈와 협력해 3D프린팅 방식으로 오스틴 지역에 4채의 다층 건물을 지었고, 올해 처음 미국 주택 시장에 3D프린팅 주택을 상장했다. 2022년 봄에는 남부 캘리포니아에 일반 수요자를 대상으로 한 '3D프린팅 주택단지' 개발을 완료할 예정이다. 3D프린팅 주택의 경우 내화성과 내수성이 우수한 석제 복합 재료로 만들어지며 일반 주택보다 가격이 45퍼센트 저렴하다. 또 태양열과 배터리 공급이 가능해 에너지 효율도 높다.

3D프린팅 기술을 적용한 주택 건설은 기존 건축 작업과는 비교할 수 없을 만큼 장점이 많다. 일단 건설 비용이 싸다. 시간, 노력, 건축자재, 폐기물 등을 대폭 줄일 수 있으며 인건비도 거의 들지 않는다. 건설 기간이 줄어들어 구매자에게 주택을 빨리 공급해줄 수 있다. 3D프린팅 주택을 완공하는 데는 대개 일주일이 걸리지 않는다. 친환경 재료를 자유자재로 사용할 수 있고 인명 사상을 확연히 줄여주는 등 긍정적 측면이 상당히 많다.

물론 상용화되기까지는 아직 시간이 필요하다. 초기 투자 비용이 높아서 현재 시중 주택 건설용 3D프린터는 백만 달러(약 11억 8,000만 원)가 넘는 것으로 알려졌다. 또 현재까지의 3D프린팅 기술로는 주택의 뼈대와 외벽만 가능하고 창문, 전기배선, 배관, 철근 등은 별도로 만들어 넣어야 한다. 3D프린팅 건축물에 대한 정확한 인증이나 안전 기준, 규정 등이 부재한 것도 해결해야 할 문제다. 특히 미국이나 유럽에서는 목조 골격의 주택을 선호하기 때문에 주재료를 콘크리트로 전환하는 데도 다소 거부감이 있는 편이다. 건설 인력이 대거 퇴출되는 것에 대한 부담감도 있다. 이런 문제들을 해결할 현명하고 빠른 대안 마련이 시급하다.

3D프린팅 건축은 주거문화와 도시를 혁신한다

3D프린팅 건축이 진행되면 그다음 단계는 도시계획이다. 중국의 건축 회사 원선은 4D 프린팅을 이용하여 중국 내에 100개의 공장을 건설하고 향후 몇 년 내에 20개국으로 생산을 확대하겠다는 계획을 발표했다. 미국도 마찬가지다. 스마트 도시의 생성과 더불어 3D프린팅 도시도 함께 구현될 전망이다. 스마트 기술이 적용된 대표적 사례로는 로스앤젤레스를 들 수 있다. 거리의 가로등이 조명 담당 부서와 무선으로 연결되어 있어서 가로등을 수리해야 하거나 신호등 변경이 필요한 긴급 상황을 즉각 파악할 수 있다.

이뿐 아니다. 로스앤젤레스는 디지털 에코 시스템을 통해 무선 연결되어 있는 임대 아파트에 3D 건축 방식을 도입할 계획이다. 이 빌딩들 내부에는 스마트 온도 조절장치, 목소리 반응형 보안장치, 서라운드 사운드를 갖춘 UHD TV 등 인류의 편의를 돕는 첨단 제품들이 사전 시공된다.

고령인구를 위한 맞춤형 3D프린팅 주택

고령화가 가속화되는 지금 3D프린팅 주택의 미래는 밝다. 일단 저렴한 비용과 짧은 시간에 단순한 구조로 집을 지을 수 있다는 것은 상당히 매력적이다. 고령인구는 젊은층에 비해 움직임이 느리거나 둔한 편이며, 건강상의 이유로 휠체어에 의지해 움직일 일이 많다. 그럴 경우 문턱 없이 평지로만 연결된 구조의 집이 필요하다.

특히 계단으로 층이 구분되거나 현관에서 앞마당으로 가는 길에 놓인 계단이나 턱은 노인들의 보행에 큰 장애 요인이다. 구조가 복잡한 집 역시 고령인구에게는 불편하다. 계단이 전혀 없는 집, 외부와 내부가 평지로 연결된 집은 3D프린팅으로 구현하기 쉽다. 또 휠체어나 이동식 침대를 쉽게 옮길 수 있도록 방문 없이 열린 구조, 통로가 널찍한 구조로 내부를 설계하는 것이 가능하다. 구조가 복잡한 기존의 집에 비해 3D프린터로 심플하게 설계된 집은 고령인구에게 여러모로 안성맞춤이다.

제 5 장

META SAPIENS

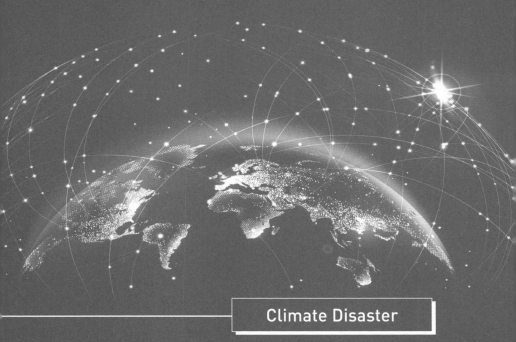

위기의 지구,
어떻게 살아남을 것인가

2035년 7월. 직장인 김윤석 씨는 휴가지로 부산을 선택했다. 서울에서 부산까지 16분이면 갈 수 있는 하이퍼루프가 개통되었기 때문이다. SNS에는 술 마시다 3차로 부산에 가서 돼지국밥으로 해장했다는 사람들의 인증 피드가 넘쳐난다.

공항의 국내선과 KTX 이용객은 급감했다. 하이퍼루프뿐 아니라 각종 플라잉카가 기존의 교통체계를 완전히 바꿔놓았기 때문이다. 서울 상공에는 현대자동차가 개발한 플라잉카들이 하늘을 날아다니고, 한화에어로스페이스가 미국 오버에어와 협업해서 탄생시킨 에어택시도 운행을 시작했다.

배송 드론의 도심 상용화로 음식도 드론 배송으로 받아볼 수 있게 되자 도로 위 배달라이더들의 수도 급감했다. 달리는 차 안의 풍경도 10여 년 전에는 상상도 못 할 장면들이다. 차 안에서 영상회의를 하거나 아침밥을 먹는 직장인, 함께 영화를 보며 휴가지로 떠나는 가족, 동영상 촬영을 하는 유튜버의 모습이 일상적이다.

탄소배출을 줄이기 위한 글로벌 기업들의 사회적 책임은 신재생 에너지로의 전환을 가속화시켰고, 모빌리티의 혁명을 몰고 왔다. 하지만 기후 위기는 여전히 지구를 위협하고 있다. 살인적인 폭염과 폭우, 치솟는 산불 그리고 빙하가 녹고 해수면이 상승하면서 서서히 바다에 잠기는 세계의 대도시들…. 기후 위기로부터 지구를 지키기 위한 전 세계의 노력은 현재진행형이다.

로켓 카고, 지구촌을
1시간대로 연결하다

이제 지구촌이 1시간대로 연결된다. 이렇게 되면 사람들은 국경이나 국가관에 연연하지 않으면서 전 세계 이곳저곳에서 일자리를 구하고 끊임없이 이동할 것이다. 여행 시간이 짧아진다는 것은 교통이나 운송으로 인한 탄소배출도 급격히 줄어든다는 것을 의미하며 기후에도 상당히 긍정적인 영향을 미친다. 수출입 물량을 싣고 다니는 선박들이 수주나 수개월 동안 바다 위를 오가면서 양산하는 해양오염도 과거의 일이 될 것이다. 이 모든 변화는 위기의 지구를 살리는 길이다.

2021년 미국 4대 항공사인 유나이티드항공은 초음속 비행기 '오버추어'를 15대 구입했다. 수천 개의 모빌리티업체들은 드론택시, 에어택시, 비행드론 등을 운영할 예정이다. 뉴욕 드론 스타트업인 '켈레코나'는 40인승 드론 버스를 개발해 2024년 첫 비행에 나설 계획이라고 밝혔다. 뉴욕 맨해튼에서 햄튼까지 가는 것이 첫 번째 코스다. 비행시간은 총 30분이고 비용은 85달러(약 10만 원)다. 이는 동일한 노선의 기차표 비용과 유사한 수준이다.

그러나 무엇보다 세상을 크게 바꿀 기술은 비너스 에어로스페이스가 개발한 비행택시다. 로켓 발사 방식은 활주로가 필요하지 않기 때문에 이제 1시간 만에 서울에서 뉴욕, 서울에서 파리, 서울에서 아프리카까지 이동할 수 있다. 2021년 말 시범운행을 시작으로 2029년에 본격적인 운행할 예정이다. 그런데 비너스 에어로스페이스만 극초음속비행기, 즉 로켓비행을 시작한 것은 아니다.

로켓 카고의 야심찬 계획, 더 빠르게 더 안전하게

미 공군은 2022년 세계 어느 곳에서나 C-17 공수기의 최대 적재량과 거의 같은 무게를 우주발사 로켓 또는 그 파생물을 통해 1시간 내에 실어 나를 예정이다. 관련해서 이미 수년 전부터 로켓비행을 준비해왔는데 '로켓 카고'Rocket Cargo가 그것이다. 이는 미 교통사령부TRANSCOM와 우주군 및 공군 연구소의 프로그램으로, 지점 간 우주여행을 포함하는 준궤도 우주비행 로켓운송 화물을 위한 것이다.

이처럼 새로운 수송 체계를 건설하기 위해 미 공군은 462페이지에 달하는 연구개발 시험평가 예산 요청서와 함께 4,790만 달러(약 567억 1,360만 원)의 예산을 미 의회에 요구했다. 미 공군은 로켓 카고를 위해 매년 예산을 늘려왔으며 올해는 5배로 늘렸다. 로켓 카고는 2020년 논의를 시작해 2021년에 발표되었으며, '2022 회계연도'에 예산 할당을 요청한 것이다. 특히 이번 아프가니스탄에서 미군 철수 후 1주일 만에 카불을 점령하는 최단기간 전쟁이 가능해지자, 현재의 전쟁 물자 수송은 너무 느리다는 판단을 하기에 이르렀다. 전쟁 물자를 로켓으로 1시간 내에 운송하는 로켓 카고 시스템의 중요성이 다시 한번 부각된 것이다.

이는 과거에 미군 관리들이 설명했던 개념과 일치한다. 2020년 10월, 미 육군수송사령부의 스티븐 라이언스 사령관은 전 세계 어디서나 1시간 이내에 C-17 페이로드(여객기가 승객 화물 등을 실을 수 있는 중량의 합계)에 해당하는 이동 가능성을 암시했다. 공식 공군 자료에 나온 C-17 Globemaster III에 대한 자료에 따르면 최대 적재 용량은 약 82톤이다.

그 당시 라이언스는 스페이스X 및 XArc Exploration Architecture Corporation와의 파트너십을 발표하면서 이 개념을 보다 더 구체화했다. 스페이스X는 우주발사 목적을 위한 재사용이 가능한 로켓 개발의 선구자이며, XArc는 주로 우주 관련 설계 서비스를 제공하는 컨설팅 회사다.

이와 관련하여 미 공군의 2021년 주요 계획은 모델링, 시뮬레이션 및 분석을 활용하여 로켓 카고의 개념과 궤적, 설계 고려 사항을 분석하고, 군사 유틸리티와 성능 및 운영 비용을 검증하는 것이다. 그 외에도 공군은 실제로 초기 단방향 수송 능력을 테스트하고 기술적인 문제를 완전히 식별하기 위해 초기 종단 간 테스트를 수행할 예정이다. 스페이스X의 스타십과 같은 재사용 가능한 로켓 부스트 차량을 우주 또는 대기 내에서 극도로 높은 고도를 통해 전방으로 보내는 로켓 카고만의 작동 개념을 찾고 있다. 스타십 시스템은 현재 가장 기술적 완성도가 높은 사용 대형 우주발사체 체계이기 때문이다. 그런 다음 특정 지역에 착륙하여 하역 및 재장전한 후 초기 출발 지점으로 다시 보내는 방식이 된다.

로켓 카고 프로그램이 해결해야 할 난제들

미 공군은 로켓 카고 프로그램을 통해 가장 중요한 문제를 해결할 방법을 모색할 것이라고 밝혔다. 대형 로켓의 새로운 궤도와 비행 방식, 야지 착륙 능력, 그리고 물자 공수용 사출식 캡슐의 설계와 시험 등을 보다 면밀히 탐구할 예정이다. 하지만 이를 위해서는 근본적으로 비용 문제를 피할 수 없다.

스페이스X의 재사용 가능한 팔콘9 로켓을 포함하는 발사 비용이 약 6,200만 달러(약 734억 800만 원)이고, 더 큰 팔콘 해비를 사용하는 로켓은 약 9,000만 달러(약 1,065억 6,000만 원)에 이른다. 그럼에도 불구하고 이 수치들은 모두 C-17을 전 세계 어디로든 보내는 데 드는 비용

보다 높다. 동시에 로켓 카고를 둘러싼 기본 운영 및 기타 실제 문제가 해결되어야만 1시간 이내에 모든 위치에 도달할 수 있다는 것이 의미 있는 이점으로 작용할 것이다. 해외시설의 신속한 강화, 공격을 받고 있는 미국 대사관 보호 등과 같은 틈새 임무가 있을 수 있다. 그러나 이것이 이 기능을 개발하고 적용하는 데 드는 비용을 정당화할 수 있는지는 확실하지 않다.

이미 언급했듯이 미군이 이 프로그램을 거론한 것은 이번이 처음이 아니다. 2000년대에 미 국방부 국가안보우주국과 미 해병대가 작업했던 'SUTAIN'Small Unit Space Transport and Insertion에서도 언급되었고 당시에 2010년 말까지 '실행가능하다'고 말했었다. 그러나 이는 현실로 이루어지지 않았다.

하지만 스페이스X가 개척하고 다른 회사에서도 개발 중인 재사용 가능한 우주발사 로켓 기술은 이전의 프로그램들과는 달리 로켓 카고의 성공에 핵심적 역할을 할 것이다. 2022년 미 공군의 실제 테스트가 어떻게 진행될지 흥미롭게 지켜볼 일이다.

세계가 1시간대로 연결되는
세상이 온다

2030년, 이제 도로에서 내연기관 자동차를 찾는 것은 쉽지 않다. 전기 자동차와 자율주행 승차 공유는 우리의 일상이 되었다. 전기자동차 시장은 전례 없는 속도로 발전했고, 특히 자율주행 공유 차량이 일반화됨에 따라 자동차 10대 중 1대가 공유 차량이다.

각국의 정부 기관들은 모두 자율주행차를 의무적으로 탄다. 미국 내 95퍼센트의 승객 운송은 '서비스형 운송 시스템'Travle as a Service(이후 TaaS로 표기)으로 이루어지면서 기존의 자동차 회사들은 서서히 붕괴하기 시작했다. 자율주행차들이 하루 종일 수많은 사람들을 태운 채 이동하면서 더 많은 운송거리를 주행하기 때문에 미국의 경우 도로 위를 달리는 자동차 대수는 2020년 2억 4,700만 대에서 2030년에는 4,400만 대로 줄어든다. 이로 인한 신차 수요의 급감으로 승용차와 트럭의 제조 대수는 연간 70퍼센트씩 줄어들었다.

그 결과 자동차 딜러, 유지보수 회사, 자동차보험 회사 등으로 이어지는 자동차산업의 연결고리가 붕괴되었다. 자동차 제조업체들은 마진이 낮은 자율주행 전기자동차의 대량 생산업체가 되거나, 서비스로서의 공유운송 제공업체로 전환하게 되었다.

앞서 말한 것들은 10년 후, 자동차산업의 현황에 관한 보고서 내용이다. 미래 모빌리티 비즈니스는 단순히 차량 공유를 넘어 수송 자체가 서비스로 인식될 것이다. 이는 자동차산업이 지닌 부가가치의 근원이 기존의 생산량 및 판매량에서 공유에 따른 이용 빈도와 이용 거리, 승객 수 등으로 대체될 것이라는 전망에 기반한다. 2030년이 되면 자동차뿐만 아니라 자전거, 비행기, 로보택시 등 대부분의 운송 수단을 휴대폰 앱으로 호출하는 TaaS가 일상화된다. 이러한 운송 수단의 급격한 변화는 기후 위기의 심각성이 대두된 10여 년 전부터 예견된 미래다.

이제 자동차 회사는 컴퓨터 회사로 변신해야 한다

"기존의 완성차 제조 업체들이 미래 모빌리티 시장에서 살아남으려면 자동차 제조업체가 아니라 컴퓨터 회사로 변신해 소프트웨어, 컴퓨팅, 통신, 인공지능 기술을 개발해야 합니다."

세계적인 에너지 전문가인 토니 세바는 자동차업계가 당면할 미래 환경에서 생존하기 위해서는 컴퓨터 회사로 변신해야 한다는 혁신적인 대안을 내놓았다. 그는 이미 2015년 국내에 출간한 《에너지 혁명 2030》에서 '2030년, 모든 신차는 100퍼센트 전기차일 것'임을 전망했다.

토니 세바는 기존 자동차 회사가 전기차 시대를 '단순한 내연기관차 한 대가 전기차 한 대로 대체될 것으로 본다면, 전기차 시대로의 전환을 제대로 이해하지 못한 것'이라고 일갈했다. 현재 자동차 회사들이 직면한 도전은 차의 동력원이 가솔린, 디젤에서 전기로 대체되는 것보다 훨씬 거대하다. 모빌리티 시스템이 전기차, 자율주행, 주문형 기술이 융합된 TaaS로 변화할 것이기 때문이다.

향후 10년 내에 모빌리티산업은 전 세계 산업 중 가장 큰 규모로 성장한다. 운송비용이 급감하고 대부분의 수익은 '구독'과 같은 TaaS 비즈니스 모델에서 발생한다. 이렇게 되면 자동차업계는 전기차 설계와 제조 능력을 획득하는 것만으로는 더 이상 경쟁력을 가질 수 없다. 내연기관 차량의 전동화와 소프트웨어 기술의 확산이 빠르게 일어나고 있고, 자율주행 시스템도 매년 고도화되고 있다.

오늘날 모빌리티산업은 자동차 제조와 판매만으로 연간 3,000조 원에 달하는데, 자율주행 시장은 2030년에 3,000조 원으로 커질 전망이다. 여기에 승차 공유와 UAM까지 더하면 모빌리티산업의 규모는 금융·석유 등의 주류 산업의 규모를 넘어서게 된다. 그러므로 자동차업계가 미래 모빌리티 시장에서 살아남으려면 컴퓨터 회사로 변신해 소프트웨어 · 컴퓨팅 · 통신 · 인공지능 기술을 개발해야 한다.

모빌리티산업의 성장은 기존 시장을 붕괴시키면서 승자와 패자를 가릴 것이다. 운전 · 제조 · 석유 · 가스 업종에서의 일자리는 감소하고 해당 기업은 붕괴하겠지만, 신재생 에너지 관련 기업과 TaaS 기업들은 부상하게 된다. 특히 자율주행 전기차의 승인은 수조 달러의 시장 기회와 네트워크 효과에 대한 수익이 기대되기 때문에 기존의 TaaS 기업들과 신규 회사들 사이에서 점유율을 확보하기 위한 경쟁이 치열해질 수밖에 없다. 우버, 리프트, 디디 추잉 등 플랫폼 제공 기업들은 무한 경쟁에 돌입할 것이다.

모빌리티산업의 미래, 도심형 항공 모빌리티

'2021 미래모빌리티포럼'에 참석한 페르디난트 뒤덴회퍼Ferdinand Dudenhoffer 독일 뒤스부르크-에센대학 석좌교수는 "미래 모빌리티 키워드는 전기차, 데이터, 소프트웨어이다. 그리고 UAM은 스마트폰이 세상을 바꾼 수준의 혁신을 일으킬 것이다."라고 강조했다.

이제 모빌리티산업은 도로 위가 아닌 하늘 위 공간에서의 혁명을 꿈꾸고 있다. UAM의 시대가 열리면 공상과학 영화에서 보던 것처럼 하늘을 나는 자동차를 이용하는 것도 가능해진다. 현재 전 세계적으로 100여 개 이상의 UAM 개발 프로젝트가 진행 중일 정도로 각국은 UAM산업에 주목하고 있다. 그 이유는 하이퍼루프와 마찬가지로 도시집중화로 인한 문제점을 해결할 유력한 대안이기 때문이다. UAM은 대기오염으로 인한 기후 위기와 교통체증을 완화시킬 뿐 아니라, 도시인들의 이동시간을 혁신적으로 단축시켜준다.

'한국항공우주연구원'Korea Aerospace Research Institute 자료에 따르면, UAM이 현실화될 경우 서울 시내에서의 평균 이동시간이 자동차를 이용할 때보다 70퍼센트나 줄어든다. 이를 사회적 비용으로 환산하면 서울에서만 연간 429억 원, 전국적으로는 2,735억 원을 절감할 수 있다.

전 세계에서 UAM 시장 형성이 가장 빠른 미국은 2005년부터 차세대교통시스템연구소를 설립해 제도 지원에 나섰다. 세계 최초의 UAM 상용 서비스 역시 미국의 스타트업 조비 에비에이션이 시작할 가능성이 높다. 조비 에비에이션이 공개한 수직이착륙기의 예상 스펙은 아처 항공보다 앞서 있다. 비행거리 150마일(240킬로미터), 최고 시속 200마일인 수직이착륙기는 2024년에 공개될 예정이다. 우버의 에어택시 사업부인 '우버 엘리베이트'를 인수해서, 우버 앱을 통해 이용 가능하게 될 예정이다.

글로벌 자동차기업과 항공기업들의 경쟁도 치열하다. 현대차와 GM, 독일의 다임러, 포르셰, 영국 애스턴 마틴, 중국의 지리, 일본 도요타 같은 완성차업체와 보잉, 에어버스 등 항공기업도 UAM 개발에 몰두하고 있다. 정의선 현대자동차그룹 회장은 "미래 사업의 30퍼센트는 UAM이 될 것이다."라고 선언하면서 자율주행, 로봇 사업과 함께 UAM을 미래 신성장 동력으로 삼겠다는 의지를 분명히 했다.

현대차는 UAM 기체 개발과 모빌리티 서비스, 도심항공 구축 등에

15억 달러(약 1조 7,760억 원)를 투자할 예정이다. 우버와 협업하여 미래의 에어택시 서비스를 위한 전기비행차량을 설계 및 개발하고 있으며 2025년까지 '에어택시'를 상용화하겠다고 밝혔다. 이는 우버와 2028년까지 에어택시를 공동 개발하겠다는 목표를 3년이나 앞당긴 것이다.

GM은 현대차에 비해 출발은 늦었지만 'CES 2021'에서 캐딜락 브랜드로 수직이착륙기의 콘셉트를 공개하며 UAM 시장 진출을 선언했다. 이외에도 다국적 자동차 기업 피아트 크라이슬러는 미국 수직이착륙기 개발 기업 아처와 협업해 2021년 초 UAM 시장에 진출했다. 아처는 세계 최초로 수직이착륙기 모빌리티를 추진한 업체다. 중국 지리는 이미 UAM 개발에 착수한 테라퓨지아를 사들여 관련 기술과 데이터를 확보했으며, 포르셰는 보잉과 협력해 프리미엄 에어택시를 만든다고 선언했다. 이처럼 기술이 있는 회사들끼리 연합하거나 기술기업과 서비스 기업이 합종연횡하면서 무한 경쟁에 돌입한 상태다.

이러한 혁신이 인류에게 새로운 삶을 선사하려면 상용화를 위한 각국의 규제 완화, 통신량이 늘어나는 상황에 대비한 보안 강화, UAM의 안전 기준 정립, 소음 완화 등 관련 인프라 구축이 시급하다. 다행히 규제 당국도 점점 더 개방적인 태도를 보이고 있다. 조비 에비에이션은 세계 최초로 '미국연방항공국'Federal Aviation Administration으로부터 항공기 인증 조건에 대한 합의를 끌어냈다. 한국도 UAM 도입을 적극 추진 중이다. 국토교통부는 2020년 6월 '한국형 도심항공교통 로드맵'을 발표하며 2025년을 에어택시 상용화의 원년으로 정했다.

삼정KPMG경제연구원이 2020년에 보고한 자료에 의하면, 2030년 세계 UAM 이용자는 1,200만 명이고 2050년에는 무려 4억 4,500만 명에 이를 것으로 보인다. 글로벌투자은행 모건 스탠리는 UAM 시장이 2020년에는 70억 달러(약 8조 2,880억 원)에 불과했지만, 2040년이 되면 1조 4,740억 달러(약 1,745조 2,160억 원)로 급성장할 것으로 내다봤다. 이는 모빌리티산업이 새로운 일자리를 비롯한 다양한 부가가치를 창출해낼 대표적인 미래 먹거리임을 증명해준다. 기후 위기와 도심화 문제의 해결안으로 떠오른 UAM은 이제 전 세계 기업들이 결코 놓쳐서는 안 될 선도 사업이다.

지구 안 우주여행의 시대가 열린다

2029년에는 미국 LA에서 일본 도쿄까지 가는 데 1시간이면 충분한 세상이 올 수도 있다. 미국 우주비행기 스타트업 '비너스 에어로스페이스'가 개발 중인 초음속 우주비행기가 상용화된다면 말이다. 버진 갤럭틱 자회사인 버진 오빗 직원들이 독립해 설립한 이 회사는 이른바 '하이퍼소닉'(극초음속) 우주비행기로 전 세계 어디든 1시간 안에 사람들을 실어나르는 게 목표다.

버진 갤럭틱과 마찬가지로 이륙 후 고고도高高度에서 로켓을 점화해 시속 1만 4,500킬로미터 이상의 속도로 우주경계선까지 올라간 뒤 목적지 공항에 도착하는 방식이다. 아직은 초기 단계지만 축소형 모델로 첫 시험을 실시한 후, 최소 10년 후로 개발을 완료할 예정이다.

물론 초음속 여객기 개발은 쉽지 않다. 기존 여객기보다 2배 빨랐던 콩코드에서 미국 스타트업 에어리언에 이르기까지 모두 성공하지 못했다. 에어리언은 초음속기 에어리언슈퍼소닉으로 지구 어디든 3시간이면 갈 수 있다고 장담했지만, 자본 조달의 어려움을 극복하지 못하고 중도 포기를 선언했다. 하지만 준궤도 관광의 성공으로 로켓 지구여행에 대한 가능성이 높아지면서 비너스 에어로스페이스의 도전에도 많은 기대가 쏠리고 있다.

이처럼 우주비행 개발 기술이 지구 밖이 아니라 전 세계 도시를 연결하는 용도로 사용된다면 파괴적 혁신이 가능하다. 바야흐로 전 세계 어디든 1시간 내에 연결되어 국가 간 경계가 점차 사라지는 상상 속의 일이 현실이 될 수도 있다. 게다가 메타버스 세상과 시너지를 일으키면 국가와 국민 그리고 시민권의 개념이 사라지는 초연결·탈경계의 사회로 진입하면서 메타 사피엔스는 완전히 새로운 미래를 맞이하게 된다.

천의 얼굴 드론산업,
일상을 통째로 바꾸다

2035년 7월의 어느 월요일 아침. 수서에 사는 황병준 씨의 아침은 직장인답지 않게 느긋하다. 일어나자마자 스마트폰 앱으로 회사가 있는 여의도까지 가는 드론 택시를 예약하고 아침 운동을 시작한다. 샤워를 마친 후에는 드론으로 배달된 샐러드와 요거트를 먹는다. 출근 준비를 마치고 탑승 정거장인 '버티포트'Vertiport까지 이동할 때는 자율주행 전기자동차를 타고 가는데, 전기차 안에서는 주로 전날 밤 미국 증시 현황을 살펴본다.

버티포트에 도착하면 AI비서에게 주차를 시키고는 승차 절차를 위한 구역으로 걸어 들어간다. 별도의 카드는 필요 없다. 안면 인식과 스캔으로 모든 절차가 마무리되기 때문이다. 탑승까지 남은 시간에는 모닝커피를 마시며 잠깐의 여유를 즐긴다. 에어택시가 하늘 위로 떠오르자 창가로는 점차 밝아지는 하늘이 보인다. 처음에는 차체가 살짝 흔들리는 느낌이 들지만 이내 빠른 속도로 마포대교 위를 날기 시작한다. 하늘을 쳐다볼 여유도 없이 단 3분 만에 여의도에 도착한다.

이런 출근길 풍경은 더 이상 SF영화 속 이야기가 아니다. 드론산업이 본격적으로 상용화되면 10여 년 내에 현실화될 일이다.

항공기와 자동차업계까지, 에어택시 경쟁은 무한대다

2030년이 되면 자율주행차, 드론과 전기차 기술을 응용하여 만든 에어택시 등이 인간의 이동을 재정의하면서 더 빠르고 저렴한 교통수단으로 자리 잡게 된다. 특히 에어택시는 부동산, 금융, 보험, 도시계획을 완전히 변화시킬 것이다. 머신러닝, 센서, 재료과학, 배터리 저장기술의 발전 등으로 드론의 기능이 보다 고도화되고 대중화되면 충분히 가능한 일이다. 에어택시가 상용화되면 교통수단에 의한 탄소배출도 대폭 줄일 수 있다. 이러한 혁신을 위해 각국은 드론 기술을 바탕으로 한 교통수단 로드맵을 제시하고 있으며, 관련 기업들은 기술개발과 상용화에 박차를 가하는 중이다.

대표적인 에어택시 개발업체는 독일의 스타트업 볼로콥터다. 에어택시 기업 중 상용화 진도가 가장 빠르다. 2019년 10월 자체 개발한 '볼로콥터 2X'는 2명의 승객을 태운 채 싱가포르 100미터 상공으로 날아오르면서 최초의 유인 시험비행에 성공했다. 앞으로는 멀티로터Multirotor 형식의 볼로시티VoloCity, 즉 여러 개의 회전날개를 가진 에어택시를 여러 나라에서 운행할 방침이라고 밝혔다. 볼로시티는 총 9개의 배터리팩과 18개의 로터가 장착되어 있어서 배터리가 1~2개 정도 방전되더라도 다른 배터리로 교체해 계속 비행할 수 있다.

볼로콥터는 볼로시티의 비행시간을 더 늘려 내년에는 독일, 두바이, 싱가포르에서 상용화하는 게 목표다. 또 미국과 유럽에서도 서비스를 제공할 수 있도록 현재 FAA에 인증 프로세스를 해놓은 상태다. 2021년 6월에는 파리 르부르제 공항에서 에어택시 비행에 성공했으며, 2024년 파리올림픽 때까지 상용화할 예정이다.

항공기 제조사인 보잉과 에어버스를 비롯해 자동차 제조사인 폭스바겐, 도요타 외에 IT기업인 구글과 우버, 현대자동차, 한화시스템 등 유수의 글로벌 기업들도 에어택시 시장을 선점하기 위해 열띤 경쟁을 벌이고 있다.

유럽의 항공기 제조사 에어버스는 2018년 미국 오리건주에서 53초간 공중에 뜨는 첫 시험비행에 성공하면서 전기 수직이착륙 비행체의 출발을 알렸다. 볼로콥터와 마찬가지로 2024년 파리올림픽을 목표로, 공항에서 파리 시내까지 빠르게 이동할 수 있는 에어택시 상용화 프로젝트를 추진 중이다.

한국에서는 한국항공우주연구원, 현대자동차, 한화시스템이 에어택시 개발 경쟁에서 각축을 벌이고 있다. 그중 한화시스템은 기체 개발과 운행 협의 및 인프라 설계까지 에어택시 사업에 필요한 모든 것을 이미 갖춘 상태다. 이러한 인프라를 기반으로 미국의 오버에어와 손잡고 에어택시 '버터플라이'Butterfly 개발을 시작했다. 2024년쯤 기체가 완료되면 2025년에는 국내에서 서울—김포 노선의 시범운행을 시작할 계획이다.

현대자동차 북미본부가 오는 2025년까지 에어택시를 상용화하겠다고 밝혔다. 이는 우버와 2028년까지 에어택시를 공동개발하겠다는 목표를 3년 더 당긴 것이다. 2020년에는 LA 공항과 뉴욕 존 F.케네디 공항을 시내 주요 거점과 연결하는 '에어택시' 구상을 공개하면서 2025년까지 15억 달러(약 1조 7,760억 원)를 투자한다는 전략도 세웠다.

드론을 활용한 교통수단의 변화는 무궁무진하다. 아직은 기술개발과 투자 단계에 있지만 관련 기술의 진보와 규제 완화로 빠른 시일 내에 상용화될 전망이다. 갑갑한 도심을 벗어나 전원생활이 가능한 곳에 살면서 드론 택시를 타고 도심 한가운데로 출근하는 일, 곧 우리가 마주할 현실이다.

물류와 구조 서비스까지, 드론이 열어나갈 신세계

코로나 팬데믹 사태 중 드론의 활약은 빛났다. 중국 선전시의 드론 제조업체 MMC는 상하이와 광저우 등에 드론 100여 대를 투입해 감염 위험지역을 순찰하고 살균제를 살포하는 임무를 수행했다. 사람을 대신해 위험지역을 비행하며 40배 줌 카메라로 360도 순찰하며 제 몫을 톡톡히 해냈다. 공공장소에서 마스크를 착용하지 않은 사람을 발견하면 드론에 달린 확성기로 경고하고, 감염 확산을 막기 위해 폐쇄된 지역에 물품을 보급하기도 했다.

드론은 실종자 수색이나 구조에도 큰 역할을 할 수 있다. 드론으로 재난지역에 갇혀 도움을 요청하는 사람의 소리를 식별하는 시스템이 미국 음향학 협회의 연례회의에서 발표됐다. 드론에 장착된 마이크를 통해 재난지역에서 사람의 비명 소리를 찾아내 구조대에게 알려주는 것이다. 이 시스템은 조난자가 구조를 요청하며 벽을 두드리거나 발을 구르고 비명을 지르는 등의 소리로 이루어진 데이터베이스를 기반으로 딥러닝 기술을 적용했다.

이 외에도 드론은 부상자의 긴급 이송에도 활용된다. UNIST의 정연우 교수팀이 디자인한 '911$ 응급구조 드론'은 세계 3대 디자인상인 '독일 iF 디자인 어워드 2020'에서 본상을 수상한 후, 드론 전문기업 드론돔과 양산 단계에 들어갔다. 이 구조 드론은 환자를 눕히는 들것에 프로펠러 8개와 유선 배터리팩을 연결해 지상에서 1미터 정도 높이로 띄워 이동한다. 자율비행 기능과 장애물 회피 기능에 필요한 여러 센서들을 장착할 필요가 없어 제조 비용이 저렴하다. 게다가 배터리를 구조대원이 메고 있어 드론의 무게를 줄이고 체공시간을 늘릴 수 있다.

조만간 드론은 우리 일상 속에서 음식과 물도 배달할 것이며, 택배·음식·우편 배달원을 대신할 것이다. 항로를 따라 하늘길을 날아다니며 재고를 추적하고 수집한 데이터를 전송하여 재고 자동관리를 가능케 함으로써 물류관리사의 일도 대신한다. 드론 택배는 이미 가시화되고 있다.

2020년 아마존은 FAA로부터 드론 배송 운항을 승인받았다. 이로 인해 아마존은 무게 2.26킬로그램 물품을 인구 밀도가 낮은 지역에서 드론을 통해 배달할 수 있다. 아마존 프라임 서비스 고객들은 온라인으로 물품을 주문하면 30분 이내에 받을 수 있는 것이다. 이는 알파벳의 자회사인 윙, UPS에 이은 FAA의 세 번째 드론 배송 승인이다. 윙은 2019년부터 버지니아주에서 생활필수품 등을 주민들에게 배달하는 서비스를 제공하고 있다. 2014년 오지 배송 서비스에 뛰어든 물류업체 UPS를 비롯해 최근에는 미국의 월마트, 중국의 알리바바도 앞다퉈 드론 배송을 도입하는 중이다.

글로벌 경영컨설팅 회사 맥킨지는 드론 시장의 규모를 2017년 64억 달러(약 7조 5,776억 원)에서 2025년에는 202억 달러(약 24조 원)로 대폭 성장할 것으로 내다봤다. 2040년에는 군사용이 아닌 일반 소비자들을 위한 드론 시장에서 배송 물량의 30퍼센트까지 드론이 담당할 것이라는 예측도 내놓았다.

이러한 전망이 가능한 것은 최근 드론산업이 빠르게 성장하고 있기 때문이다. 코로나19 이후 비대면 서비스에 대한 수요가 급증하고 각종 산업에서 무인화·자동화 추세가 진전되자 드론의 역할은 더욱 주목받는 추세다. 특히 미국에서는 농업 부문뿐 아니라 군사적 목적으로도 드론을 적극 활용하고 있다.

드론 사업이 인류에게 남긴 과제들

영화 〈엔젤 해즈 폴른〉은 드론 공격이 얼마나 위협적인지 잘 보여준다. 호수에서 한가로이 휴가를 즐기고 있는 미국 대통령에게 날아와 순식간에 폭격을 퍼부은 것은 헬리콥터가 아니라 드론 떼다. 프로펠러가 달려 낮게 나는 드론은 공군 레이다 망에도 쉽게 걸리지 않는다. 발각된다 해도 순식간에 폭격한 후 사라지기 때문에 당해낼 재간이 없다. 이처럼 수백 대의 드론 공격은 지상 병력과 공군력으로도 막기 어려워 다양한 현대 테러 방법 중 가장 위협적이다. 영화 속 사례뿐 아니라 실제로 세계 각국은 전투에 드론을 활용할 채비를 하고 있어 '드론 전쟁'은 현실이 되고 있다.

2019년 7월, 미확인 드론이 미 해군 구축함을 습격한 일이 있었다. 2021년 5월에는 이스라엘이 드론 떼를 이용해 하마스 무장세력의 위치를 파악하고 공격하는 것을 허용했다. 이는 전투에서 드론 떼를 사용한 최초의 사례다. 최근에는 이라크에 있는 미국 관련 시설들이 잇달아 드론 공격을 받았다.

드론은 테러나 정찰감시 등의 역할을 넘어 최고의 공격무기로 자리 잡았다. 세계 어느 나라도 드론 테러의 안전지대가 아니다. 무기화된 드론의 위협은 이제 현실이 되었고, 일상 속에서는 불법 드론으로 인한 경고등이 켜졌다. 이처럼 드론을 활용한 테러와 범죄가 빈번하게 발생하면서 불법 드론을 탐지하고 추적해서 무력화시키는 '안티 드론' 기술 개발이 시급한 현안으로 떠올랐다. 안티 드론은 드론계의 경찰로 그 핵심은 레이더 기술이다.

미국 AI 항공방어 및 보안전문업체인 '포템 테크놀로지스'가 출시한 '드론 헌터 F700'이 일종의 안티 드론이라 할 수 있다. 적대적인 드론 공격에 대응하는 다양한 수단들을 탑재하고 있으며, 지상에 있는 주요 기반시설을 보호하는 임무를 맡는다.

드론은 교통과 물류 등 인류의 삶을 혁신적으로 개선시켜줄 희대의 발명품임에 틀림없다. 하지만 하늘을 나는 무기로, 소중한 자산과 존엄한 생명을 위협하는 존재기도 하다. 드론의 운행 정보를 추적하고 제어할 수 있는 기술개발과 비행기처럼 감시하고 추적하는 시스템을 겸비한 컨트롤타워 마련이 시급하다. 드론 기술이 인류의 편의를 위해 제대로 활용되기 위해서는 드론 상용화를 위한 노력과 드론 피해를 예방하기 위해 관계기관과 대응 체계를 고도화하는 노력이 병행되어야 한다.

지구를 구하기 위해
가장 먼저 해야 할 투자

'포스트 아포칼립스 같다.'

2021년 7월, 북미 대륙에 재난급 폭염이 덮쳤다. 밴쿠버 동쪽에 위치한 작은 마을 리턴의 최고 기온은 50도 가까이 치솟았다. 84년 만에 최악의 폭염이 찾아온 것이다. 캐나다뿐 아니라 미국에도 고온으로 사망자가 속출했고, 오리건주 포틀랜드의 주민들은 집을 떠나 냉방 쉼터로 향했다.

기상학자들은 폭염 사태의 원인이 '열돔 Heat Dome 현상'이라고 밝혔다. 이는 제트기류가 약해진 상태에서 고기압이 특정 지역에 정체되면서 덥고 건조한 공기를 반구형 모양으로 가둬놓는 현상이다. 북미 서부에 덮친 열돔이 제트기류를 북쪽으로 밀어올려 북쪽의 찬 공기가 내려오지 못하게 막은 것이다. 이 살인적인 더위는 기후변화로 인한 예견된 피해다. 기후 위기에 전 세계가 적극적으로 대처하지 않는다면 이번 북미 대륙의 폭염은 글로벌 대재앙의 서막에 불과할 것이다.

기후 난민, 곧 나의 미래가 될 수 있다

기후 위기가 악화될수록 점점 더 많은 사람들이 폭염과 가뭄 등 자연재해로 인해 자신의 집에서 떠나야 할지도 모른다. 이들은 '기후 난민'이라 불린다. 오늘날 많은 저개발국가의 국민들은 극심한 가뭄과 폭풍으로 인해 식량난과 주거난을 겪고 있으며 점차 기후 난민이 되어가고 있다. 2020년 두 차례의 거대한 허리케인이 덮친 온두라스, 과테말라, 엘살바도르 등 중남미 국가의 수많은 국민들도 미국 국경으로 향했다.

'유엔난민고등판무관사무소'United Nations High Commission for Refugees는 2020년 연례보고서를 통해 전 세계의 난민과 무국적자 등이 7,950만 명에 육박한다고 밝혔다. 이들은 갑작스러운 재난 외에도 기후변화로 인한 식량과 물 부족 등의 이유로 망명자가 되었다. 해수면 상승은 또 다른 위협이다. 지난 30년 동안 해수면 상승 위험이 높은 해안지역에 사는 사람들의 수는 1억 6,000만 명에서 2억 6,000만 명으로 증가했다. 그중 90퍼센트는 가난한 개발도상국과 작은 섬 국가 출신이다. 예를 들어 방글라데시의 경우 2050년까지 해수면 상승으로 국가의 17퍼센트가 물에 잠기고, 그곳에 거주하는 2,000만 명이 집을 잃을 것으로 예상된다.

호주의 국제싱크탱크 '경제평화연구소'Institute for Economics and Peace는 매년 각종 세계기구의 자료를 분석해 '생태학적 위협 기록부'를 발표하고 있다. 인구 증가, 물 부족을 비롯한 식량난과 기후변화에 따른 가뭄과 홍수, 해수면 상승 등의 위협 요소에 전 세계 국가의 노출 정도를 분석한 것이 주요 내용이다. 그 결과 2050년까지 총 141개국이 최소 한 개 이상의 위협에 노출될 것으로 나타났다. 이 중 19개 국가는 최소 4개 이상의 생태학적 위협에 노출될 것으로 보이는데 이들 국가의 인구를 모두 합하면 21억 명에 육박한다.

이 문제에 대한 국제적 대응이 점차 진행되기 시작했다. 이미 기후변화로 인한 재난재해로 국민들을 이주시킨 국가도 있다. 인도는 500만 명을 다른 땅으로 이주시켰다. 필리핀, 방글라데시, 중국 등은 약 400만 명을 이주시켰으며, 미국은 약 90만 명을 이주시켰다.

기후 위기에 대처하기 위해 미리 투자해야 할 5가지

2012년 미국 뉴욕을 강타한 허리케인 샌디의 피해액은 약 70조 원에 육박했다. 이 가운데 13퍼센트인 9조 원이 기후변화로 인한 해수면 상승이 주요 원인으로 추정됐다. 기후변화를 연구하는 과학자와 언론인의 연구조직인 미국 '클라이밋 센트럴'과 스티븐 공과대학, 럿거스대학 등의 공동 연구팀이 해수면 상승의 원인을 밝혔다. 이들에 따르면, 지난 100여 년 동안 뉴욕 지역의 해수면 전체 상승분 중 55퍼센트가 지구온난화 때문이라고 한다. 해수면의 상승과 폭풍, 해일은 전 세계 수백만 호의 해안가 집을 강타하고 있다. 최근 마이애미 아파트 붕괴 사고도 해수면 상승이 원인 중 하나로 꼽혔다.

뿐만 아니라 기후변화는 농작물 생산량의 감소와 물 부족을 불러와 개발도상국을 더 심각한 빈곤에 빠뜨리고 있다. 극심한 기상 상황은 가장 가난하고 가장 취약한 사람들에게 더 치명적인 영향을 미친다. 이러한 재난을 완화하기 위해 우리는 더 늦기 전에 5가지 방안에 적극 투자해야 한다.

1. 조기경보 시스템 구축을 위한 투자

사이클론, 가뭄, 홍수, 열파 및 산불과 같은 극한의 기상 상황에 대처하기 위해서는 조기경보 시스템을 개선해야 한다. 이 시스템의 효과에 대한 놀라운 예는 방글라데시에서 찾을 수 있다. 1970년 볼라 사이클론은 저지대 국가를 강타해 최소 30만 명이 사망하는 등 엄청난 피해를 낳았다. 그 후 방글라데시는 사이클론 대비 프로그램을 시작했고, 수천 개의 대피소를 건설했으며 조기경보 시스템에도 투자했다. 그 결과 2017년 사이클론 모라가 덮쳤을 때, 수십만 명의 사람들을 긴급히 대피시켰고 사망자 수는 10여 명 정도였다. 이전과 비교하면 피해 규모를 상당히 줄인 셈이다. 이처럼 자연재해는 사전에 신속하게 대응하기 위한 계획이 중요하다. 오늘날은 기후 및 날씨 모델의 발전으로 구체적인 시나리오 계획이 가능하다.

2. 해수면 상승 대비용 인프라 구축을 위한 투자

미국 오리건대학과 위스콘신 메디슨대학 연구팀은 2033년 해수면 상승으로 인해 미국 해안지역 부근 6,500여 킬로미터의 인터넷 케이블과 1,000여 곳의 데이터 센터가 물에 잠길 수 있다고 경고했다. 문제는 해저 케이블과 달리 지하 인터넷 케이블은 방수 처리가 되지 않았다는 점이다. 미국 내에서 가장 위험한 도시로는 뉴욕, 마이애미, 시애틀이 꼽혔다. 이는 비단 미국에만 국한된 것이 아니다. 기존 시설의 정비와 신규 시설 계획 때는 이를 감안한 네트워크 디자인이 이루어져야 한다.

인터넷 인프라뿐 아니라 데이터센터 운영도 환경을 고려해야 한다. 4차산업혁명의 주역인 자율주행, 클라우드, 인공지능, 빅데이터 등을 가능케 하는 핵심 인프라인 데이터센터도 지구온난화의 주범으로 꼽힌다. 엄청난 전기 소모 때문이다. 그러므로 친환경적인 데이터센터 운영을 위한 인프라 구축은 관련 기업들의 큰 과제다.

그 외에 높은 에너지 효율을 기준으로 한 주택 건설, 기후변화의 영향을 고려한 산업 인프라 구축 등도 기후 위기로 인한 경제적 피해를 줄이는 데 도움이 된다. 조 바이든 행정부는 지구온난화를 늦추는 데 무게를 두고 2조 달러(약 2,368조 원) 규모의 인프라 투자를 감행하고 있다.

3. 식량 안보를 위한 농업 투자

지구온난화가 진행될수록 물의 가용성이 떨어지고 해충과 질병이 전 세계로 퍼질 수 있다. 지금도 악천후로 인해 농작물이 파괴되고 식량이 제대로 유통되지 않는 나라들이 많다. 기후변화는 이미 사하라 이남 아프리카와 같은 취약 지역의 작물 생산량을 감소시키고 있다.

20세기 후반 획기적인 식량 증산을 이루어낸 녹색혁명의 과학적 혁신은 현실에 안주하지 않고 새로운 변화를 이끌어내야 한다. 우선 각종 기후변화에 잘 견디는 내후성 작물에 대한 연구와 투자가 필요하다. 다양한 종류의 균주와 농업 요법으로 해충, 질병 및 기후변화에 대한 탄력성을 높여야 한다. 또한 과학기술개발을 통해 더 나은 토지 관리로 기후 위기에 대한 해결책의 마련도 시급하다. 식량 안보를 위한 각국의 참여와 투자만이 다가올 재앙에서 생명을 구해낼 수 있다.

4. 물 안보를 위한 기술 투자

국제 학술지 《네이처》에 따르면, 전 세계 인구의 80퍼센트 이상이 물 안보 위협에 노출돼 있는 상황이다. 20세기의 전쟁이 석유 쟁탈전이었다면, 21세기의 전쟁은 물을 차지하기 위한 전쟁인 셈이다. 물 부족은 인류의 생존과 산업 활동에 치명적인 영향을 미친다. 특히 기후변화에 따른 가뭄과 홍수는 깨끗한 물 공급을 위태롭게 하고 지역 간 물 경쟁은 갈등을 유발한다.

이런 이유로 각국은 물 안보를 위해 각종 인프라를 구축하고 정비하는 대규모 투자를 감행해야 한다. 관련해서 수자원 및 수재해 감시와 관리를 위한 위성산업 기술도 중요한 산업으로 떠오르고 있다. 한국도 '수자원위성 개발 및 운영 기본계획'을 수립했다. 환경부와 한국수자원공사는 기후변화와 재해 감시, 댐 등의 수리시설물 변화 관측을 위해 2025년까지 1,427억 원을 들여 수자원영상위성인 차세대 중형위성 5호를 개발할 계획이다.

5. 중요한 생태계 복원을 위한 투자

'유엔환경계획'United Nations Environment Programme은 2021년을 '지구 생태계 복원 10년'을 향한 첫해로 정했다. 기술이 자연재해로 인한 피해를 줄일 수는 있지만 한계는 분명하기 때문이다. 해안지역에 번성하는 맹그로브 숲의 사례를 보자. 이 숲은 자연적인 홍수 방어 역할을 하며 폭풍우로부터 저지대 해안지역을 보호한다. 아울러 다른 지구 생태계보다 최대 10배나 많은 이산화탄소를 흡수한다. 그러나 안타깝게도 세계 맹그로브의 35퍼센트가 이미 파괴된 상태라 기후변화에 적응하기 위해서는 무엇보다 생태계 복원에 힘써야 한다.

관련해서 기업들도 노력하고 있다. 중국 최대 IT기업인 텐센트가 추진 중인 넷시티는 분산통신망 등 최첨단 시설과 함께 맹그로브 숲을 비롯한 친환경 기반시설을 구축해 지속가능한 도시로 조성될 예정이다. SK이노베이션도 ESG경영 실천의 일환으로 베트남과 미얀마의 '맹그로브 숲 복원 사업'을 추진하고 있다.

갯벌도 생태계 복원의 주요한 대상이다. 서울대학교 김종성 교수 연구팀은 우리나라 갯벌이 약 1,300만 톤의 탄소를 저장하고 있으며, 연간 26만 톤의 이산화탄소를 흡수한다는 사실을 밝혀냈다. 관련해서 해수부는 해양부문 탄소중립을 위해 갯벌복원사업을 추진하는 한편, 2022년부터는 갯벌에 염생식물을 조성하는 사업을 신규로 추진해 갯벌 블루카본의 잠재력을 확대해나갈 계획이다. 범지구적으로는 토지 황폐화 방지를 위해 30퍼센트의 생태계 복원과 접경 국가 간 산림 협력을 위한 글로벌 패러다임이 확산되고 있다.

이처럼 기후변화에 적응하기 위해서는 다양한 방안이 요구된다. 우선 자연 생태계를 보존하고 식량 및 수자원 보안을 강화해야 한다. 아울러 향후 수십 년 동안 탄력적으로 운영할 수 있는 각종 인프라를 구축해야 수십억 명의 삶을 개선시킬 수 있다. 그런데 중요한 것은 지금 당장 투자해야 수조 달러를 절약하고 인류의 생명을 구할 수 있다는 것이다. 더는 기다릴 시간이 없다.

기후 위기 시대,
신재생 에너지의 빅 피처

2031년 방콕 전체 면적의 40퍼센트는 침수될 위기에 처할 것이다. 인구 1,200만 명의 수도 방콕은 수십 년간 폭발적인 성장을 이루어냈다. 늪지대 해안 위에 고층 빌딩과 고속도로 건설 등 고도의 도시 개발을 하면서 이 모든 콘크리트와 강철의 엄청난 무게는 그 아래의 부드러운 점토를 밀어내어 토양이 매년 침하하고 있다.

2010년 방콕의 일부는 이미 해수면 아래에 있었으며 이는 수십 년 동안 악화되어왔다. 지구온난화로 인한 해수면 상승은 해안선을 연간 4센티미터씩 침식시키는 중이다. 몬순 강우의 심각성이 증가함에 따라 더 길고 더 파괴적인 홍수가 발생하고 있다. 이뿐만이 아니다. 지하

수 불법 추출도 만연해서 도시 주민들은 물을 판매하기 위해 지하수를 지속적으로 끌어내 토양을 더욱 불안정하게 만들었고 지반침하를 부추겼다.

앞으로 몇 년 동안 방콕의 상황은 점점 더 악화될 것이다. 도시 전체가 버려지는 끔찍한 상상이 현실이 될 수도 있다. 이는 비단 방콕에만 국한된 시나리오가 아니다. '유럽환경청'European Environment Agency에 따르면, 1900년 이후 전 세계의 해수면이 20센티미터 정도 상승했다. 해빙이 더 빠르게 진행되면서 21세기 말에는 80센티미터 정도까지 상승할 수 있다. 네덜란드의 NUS 환경 연구소 연구진은 전 세계 4억여 명의 인구가 해수면 상승으로 삶의 터전을 잃을 수도 있다는 우울한 전망을 내놨다.

100퍼센트 신재생 에너지 전환의 시대는 올 것인가?

기후변화가 초래할 인류의 어두운 미래는 점점 더 현실화되고 있다. 이러한 절박한 상황 속에서 주요 강대국뿐 아니라 기업과 글로벌 리더들도 기후 재앙을 피하기 위한 발걸음을 재촉하는 중이다.

그중 한 가지가 2014년부터 추진하고 있는 글로벌 캠페인 'RE100'인데 이는 '재생 에너지Renewable Energy 100퍼센트'의 약자다. 글로벌 비영리단체인 기후그룹The Climate Group과 글로벌 환경경영 인증기관인 '탄소 정보공개 프로젝트'Carbon Disclosure Project가 추진 중인 캠페인으로, 2050년까지 기업이 사용하는 전력량의 100퍼센트를 재생 에너지로 충당하겠다는 것이 목표다.

물론 이 과정에는 다양한 이해관계가 얽혀 있다. 특히 신재생 에너지 시대의 헤게모니를 잡기 위한 강대국들의 다툼과 기업들의 전략은 시시각각 변화하고 있다. 하지만 가까운 미래에 탄소중립과 재생 에너지로의 전환이 이루어지지 않는다면, 인류가 대재앙에 직면하게 될 것이라는 전망에는 이견이 없다. 즉, 재생 에너지로의 전환은 인류가 당면한 최우선 과제다.

2017년 스탠퍼드대학의 교수 마크 제이콥슨Mark Jacobson은 미국을 포함한 139개국이 2050년까지 100퍼센트 재생 가능 에너지만을 사용하도록 하는 로드맵을 내놓았다. 그는 컴퓨터 모델링을 통해 재생 에너지를 사용한 발전이 오늘날의 에너지 발전보다 더 우월함을 입증했다. 그 비결은 전력 저장 방식에 있다. 전력 저장, 열 저장, 저온 저장, 수소 저장장치를 재생 에너지 발전시설과 결합하면 모든 전력을 100퍼센트 청정 재생 에너지로 공급할 수 있다는 것이다.

어바인 캘리포니아대학의 스티븐 데이비스Steven Davis 교수는 풍력과 태양광 등 변동성이 큰 에너지원의 비중이 80퍼센트 이상 높아지면 기술 경제학적으로 문제가 나타난다고 우려했다. 실시간 요구되는 에너지 수요를 감당할 수 없고, 아직까지는 경제성 높은 대용량 에너지 저장 기술을 개발하지 못했기 때문이다. 하지만 핵심 재생 에너지로 생산한 전력을 연료로 전환하고 다시 전기로 되돌리는 기술의 상용화 비용을 줄이면, 100퍼센트 재생 에너지 시스템의 총 비용도 크게 낮출 수 있다고 전망했다.

100퍼센트 재생 가능 에너지 사용이라는 목표 달성을 위해서는 기업들의 적극적인 참여가 필수다. RE100 캠페인이 중요한 이유다. 연간 100기가와트아워 이상의 전력을 사용하는 기업을 대상으로, 이 캠페인에 참여하는 기업은 가입 후 1년 내 중장기 재생 에너지 전력 확보 계획을 제출하고 매년 이행 상황을 점검받아야 한다. 다만 정부나 국제 기구 등에 의한 강제적인 참여가 아닌 기업들의 자발적인 참여로 진행된다. 2021년 6월 말 기준으로 주요 빅테크 기업인 애플, 구글, 마이크로소프트 등을 비롯해서 전 세계 310여 개 기업이 동참하고 있다.

반면 국내 기업들은 '재생 에너지 인프라가 부족하다'며 난색을 표하는 상황이다. 그린피스가 발표한 〈10대 그룹 기후 위기 대응 리더십 성적표〉 보고서에 따르면, 기업들은 국내 재생 에너지 공급량 한계와 재생 에너지 전력 가격을 문제시했다. 현재 RE100에 가입한 한국 기업은 SK하이닉스, SK텔레콤 등 SK그룹 8개 계열사와 아모레퍼시픽, LG에너지솔루션, 현대차그룹 등이 있지만 여타의 RE100 가입 국가들에 비하면 목표 기한도 멀고 방안도 구체적이지 않다.

국내 기업들의 재생 에너지 전환 지연은 기업 경쟁력 악화로 이어질 수 있다. 미국과 EU가 기후 대응을 무역정책과 연계하기 시작했기 때문이다. 이제 탄소배출을 줄이지 않을 경우 기업의 비용 부담은 막대해진다. 100퍼센트 재생 에너지 전환은 거부할 수 없는 시대의 요구다.

토니 세바 교수는 《에너지 혁명 2030》에서 "인류가 돌을 다 써버렸기 때문에 석기시대가 종말을 맞이한 것은 아니다. 석기시대가 끝나게 된 것은 더 나은 기술인 청동기가 석기를 몰아냈기 때문이다."라고 말했다. 오늘날의 에너지 상황도 다를 바 없다. 화석연료 고갈과는 상관없이 첨단기술개발로 재생 에너지의 발전 단가가 낮아지면서 세계의 에너지 자원도 변하고 있다. 유엔의 '2016~2030년 지속가능발전목표' 중 7번 목표도 재생 자원과 에너지의 사용이다.

탄소중립 사회를 실현하기 위한 도시의 역할

"도시에서 기후 전투의 승패가 결정 날 것이며, 시장은 기후 비상사태의 응급요원이다." 2019년 C40 세계시장정상회의에서 안토니우 구테흐스Antonio Guterres 유엔 사무총장은 탄소중립을 위한 도시의 역할을 강조했다.

현재 도시는 전 세계 에너지 수요의 3분의 2, 즉 탄소배출의 70퍼센트를 차지하고 있다. 개발도상국 중심의 급속한 도시화로 인해 2050년에는 전 세계 인구의 약 70퍼센트가 도시에 거주할 것으로 예상된다. 그리고 탄소중립 실현을 위해서는 도시의 역할이 더욱 중요해진다. 이와 관련해서 도시의 탄소중립을 가속화할 수 있는 각종 사업들이 광범위하게 진행될 전망이다.

예를 들면, 건물 부문의 탄소배출을 저감하기 위해 '히트펌프'를 이용하여 건물 난방을 전기화하는 것도 가능하다. 미국은 캘리포니아 등 선도적 지방 정부들이 이미 신축 건물을 중심으로 건물 내 가스 사용을 금지하고 전기화를 의무화하는 추세다. 건물 전기화는 탄소중립뿐 아니라 거주자의 건강, 안전 등의 추가적 장점이 있기 때문에 주저할 이유가 없다. 또한 지자체 차원에서 수송 부문의 전기화를 위해 전기차 구매 지원, 충전 인프라 확대 등을 적극 추진할 예정이다. 특히 버스나 트럭 등의 중대형 차량에 대한 선도적 전기화가 먼저 진행된다.

미국에서는 캘리포니아 등 15개 주가 중대형 차량 전기화를 위한 MOU Multi-State Medium and Heavy-Duty Zero-Emission Vehicle Memorandum of Understanding 를 체결하고, 2030년까지 각 지역 내 신규 판매 중대형 차량의 30퍼센트, 2050년까지는 100퍼센트를 전기차량으로 전환하려는 목표를 설정한 바 있다.

토니 세바 교수와 마크 제이콥슨 교수 등으로 구성된 '글로벌 100퍼센트 재생 에너지 전략 그룹'은 2021년 초 공동선언을 발표했다. 이들은 공동선언에서 전 세계적으로 전기 부문은 2030년, 모든 부문은 2035년까지 100퍼센트 재생 에너지 전환이 가능함을 주장했다. 특히 토니 세바 교수는 2030년까지 SWB(태양광, 풍력, 배터리) 기반의 100퍼센트 재생 에너지 경제가 가능하며 '한계비용 제로의 풍부한 전기'에 의해 다양한 사업 모델이 창출될 것이라 전망했다.

'탈석유' 시대를 이끄는 핵심, 신재생 에너지

선진국을 중심으로 코로나19 상황이 다소 호전되면 각국 정부는 경기 부양을 위해 친환경 인프라 투자를 늘릴 것으로 예상된다. 이로 인해 태양광 등 신재생 에너지의 보급은 더욱 가속화될 것이다. 미국은 바이든 행정부의 등장으로 파리기후협약에 재가입하면서 신재생 에너지의 보급이 크게 확산될 전망이다.

블룸버그 뉴에너지 파이낸스의 〈NEO 2020 기후 시나리오〉 전망에 따르면, 향후 30년간 신규 발전 설비에 투자될 15조 1,000억 달러(약 17,878조 4,000억 원)의 80퍼센트를 태양광·풍력·ESS(배터리) 등 신재생 에너지가 점유한다. 아울러 2050년에는 전 세계 전력 생산량의 56퍼센트를 신재생 에너지가 담당할 것이다.

신재생 에너지 가운데 가장 주목할 만한 것은 '태양광 에너지'다. 태양광 시장은 2000년부터 거의 매년 40퍼센트 이상 성장해오고 있다. 이런 추세가 계속되면 곧 전 세계 에너지 생산량의 100퍼센트를 차지할 수 있다. 중국과 미국이 안정적인 수요를 유지하고 코로나19로 지연됐던 개도국의 태양광 프로젝트도 재개되면, 2021년 글로벌 태양광 설치량은 전년 대비 20퍼센트 이상 증가한 180기가와트를 넘어설 것이다. 글로벌 경제가 안정될 경우 2022년에는 200기가와트에 달하는 태양광 수요가 발생한다. 이는 2017년의 수요와 비교하면 5년 만에 2배 가까이 성장한 수치다.

블룸버그 뉴에너지 파이낸스는 2021년도 전 세계 태양광 신규 설치 규모를 151기가와트에서 194기가와트 범위까지 추정했다. 만약 194기가와트 규모까지 설치될 경우에는 전년 대비 45퍼센트 이상 성장하는 것도 가능하다고 내다봤다. 국내 시장도 새만금의 대규모 프로젝트를 시작으로, '탄소중립 대한민국'을 실현하기 위한 구체적 목표 수립 및 이행에 따라 태양광 시장이 점진적으로 확대된다. 2020년 국내 태양광 시장은 3.8기가와트 규모였지만 2021년에는 4기가와트 규모를 초과하는 시장으로 성장한다.

태양광 에너지 다음으로 주목할 것은 '풍력'이다. 지난 10년 동안 해양 재생 에너지 분야를 발전시킨 것은 풍력발전이었다. 이것은 일종의 게임체인저로 인정받고 있다. 최근 화두가 되고 있는 ESG경영 강화로 그린수소 생산을 위한 주 에너지원으로도 주목받는 상황이다. 그린수소는 풍력발전에서 생산된 전기를 이용해 수전하는 방식으로 생산되는 에너지원이다.

2020년 글로벌 풍력 설치량은 전년 대비 59.2퍼센트 증가한 96.8기가와트로 사상 최고치를 기록했다. 당초 코로나19 영향으로 풍력발전 수요도 줄어들 것으로 예상됐지만, 글로벌 수요의 60퍼센트를 차지하는 중국의 설치량이 전년 대비 93.3퍼센트 늘면서 전체 설치량도 크게 증가했다.

다만 아직은 육상풍력에 비해 해상풍력의 설치량이 부족하고 발전단가와 설치비용이 높아 초기 시장 단계에 머물러 있는 상황이다. 또 중국과 미국이 글로벌 설치량의 82.4퍼센트를 차지하면서 지역별로도 편중되어 있다. 그런데 규모가 가장 큰 중국의 설치량이 감소하는 등 다소 조정을 거치면서 전체적인 글로벌 수요는 줄어들 것으로 예상된다. 하지만 장기적으로는 풍력발전의 수요가 지속적으로 늘어날 전망이다. 블룸버그 뉴에너지 파이낸스의 전망에 따르면, 글로벌 해상풍력 시장은 2019년 29.1기가와트에서 2030년 177기가와트 규모로 커진다.

해양 재생 에너지와 수소 에너지

해양 재생 에너지 분야에서는 '조력'에도 주목할 필요가 있다. 바다는 엄청난 양의 탈탄소 에너지를 생성한다. 해안선 1미터당 평균 5개 가구에 전력을 공급할 수 있을 만큼 해안으로 들어오는 파도에는 충분한 에너지가 있다. 게다가 폭풍이 치는 동안에는 훨씬 더 많은 에너지가 생성된다.

파력의 혁신에 대한 지속적인 관심은 점점 더 높아지는 상황이다. 태양열과 풍력은 전 세계적으로 가장 빠르게 성장하는 재생 가능한 에너지 공급 형태지만, 수요가 많은 시기에는 최적의 바람과 태양 조건의 가변성이 문제다. 하지만 지구의 3분의 2에 해당하는 바다는 파도와 조수에 내재된 에너지를 무한정 사용할 수 있다.

해양 재생 에너지만큼 저탄소 경제로의 전환에 게임체인저로 주목받고 있는 에너지는 '수소'다. 우선 수소는 다양한 재생 에너지를 전기분해하여 대규모 저장하는 것이 가능하다. 이런 수소 저장 방식은 장기적으로 에너지의 수요와 공급 충격에 대비하는 완충장치가 될 수 있다. 또한 수소 파이프라인 네트워크는 비용 면에서 가장 효율적인 운반 수단으로 전망된다. 수소 파이프라인은 송전선 사용의 8분의 1에 해당하는 비용으로 10배의 에너지를 전송할 수 있기 때문이다. 또한 수소는 철강, 정유, 석유화학, 비료 등과 같이 탄소 저감이 어려운 부문의 탈탄소화를 돕는 역할도 한다.

현재 전 세계적으로 200여 개의 수소 프로젝트가 진행 중이고 2030년까지 3,500억 달러(약 414조 4,000억 원)에 달하는 투자가 진행될 예정이다. 독일의 특수목적법인인 H2 모빌리티는 독일 7개 대도시 지역과 고속도로에 91개 수소 충전소를 지었고, 100개 충전소 설립을 목표로 삼았다. 한국도 '수소 경제 로드맵'에 따라 2040년까지 수소 승용차 620만 대, 수소 버스 4만 대, 수소 충전소 1,200개를 설치하기로 했으며 향후 주요 수소 수입국이 된다.

에너지의 미래, '청정에너지 U-커브'

에너지 부문의 파괴적 혁신은 태양광발전, 육상풍력 및 리튬 이온 배터리의 경제성에 의해 주도될 것이다. 이와 관련한 기술의 비용과 기능은 수십 년 동안 지속적으로 개선되어왔다. 2010년 이후부터 태양광발전 용량 비용은 80퍼센트 이상 하락했으며 육상풍력발전 비용은 45퍼센트 이상 하락했고, 리튬 이온 배터리의 용량 비용은 거의 90퍼센트 하락했다.

이러한 비용 개선은 일관되게 예측이 가능하며 각 기술은 2020년대 내내 놀라운 경험 곡선을 횡단할 것이다. 기존의 석탄, 가스 및 원자력

발전소는 이미 태양열 및 풍력 설비와 발전 용량에 있어 경쟁 상대가 안 된다. 이는 기존 에너지 기술의 파괴가 불가피함을 의미한다. 그런데 정책 입안자, 투자자, 일반 대중은 여전히 태양광발전과 풍력발전이 배터리 에너지 저장장치 없이는 100퍼센트 전력을 공급할 수 없을 거라는 편견을 갖고 있다.

하지만 발전 용량과 에너지 저장 용량 사이의 근본적인 균형 관계를 의미하는 '청정에너지 U-커브'가 최적화되면 100퍼센트 SWB 시스템을 달성할 수 있을 뿐 아니라 가장 저렴하게 사용할 수 있다. SWB 채택이 가속화됨에 따라 이러한 기술은 우리가 '청정에너지 슈퍼 파워'라고 부르는, 거의 0의 한계 비용으로 점점 더 큰 잉여 에너지를 생성할 것이다. SWB 시스템의 용량은 연중 가장 어려운 시기에 전력 수요를 완전히 충족하도록 설계되어야 하기 때문에 나머지 기간 동안 훨씬 더 많은 전력을 생산할 수 있다. 청정에너지의 과잉은 사회, 경제 및 환경에 대한 새로운 가능성의 문을 열게 된다.

전기화와 함께 슈퍼 파워는 담수화 및 여과, 도로 운송, 주거 및 상업용 난방, 폐기물 관리, 산업 및 화학 공정과 같은 탄소 집약적인 광범위한 서비스에 청정에너지를 공급할 수 있다. 태양광 PV 및 배터리를 규모에 관계없이 거의 모든 곳에 배치할 수 있는 능력은 에너지 생산의 현지화, 분산화 및 민주화로 이어질 것이다.

보다 안정적이고 탄력적인 이 새로운 에너지 생산 시스템을 통해 저개발 국가와 지역 사회는 개발에 대한 장벽을 뛰어넘어 빈곤과 평등의 격차도 줄일 수 있다.

석유 공룡기업들을 위협하는 신재생 에너지 기업의 약진

신재생 에너지 이슈는 지난 100년간 세계 에너지 시장을 좌지우지했던 이른바 '빅 오일(세계 7대 석유기업)'의 경영에 치명적인 영향을 미치고 있다. 최악의 실적 부진과 함께 기업 환경 변화에 적응하기 위해 난항을 겪는 과정에서 신재생 에너지 기업들은 빠른 속도로 이들 빅 오일 기업들을 추격해나가는 중이다.

세계 최대 에너지 기업인 엑손 모빌은 코로나 팬데믹으로 석유 수요가 줄면서 2020년 1~3분기에만 누적 24억 달러(약 2조 8,416억 원) 규모의 적자를 기록하는 등 직격탄을 맞았다. 한때 시가총액 1위였던 엑손 모빌은 '다우존스 산업평균지수'에서 92년 만에 퇴출당하는 수모를 겪기도 했다. 이후 세계적인 탈탄소 흐름에 맞춰 '탄소포집 신사업부'를 만들었다. 엑손 모빌은 세계 최대 탄소포집업체였지만 경제성이 없다는 이유로 관련 기술 도입에 부정적이었다. 하지만 조 바이든 행정부가 '2050년 탄소중립'을 선언하면서 친환경 에너지 전환과 관련 기술 도입을 적극 지원하자 엑손 모빌도 관련 투자를 확대하면서 2025년까지 30억 달러(약 3조 5,520억 원)를 투자한다는 계획을 밝혔다.

엑손 모빌뿐 아니라 위기를 느낀 기존 석유공룡들도 살아남기 위해 사업 전략을 새로 짜고 있다. 전통적인 에너지 기업 중 가장 급격한 변화를 추구하고 있는 곳은 영국 석유기업 BP다. BP는 향후 10년간 배출가스 저감 사업 투자를 연간 50억 달러(약 5조 9,200억 원)로 늘리고 석유와 천연가스 생산은 40퍼센트 줄이는 반면, 신재생 에너지 사업

투자를 확대해 종합 에너지 회사로 거듭나겠다고 밝혔다. 스페인 최대 에너지기업인 렙솔도 2030년까지 석유 사업 운영을 줄이고 재생 에너지 비중을 5배 늘린다는 계획을 발표했다.

이렇게 석유 에너지기업들이 변신을 꾀하는 동안 신재생 에너지 개발 회사들의 약진도 놀랍다. 세계 곳곳에서 태양광 풍력발전 프로젝트를 주도하는 기업인 미국의 넥스트에라 에너지, 덴마크의 오스테드, 스페인의 이베르드롤라 등이 신흥 에너지 강자로 급부상했다. 이들 기업 중 넥스트에라 에너지는 2020년 10월 시가총액이 장중 한때 1,500억 달러(약 178조 원)에 육박하면서 엑손 모빌의 기업가치를 추월하기도 했다. 시장 전문가들은 일시적으로 두 회사의 시총 순위가 뒤집힌 사건을 '석유시대가 저물면서 시작된 에너지 시장 세대교체 신호탄'으로 해석했다.

BP는 2020년 발표한 〈연례 에너지 전망〉 보고서에서 2020년 이후 세계 석유 수요가 증가하지 않을 것이라고 예측했다. 석유 수요가 이미 정점을 찍었다는 파격적인 분석을 내놓은 것이다. 이제 정유산업은 쇠락의 길을 걷고 신재생 에너지로의 전환 속도는 더욱 빨라질 것이다.

지구온난화를 막기 위한
식생활 대전환

미국의 신기술 연구소 리싱크X$_{RethinkX}$는 〈기후변화에 대한 재고〉 보고서를 통해 에너지, 운송, 식품 이 3가지 주요 산업의 변화로 전 세계 순 온실가스 배출량의 90퍼센트 이상을 줄일 수 있다고 밝혔다. 특히 축산업의 온실가스 배출량을 줄일 방법으로 정밀발효 및 세포농업을 꼽았다. 정밀발효 기술을 통해 효모와 같은 미생물 숙주로 단백질 및 지방을 생산하며, 세포농업 기술로 소량의 동물세포를 사용해 실험실에서 고기를 재배하는 것이다. 이러한 기술을 활용하면 식품산업은 기존의 육류, 유제품 및 기타 육류 관련 제품을 없애고 이를 대체할 안전하고 환경에 좋은 단백질을 만들 수 있다.

환경을 파괴하는 축산업의 종말

동물 농업은 미국 온실가스 배출량의 약 8퍼센트를 차지한다. 소와 젖소는 장내 발효와 거름으로 메탄가스를 배출하고, 토지를 변화시키며, 사료 생산 및 관련 에너지와 운송을 통해 간접적으로 GHG(온실효과가스)를 배출하는 가장 큰 원천이다. 생산과 유통 추정치는 다르지만, 유엔식량농업기구 데이터는 소가 미국 동물 농업에서 배출하는 GHG의 78퍼센트를 차지한다는 것을 보여주고 있다.

리싱크X의 〈기후변화에 대한 재고〉 보고서는 식품 부문의 축산 보조금 철폐도 강조하고 있다. 농업 공정성 연합Agricultural Fairness Alliance에 따르면, 2020년 미국 정부는 농업 보조금과 구제금융에 500억 달러(약 59조 원) 이상을 지출했으며 대부분은 육류 및 유제품산업에 쓰였다.

리싱크X는 '보조금 중단으로 인한 혼란은 불가피하지만 기술만으로 순 온실가스 배출 제로를 달성하고 기후변화의 위험을 피하기는 충분하지 않기 때문에 축산업과 관련한 중대한 사회적 선택이 뒷받침돼야 한다'고 강조한다. 이와 관련해서 대체육류 개발의 중요성은 더욱 부각되고 있다.

캐서린 터브 교수와 토니 세바 교수는 "축산업은 세계에서 가장 오래되고 가장 크고 가장 비효율적인 식품 생산 시스템 중 하나다."라고 주장한다. 아울러 정밀발효를 통해 생산할 수 있는 동물성 단백질 비용이 2000년에는 1킬로그램당 100만 달러(약 11억 8,400만 원)였으나 현재는 100달러(약 11만 원)로 떨어졌다. 이 추세대로라면 2030년에는 이 동물성 단백질이 기존 동물성 단백질보다 5배 저렴하고 2035년에는 10배 저렴해진다.

미국의 리서치기관인 마켓 앤드 마켓에 따르면 글로벌 대체육류시장의 규모는 2018년 46억 달러(약 5조 4,464억 원)에 달했으나, 연평균 6퍼센트씩 성장하면서 2023년에는 63억 달러(약 7조 4,592억 원)까지 늘어날 전망이다. 특히 아시아태평양 지역의 대체육류 시장은 연평균 8퍼센트 이상의 고속 성장이 가능해서 앞으로 재래식 축산업은 위기에 처할 수밖에 없다.

리싱크X가 발표한 보고서 〈식품과 농업을 다시 생각한다 2020~2030〉에서는 2020년 주목해야 할 기술로 농축산업의 소멸을 불러올 '새로운 식품 기술'을 꼽았다. 이 보고서는 2030년 축산농가의 소멸을 예측한다. 식물성 고기든 세포농업으로 키운 배양육이든 육류를 대체하는 기술이 가격경쟁력을 가지면서 축산업과 낙농업 붕괴로 이어진다는 것이다. 2030년까지 미국의 젖소 수가 50퍼센트 감소하고, 소고기 시장 규모는 70퍼센트, 유제품 시장은 거의 90퍼센트 감소할 것임을 예측했다.

이는 비단 미국에 국한된 전망이 아니다. 한국에도 배양육이 예상보다 빨리 들어올 것으로 보인다. 이처럼 축산업의 패러다임은 필연적으로 급격한 변화를 맞을 수밖에 없고 배양육 생산비용도 점차 하락하고 있다. 축산업계가 새로운 로드맵을 짜야 할 때가 왔다.

앞으로 10년 안에 인류가 고안한 가장 윤리적이고 영양가 높으며 환경적으로 지속가능한 단백질 생산 시스템이 탄생할 것이다. 줄기세포 기반의 '세포농업'은 영양소 함량이 훨씬 높고 전통적인 가축보다 탄소 발자국이 훨씬 적은 쇠고기, 닭고기, 생선을 어디서나 생산할 수 있다. 이러한 메타 트렌드는 생명공학, 재료과학, 머신러닝, 농업정보기술의 융합으로 가능하다.

환경 비용을 획기적으로 줄이는 배양육

배양육은 세상을 완전히 변화시킬 것이다. 배양육은 기존 축산업에 비해 땅을 99퍼센트, 물을 82~96퍼센트 적게 사용하고 이 과정에서 배출하는 온실가스 또한 78~96퍼센트로 줄인다. 에너지 소비는 육류의 종류에 따라 7~45퍼센트 정도 떨어진다.

이 과정에서 생물 다양성의 위기를 극복하고 지구온난화를 늦추기 위해 필요한 충분한 숲을 제공할 수 있다. 또한 배양육은 세계 기아 문제에 대한 윤리적이고 환경적인 해결책도 되어줄 것이다. 뿐만 아니라 개개인의 건강에도 중요한 대안이 될 수 있다. 줄기세포에서 스테이크를 재배하기 때문에 유용한 단백질을 늘리고 포화지방은 줄이되, 비타민을 추가하는 등 건강한 패스트푸드를 만드는 것도 가능하다.

한편 배양육을 생산하는 데는 항생제가 필요하지 않다. 광우병과 같은 질병의 위험을 고려할 때 미래의 육류 소비는 훨씬 안전해진다. 실제로 신흥 질병의 70퍼센트가 가축에 기인하기 때문에 육류 생산 방법을 전환함으로써 전 세계 질병 부담을 줄이고 전염병의 위험도 줄일 수 있다.

2030년에는 전 세계 어디에서나 가축에서 생산한 육류보다 훨씬 더 영양가 높은 배양육을 주문형 생산 방식으로 제공받을 수 있게 된다. 쇼핑을 위해 굳이 외출할 필요도 없다. 수직 농업, 드론 배송 등으로 식자재를 문 앞에서 받을 수 있다. 이렇게 배송된 재료를 가지고 자신의 몸에 최적화된 레시피를 적용해 가정에서 3D프린터로 음식을 프린트하는 것도 가능하다.

2020년 배양육의 일인자 '멤피스 미츠'는 투자자인 소프트 뱅크, 노웨스트, 테마섹으로부터 1억 6,100만 달러(약 1,906억 2,400만 원) 규모의 B 시리즈 펀딩을 마감하면서 또 한번의 중요한 진전을 이루었다. 이 금액은 공개된 다른 모든 육류 기업의 투자액보다 더 크다.

미국 뉴욕증시에 상장해서 대박을 터트린 '비욘드 미트' 역시 식물성 단백질로 고기를 만드는 회사다. 기존의 식물성 고기와는 달리 실제 소고기와 식감이 아주 비슷한 것으로 알려져 있다. 현재 전 세계에서 가장 주목받는 대체육 스타트업으로, 2020년 4억 680만 달러(약 4,816억 5,120만 원)의 매출을 올렸고 성장세도 가파르다.

한국에서는 '셀미트'가 세포배양 기술을 기반으로 배양육 생산 기술을 개발하고 있다. 배양육 생산을 위해서 필수적인 세포배양 기술, 경제적인 세포배양액 개발을 위한 원천기술을 갖고 있으며 공학적 기술을 이용해서 부위별 고기 고유의 물리적 질감을 구현할 수 있는 기술을 완성도 있게 개발하는 중이다. 2021년 50억 원 규모의 프리 시리즈 A 투자를 유치했으며 대량생산을 위한 기술개발에 매진하고 있다.

현재 우리 정부는 재생 에너지 분야에 대규모의 투자를 하고 있는데 반해, 재생 가능한 육류 개발에는 투자가 미흡하다. 배양육 생산을 확대시키기 위해서는 각종 문제를 해결하고 효율성을 높일 지속적인 지원이 필요하다. 육류 생산의 획기적인 개선이라는 패러다임의 변화를 고려한다면 이제 정부가 나서서 중요한 역할을 담당해야 할 때다.

비행기보다 빠른
하이퍼루프 시대가 온다

"LA를 순환하는 거대한 터널 네트워크를 만들 계획이에요. 6시간이 걸리는 LA-샌프란시스코 구간을 30분 만에 이동할 수 있는 거죠. 자동차가 튜브형 터널에 진입한 후 진공 상태에서 자기장의 힘으로 최고 시속 200킬로미터로 움직일 수 있어요."

"뭐야? 또 시작이군. 언제까지 몽상에 빠져 있을 거지?"

2013년 일론 머스크가 현재의 하이퍼루프 개념을 도입한다고 했을 때 사람들은 놀라워하기보다 비아냥거렸다. 하이퍼루프 프로젝트를 진행할 회사 이름은 보링 컴퍼니로, 따분하게 사는 건 딱 질색이라는 그의 평소 모토를 담고 있다.

그로부터 6년 뒤, 머스크는 자신이 설립한 우주탐사기업 스페이스X 본사가 위치한 LA 남부 호손에서 LA 국제공항 쪽으로 설치된 1.83킬로미터의 루프에 모델X가 달리는 장면을 시연했다.

전 세계가 미래의 교통수단으로 하이퍼루프를 꼽는 이유

하이퍼루프는 완전히 새로운 개념이 아니다. 일론 머스크가 제안한 하이퍼루프의 핵심 디자인 개념은 미국의 물리학자이자 로켓 과학자인 로버트 고더드Robert Goddard가 1945년 특허를 받은 백트레인Vactrain에서 많은 영향을 받았다. 또한 하이퍼루프의 근본적인 이론은 18세기에 영국의 엔지니어 조지 메드허스트George Medhurst가 주철 파이프를 이용하여 공압으로 화물을 앞으로 당겨 운송하는 아이디어를 제안한 것에서 시작되었다. 이후로 이 이론을 공고히 하기 위한 다양한 시도가 이루어지면서 오늘날의 하이퍼루프로 진화하게 된 것이다.

하이퍼루프란, 고진공 상태의 튜브 안에서 사람과 화물을 실을 수 있는 캡슐 형태의 열차가 움직이는 이동 수단을 의미한다. 자기장을 이용해 추진력을 얻고 바닥으로 공기를 분사해 마찰력을 줄인다. 이때 필요한 전력은 튜브의 외벽을 감싼 태양광 패널로부터 얻는다. 캡슐 아랫부분에는 자석이 놓여 있고 터널 바닥에는 자기장이 흐르는데, 캡슐이 터널을 지나가는 동안 캡슐 앞쪽에서는 끌어당기는 힘이 발생하고 뒤쪽에서는 밀어내는 힘이 생겨서 이동한다.

이 터널 안은 고진공 상태라서 공기 마찰도 적다. 때문에 캡슐의 속도가 이론상으로는 보잉737 여객기의 속도인 시속 780킬로미터보다 더 빠른 1,200킬로미터에 이른다. 무엇보다 재생 에너지로 운영되는 자율주행 시스템이라서 생산비용과 운영비용을 대폭 줄일 수 있다. 이는 전 세계가 하이퍼루프에 관심을 갖고 있는 공통적인 이유다.

도심의 인구집중 현상은 전 세계의 큰 고민거리다. 사람들이 도심으로 몰릴수록 자동차는 많아지고 교통은 혼잡해지며, 미세먼지와 공해 등 환경적인 문제가 발생하기 때문이다. 그런데 도심의 복잡한 도로를 벗어나 튜브 속에서 움직이는 하이퍼루프는 이러한 문제를 단번에 해결해줄 미래의 가장 유망한 교통수단이다. 수년간 공개 테스트가 진행되면서 유력한 차세대 교통수단으로서 더욱 주목받고 있다.

누가 하이퍼루프의 미래를 끌고 갈 것인가

하이퍼루프 개발에 가장 적극적인 나라는 미국이다. 미국의 대표적인 기차인 앰트랙의 노후화가 심각하기 때문이다. 현재 미국은 신교통기술위원회를 발족해 초고속 운송 수단을 포함한 미래 교통수단에 대한 논의에 적극적이다. 2017년 연방정부는 보링사의 뉴욕-워싱턴DC 간 하이퍼루프 노선 계획을 승인했고, 각 지방 정부들이 단계적으로 규제 허가를 추진 중이다.

이외에도 미국에서는 정부의 지원하에 민간 기업을 중심으로 한 기술개발이 본격적으로 이루어지고 있다. 일론 머스크의 보링사, 항공우주 기술을 바탕으로 한 버진 하이퍼루프, 하이퍼루프 트랜스포테이션 테크놀로지 등이 주요 기업이다.

2020년, 버진 하이퍼루프는 미국 네바다주 라스베이거스에 있는 데브루프 시험장에서 최초로 유인 주행 시험에 성공했다. 탑승객은 CEO인 조시 가이걸Josh Giegel과 이사인 사라 루키언Sara Luchian으로, 이들을 태운 버진 하이퍼루프는 시속 172킬로미터의 속도로 완주했다. 테스트가 하이퍼루프의 최종 목표인 시속 1,223킬로미터보다는 현저히 낮은 속도로 진행됐지만, 유인 주행의 가장 큰 우려 사항인 안전성을 어느 정도는 검증한 셈이다.

이 테스트에 힘입어 버진 하이퍼루프는 2025년까지 안전성 검증을 마친 후, 2030년까지 28인승 하이퍼루프를 상업 운행할 것이라고 밝혔다. 관련해서 기술개발뿐 아니라 하이퍼루프 노선 건설 협정도 추진하고 있다. 미국, 유럽, 사우디아라비아, 인도 등이 협약 또는 협약 진행 중이다.

만약 성공적으로 상용화될 경우에는 뉴욕-워싱턴DC 구간은 30분(차량 이동 5시간, 비행기 1시간), 샌프란시스코-LA 구간은 35분(차량 이동 7시간, 비행 1시간) 만에 주파가 가능하다. 이를 물류 배송에 먼저 도입하면 물류창고 비용 절감과 배송 시간 단축으로 경제에 미치는 파급 효과도 클 전망이다.

하이퍼루프 트랜스포테이션 테크놀로지는 2021년 초, 하이퍼루프가 운행될 정거장과 터널 등 시설에 관한 디자인을 처음으로 공개했다. 길이는 약 32미터이며 중량은 약 5톤으로, 아랍에미리트에서 건설 중인 두바이와 아부다비를 잇는 구간의 일부를 1~2년 내에 운행할 계획이다. 특히 '팟'Pod으로 불리는 캡슐 형태의 이 열차는 강철보다 10배 이상 강하면서도 무게는 5배나 가볍고 내구성이 높은 신소재인 비브라늄을 사용해서 주목받고 있다.

이 시설은 아랍에미리트에서의 시험 운행에 성공한 후, 2023년부터는 미국 착공을 시작으로 2028년에는 운행을 시작한다는 목표를 갖고 있다. 미국에서의 운행 노선은 오하이오주의 클리블랜드에서 일리노이주의 시카고까지다. 약 506킬로미터의 거리를 31분 만에 주파하고, 매일 승객 총 16만 4,000여 명을 이동시킬 계획이다.

유럽에서는 네덜란드 기업 하르트 하이퍼루프가 대표적이다. 하르트는 하이퍼루프의 속도를 유지하면서 노선을 변경하는 기술을 고안했다. 네덜란드에 길이 30미터 규모의 테스트 시설을 마련해 세계 최초로 하이퍼루프 노선 변경 시스템을 시연했다. 기존의 노선 변경은 기차와 같이 트랙을 이동하는 방식이었으나, 하르트 하이퍼루프는 차량이 고속도로에서 요금소와 나들목을 자유롭게 드나들 듯이 고속에서 노선 내 분기를 가능하게 해서 하이퍼루프의 운용 효율을 극대화했다. 2022년까지 유럽 하이퍼루프 센터를 건설할 예정이다.

캐나다의 트랜스포드는 프랑스에 시험선을 구축하는 한편, 파리에서 마르세유까지 1시간 이내에 이동할 수 있는 하이퍼루프를 2030년에 완성하는 것을 목표로 하고 있다. 또한 유럽의 고속철도보다 30퍼센트 저렴한 하이퍼루프를 구상 중이다.

교통 혁신의 황금기를 열어나갈 하이퍼루프의 과제

　LA에서 샌프란시스코까지 갈 때 자동차로는 6~7시간, 비행기로는 1시간 정도 걸린다. 하지만 하이퍼루프를 이용할 경우 35분이면 충분하다. 서울에서 부산까지는 단 16분이 걸린다. 한편 향후 하이퍼루프의 상용화는 '라스트 마일 서비스' 등 물류·배송 부문에서도 혁신을 이끌어낼 수 있다. 배송 시간 단축과 물류비용 감축으로 미래의 운송과 물류산업 발달에도 긍정적인 영향을 미칠 것이다. 이처럼 하이퍼루프는 모든 것을 다음 단계로 이끌고 더 큰 꿈을 꾸게 한다.

　"하이퍼루프는 일상생활에서 거리의 개념을 재정립하는 것은 물론 화물과 운송업계의 탄소발자국을 줄인다. 또 이커머스 분야의 효율성을 획기적으로 올리는 등 산업계 전반의 운영방식에 혁신을 이끌어낼 수 있다." 하이퍼루프 트랜스포테이션 테크놀로지의 안드레스 드 리온Andres De Leon 대표의 말처럼 하이퍼루프는 인류의 삶을 또 다른 경지에 다다르게 할 꿈의 교통수단이다.

　하지만 상용화되기까지 넘어야 할 산도 많다. 각국의 규제는 점차 완화되는 추세지만 무엇보다 중요한 것은 '안전성'이다. 밀폐된 진공관 내 운행과 자율주행의 특성상 안전사고 및 범죄가 발생했을 때 운행을 중단하고 신속하게 대처하기가 어렵다. 이럴 경우 대형 참사로 이어질 가능성이 크기 때문에 AI 기술 적용 등 지속적인 보완 연구를 통해 문제해결 방안을 마련해야 한다.

　또 한 가지는 '경제성'이다. 신기술 분석업체인 럭스 리서치는 〈하이퍼루프 실현을 위한 기술장벽 분석〉 보고서에서 하이퍼루프 상용화의 최대 장벽은 기술이 아니라 경제성이라고 밝혔다. 이는 현재 기술 테스트를 거쳐 운행을 준비하는 관련 기업들이 안고 있는 공통적인 문제다.

머스크의 보링 컴퍼니는 2021년 6월 LA 컨벤션센터 지하에 길이 2.7킬로미터의 '컨벤션 루프'를 구축해서 콘크리트 박람회에 맞춰 승객 운송을 시작했다. 이 공사의 총 비용은 5,250만 달러(약 621억 6,000만 원)인데, 시속은 당초 머스크가 공언한 240킬로미터에 훨씬 못 미치는 64킬로미터였고 운행 구간도 짧았다. 무엇보다 수송의 효율성이 떨어졌다. 미국의 '전국도시교통관리협회'National Association of City Transportation Officials에 의하면, 버스와 철도는 차선당 각 8,000명과 2만 5,000명을 수송하고 지하철의 수송 능력은 시간당 거의 10만 명에 육박한다. 하지만 컨벤션 루프의 최대 수송 능력은 시간당 4,400명으로 종전의 운송 수단에 비해 크게 떨어진다.

각종 규제와 경제성, 안정성 등 하이퍼루프가 해결해야 할 과제는 적지 않다. 하지만 기후변화로 인한 위기와 탄소배출을 줄이려는 정부의 절박함이 커질수록 지원은 늘어날 것이며, 기업들의 노력도 가속화되어 개발 속도는 빨라질 것이다. 하이퍼루프가 새로운 운송 역사를 써나갈 차세대 교통수단이라는 점은 부인할 수 없다.

한국의 경우 부산이 하이퍼루프 선도 도시를 꿈꾸고 있다. 서울과 부산을 잇는 하이퍼루프가 논의 중인데, 이외에 한일 해저터널에 하이퍼루프를 도입해야 한다는 의견이 수면 위로 떠올랐다. 하이퍼루프가 도입된다면 한일 해저터널이 가진 한계를 뛰어넘을 수 있기 때문이다. 한

일 해저터널은 부산·거제도에서 대마도를 거쳐 일본 규슈 사가현 가라쓰시를 잇는 코스로, 이 해저터널이 생기면 일본에서 러시아까지 철도로 달릴 수 있다.

그런데 한일 해저터널의 길이는 영불 해저터널 전체 길이의 4배가량으로 건설비는 최소 60조 원에서 최대 200조 원 정도로 추정되어 경제성에서 제동이 걸리고 있다. 하지만 하이퍼루프가 도입될 경우 건설비용을 획기적으로 줄일 수 있다. 무엇보다 '일본에게 대륙 진출의 길을 터주는 꼴'이라는 정치적, 역사적 난제도 해결 가능하다. 부산이 유라시아철도의 시발점이자 종착지가 될 수 있기 때문이다.

하이퍼루프에서 시작된 미래 교통에 대한 상상은 이제 바다 건너 땅과 땅을 잇는 해저터널에까지 닿고 있다. 이렇게 하이퍼루프가 곳곳에서 상용화되면 공항은 서서히 소멸될 수 있으며, 인류의 삶에도 혁신적인 변화가 일어날 것이다.

STATE OF THE FUTURE

제6장 □

M E T A   S A P I E N S

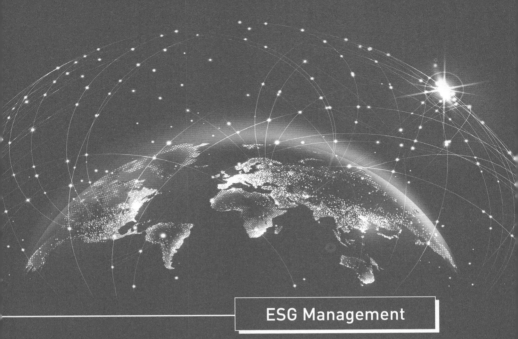

ESG Management

기업의 미래를 위한
ESG 생존 전략

2021년 7월 CNN은 놀라운 내용의 뉴스를 보도했다. 이상 고온으로 단 하루 동안 그린란드의 얼음 85억 톤이 녹아내렸다는 것이다. 이는 미국 플로리다주 전체를 약 5센티미터가량 물로 뒤덮을 수 있는 양이라고 한다. 사상 초유의 폭염과 100년 만의 대홍수, 도시와 숲을 집어삼키는 모래폭풍과 산불…. 각종 기상 이변으로 지구는 공포에 떨고 있다. 기후의 안정성이 급격히 붕괴되면서 벌어지는 기후변화의 역습은 세계 곳곳을 파괴하고 있으며, 경제 환경과 금융시장까지 덮치는 상황이다.

글로벌 재보험사 스위스리는 한 보고서를 통해 2020년 전 세계 보험사들이 자연재해와 인재로 총 830억 달러(약 98조 2,720억 원)의 손실을 입었다고 추정했다. 이는 2019년보다 32퍼센트나 늘어난 금액이다. 일례로 미국은 캘리포니아주와 오리건주 등에서 800건 이상의 산불이 발생해 수십억 달러의 보험금 청구가 있었다. 2021년 2월에는 사상 초유의 한파가 덮쳐서 정유설비와 반도체 등 주요 생산설비가 가동을 멈추기도 했다.

코로나19는 언젠가 종식되겠지만 기후변화는 그렇지 않다. ESG경영이 '선택'이 아니라 '필수'인 이유가 여기에 있다. 앞으로 기업들은 탄소 대전환 경영, 나아가 탄소중립 목표를 이루기 위해 사업의 형태를 바꿀 것이고 전 세계는 '신기후체제'에 돌입할 것이다.

기후 위기가 불러온
세계 경제의 신 패러다임

"지구 종말을 보는 것 같았습니다."

"땅속 불길이 끊임없이 살아나 숲을 집어삼키더군요. 숲은 화약고였습니다."

최근 일어난 전 세계적인 산불을 목격한 이들의 말이다. 2021년 상반기, 지구 곳곳은 불에 타들어갔고 매캐한 연기와 유독가스에 점령당했다. 미국과 캐나다 서부의 산불, 스페인 카탈루냐주 헤로나의 산불을 비롯해 '얼어붙은 땅' 시베리아까지 불탔다. 러시아 극동연방지구 사하공화국의 수도 야쿠츠크를 덮친 화염은 대재앙 수준이었다. 250건의 산불이 발생해 룩셈부르크 면적의 2배가 순식간에 잿더미가 되었다.

이 산불로 인해 오존, 벤젠, 암모니아 등의 화학물질과 유독가스가 배출되었는데 이는 도시에서 발생하는 것보다 많은 양이다. 뿐만 아니라 '세계보건기구'World Health Organization가 제시한 안전 기준의 40배를 웃도는 초미세먼지도 대량 발생했다. 이는 체내에 흡수되면 장기를 손상시키는 치명적인 양이다.

이러한 산불의 원인은 다름아닌 지구온난화다. 세계에서 가장 추운 도시인 야쿠츠크는 한겨울 기온이 영하 50도 이하인데, 지구온난화로 인해 여름 기온이 세계 평균보다 2.5배 빠르게 상승하고 있다. 이번 산불도 폭염과 가뭄에 의해 건조해진 날씨가 마른번개를 만나 생긴 결과다.

세계를 멈추게 하는 기후 위기, ESG를 가속화시키다

이는 지구 전체에도 파괴적인 영향을 끼친다. '유럽연합'European Union(이후 EU로 표기) 산하 '코페르니쿠스 대기 모니터링 서비스' 관측 결과를 보면, 사하공화국 산불로 발생한 이산화탄소 총량은 65메가톤으로 지난 17년간의 배출 평균치를 크게 웃돈다. 이산화탄소는 지구온난화를 가속화시키고, 이상 고온은 산불을 일으키고, 산불은 영구동토층permafrost을 녹여 그곳에 저장된 온실가스를 대량 배출한다. 이 악순환의 고리를 끊지 않으면 지구는 점점 더 타들어갈 것이다. 그리고 대기오염에 의한 지구 종말을 일컫는 '에어포칼립스'airpocalypse를 머잖아 목도하게 될지도 모른다.

코로나 팬데믹으로 전 세계 경제가 위축되었듯이 기후 위기로 인한 산불과 폭염, 홍수 등의 자연재해도 경제에 치명적인 영향을 미친다. 인명 피해는 물론이거니와 주요 도심의 도로, 철도, 교량 등 인프라도 훼손되어 산업 전반의 활동이 위축될 수밖에 없다. 나아가 기후 위기는 경제 위기뿐 아니라 인류의 지속가능한 생존까지 위협하기 때문에 기업은 더 이상 이 문제에 침묵할 수 없다.

미 연준은 이미 기후변화를 경제 리스크의 요인이자 2008년 금융위기에 준하는 위협으로 인식하기 시작했다. 기후변화가 경영환경을 교란시키고 경제의 저효율에 치명적인 영향을 미칠 뿐 아니라, 금융시장 및 기업의 신용도에 손실을 끼치는 주요 요인이 된다고 판단한 것이다. 이와 관련해서 기후변화 위험에서 금융시스템을 보호하기 위해 '금융안정기후위원회'Financial Stability Climate Committee (이후 FSCC로 표기) 신설 계획을 발표했다. FSCC는 기후변화가 연준의 감독을 받는 금융기관들에 어떤 식으로 체계적인 위험을 주는지 살피는 역할을 한다.

지금까지 기업의 경영활동은 매출과 이익 확대가 핵심이었다. 하지만 달라진 경영환경에 따라 기업들은 지속적인 성장의 한계에 직면해 있다. 재무적 가치에 비해 상대적으로 덜 중요하게 여겨지던 영역들이 예기치 못한 리스크로 떠오르며 기업에 막대한 손실을 주는 상황이다. 코로나 팬데믹과 기후 위기, 각종 사회 문제 등 이제는 외부 환경이 장기적 관점에서 기업의 가치와 지속가능성에 더 큰 영향을 주는 시대가 되었다. 다시 말해 ESG경영의 시대가 도래한 것이다.

기업 가치의 뉴 패러다임, ESG란 무엇인가

ESG는 기업이 환경 Environment, 사회 Social, 지배구조 Governance를 스스로 보호하고 관리하는 방식을 일컫는다. 이제 기업들은 이러한 비재무적인 요소를 통해 지속가능한 성과를 창출해나가야 할 책임이 있다.

먼저 환경을 뜻하는 약자 'E'는 기후변화가 금융위기를 촉발하는 '그린 스완'의 원인이 될 수 있다는 점에서 관심이 커졌다. 기업이 기후 위기 및 탄소배출과 관련해 어떤 역할을 해야 하는지 파악하고 실천하게한다.

사회의 약자 'S'는 인권과 노동, 공급망 관리와 사회적 책임 등 기업의 비재무적 요소 그 자체를 일컫는다. 1996년 일어난 나이키 불매운동을 그 예로 들 수 있다. 파키스탄의 나이키 축구공 제조공장에서 공을 만들던 소년이 받은 돈은 공 하나당 100원에서 150원으로 축구공 가격에 비하면 턱없이 적은 액수였다. 아이들의 꿈을 상징하는 축구공이 아동 착취의 대상이라는 사실이 알려지자 미국의 시민단체들은 나이키 불매운동을 전개했다. 이로 인해 나이키의 매출은 절반으로 떨어졌고 주가도 동반 폭락했다.

이후 백악관에서는 세계적인 인권·노동의 원칙을 마련했으며, 1998년 '국제노동기구' International Labour Organization에서는 강제 노동과 아동 노동의 폐지를 비롯한 4대 원칙을 발표했다. 이는 오늘날 ESG 중 S의 노동 부문에서 글로벌 가이드라인으로 작용하고 있다. 이처럼 기업의 사회적 책임을 강조하는 S는 갈수록 중요해지는 추세다.

'G'는 기업의 지배구조를 일컫는데 기업이 해야 할 일을 제대로 하는지를 평가하는 것이다. 경영진, 주주, 이사회가 사적 이익을 취하는 경영자들로부터 모든 투자자를 보호할 수 있도록 보장하는 것을 의미한다. '세계경제포럼'World Economy Forum은 ESG 중 거버넌스를 지속가능경영을 위한 첫 번째로 요소로 꼽았다. 그 이유는 거버넌스가 제대로 구축되어 있지 않은 기업은 조직 내에서부터 리스크가 발생할 위험이 높기 때문이다.

대부분의 ESG 평가기관들이 거버넌스를 중시하는 이유도 이것이 '리스크'의 요체이기 때문이다. 이와 관련해서 S&P는 '형편없는 기업 거버넌스 관행이 기업 스캔들의 핵심을 차지하고 있기 때문에 의사결정 과정에서의 거버넌스 리스크와 기회 요인을 이해하는 것이 매우 중요하다'고 강조했다.

더 나은 미래 ESG, 어떻게 탄생했는가

ESG라는 용어는 2003년 '유엔환경계획 금융이니셔티브'United Nations Environment Programme Finance Initiative에서 가장 먼저 사용했다. 이후 2005년 '유엔글로벌콤팩트'UN Global Compact에서 공식 용어로 제시되었으며, '유엔책임투자원칙'United Nations Principles for Responsible Investment(이후 UN PRI로 표기)을 통해 보다 구체화되었다.

2006년 UNGC와 UNEP FI는 공동으로 UN PRI를 제정했다. 이는

ESG를 고려해 투자 결정과 자산운영을 하겠다는 것인데, '책임 투자를 위한 6가지 원칙'으로 이루어져 있다. 이 투자원칙은 투자 분석과 투자 의사 결정에 ESG를 반영하고, ESG를 주주권 행사에 활용하며, ESG 정보 공개를 요구한다는 등의 내용을 포함한다. 2021년 1월 기준, UN PRI에 가입 서명한 기관은 3,615곳에 달하며 한국에서는 국민연금을 비롯해서 11개 사가 가입되어 있다.

ESG의 근원은 산업혁명 시대로까지 거슬러 올라간다. 그 당시 일산화탄소와 아동 노동이 이슈가 되면서 전 세계적으로 기업 경영이 환경과 사회에 해를 끼쳐서는 안 된다는 점에 공감대가 형성됐다. 이후 환경경영, 윤리경영, 지속가능경영 등이 강조되면서 글로벌 규약도 제정됐다. ESG는 이러한 지속가능경영과 사회적 책임이 단계별로 진화하고 규범화된 제도라 볼 수 있다.

ESG의 핵심은 지속가능성이다. 이는 현세대가 미래 세대의 경제·사회·환경 자원을 낭비하거나 고갈시키지 않기 위해 노력하면서 상호 조화와 균형을 이루는 것을 의미한다. 이 3가지 요소 중 한 가지라도 여건이 저하되면 지속가능한 경영을 하기 어렵다. 달리 말해 과거의 성공 방정식이 더 이상 통하지 않는 '제로 성장의 시대'에 접어들었다는 뜻이다. 때문에 비재무적 요소들이 리스크가 되어 기업에 큰 손실을 안겨주는 실정이다. 이런 상황에서 ESG는 지속가능성을 담보하는 가장 중요하고도 미래지향적인 경영방식이라 할 수 있다.

전 세계적 차원에서 지속가능성이 주요 의제로 등장한 것은 1987년 '유엔환경계획'United Nations Environment Programme(이후 UNEP로 표기)이 채택한

〈브룬트란트 보고서〉다. 이 보고서는 환경과 개발 문제를 포괄해서 지속가능한 개발을 장기적이고 범지구적인 의제로 공식화시키는 데 주요한 역할을 했다. 이후 미국 알래스카만에서는 엑손 발데즈호의 원유가 유출되는 사고가 있었다. 그리고 이는 기업이 환경과 사회에 지대한 영향을 미친다는 사실을 제대로 인식하고 개선하기 위해 노력해야 한다는 '발데즈 원칙'이 발표되는 계기가 되었다. UNEP가 이를 후원하면서 ESG에서 중요한 역할을 하는 글로벌 이니셔티브가 만들어지게 된 것이다.

이후 1992년 178개국 정상들이 참여한 환경과 개발의 양립을 위한 '리우 선언'에는 세계 3대 환경 협약이 포함됐다. 이 협약은 오늘날 ESG 중 E 영역의 글로벌 가이드라인에 해당한다. 또한 지구온난화 방지를 위한 국제협약인 '기후변화협약'United Nations Framework Convention on Climate Change은 교토의정서에서 파리기후변화협약으로 이어지면서 기후변화와 환경의 주요 이슈를 반영하고 있다.

오늘날 기업의 지속가능경영 보고서에 대한 가이드라인은 '글로벌 보고 이니셔티브'Global Reporting Initiative(이후 GRI로 표기)에서 발표하고 있다. GRI는 2016년에 글로벌 지속가능성 보고 표준인 'GRI스탠더드'를 정립했다. 이보다 앞서 2000년에는 GRI 가이드라인(G1)을 발표했는데 이는 지속가능 보고를 위한 최초의 글로벌 프레임워크다. 현재 전 세계에서 1만 5,402개의 조직이 GRI 가이드라인에 따라 지속가능경영 보고서를 발간하고 있다.

넥스트 팬데믹은 기후변화에 따른 '탄소 전쟁'이다

"흑인 대학과 협력해 전국에 학습 허브 100여 곳을 설립하는 등 인종 차별 해소를 위해 1억 달러(약 1,184억 원)를 투자하겠다."

2021년 1월, 전기차 이슈로 전 세계의 이목이 애플에 집중되어 있을 때 CEO 팀 쿡이 발표한 것은 애플카 협력사도 신형 아이폰에 대한 전망도 아니었다. 팀 쿡은 인종차별 해소 프로젝트에 관한 애플의 지원 내용을 밝혔다. 즉 애플의 ESG경영 방안이었던 것이다.

프로젝트 'REJI'Racial Equity and Justice Initiative의 주요 내용은 무엇일까? 미국 전역의 흑인 대학을 위한 첫 번째 교육 허브인 '프로펠 센터'를 구축하고, 디트로이트 지역 학생들에게 코딩과 테크 교육을 제공하는 '애플

디벨로퍼 아카데미'를 설립하는 것이다. 아울러 유색 인종 기업인을 위한 자금 마련 벤처 캐피탈 펀드 등도 이 프로젝트에 포함되었다.

또한 국제보존협회 및 골드만삭스와 협력해 2억 달러(약 2,368억 원) 규모의 복원 기금을 조성하기로 결정했다. 이 기금은 산림 프로젝트에 투자해서 탄소를 제거하고 투자자에게 수익을 돌려주는 방식으로 운용된다. 애플은 2030년까지 탄소중립을 달성하기 위해 제조 공급망과 제품에서 발생하는 탄소배출량의 75퍼센트를 감축하고, 복원 기금을 활용해서 대기 중 탄소를 제거함으로써 나머지 탄소배출량도 해결할 계획이다. 그동안 ESG경영에 대해 구체적인 방안을 제시하지 않았던 애플이 2021년 들어서 다양한 계획을 발표한 이유는 무엇일까?

코로나 팬데믹 후 몰아닥칠 경제주도권 싸움

파리기후협약Paris Climate Change Accord에서 정한 온실가스 감축 등의 목표 기한인 2030년이 얼마 남지 않았다. 파리기후협약은 2015년 12월 파리에서 열린 21차 유엔 기후변화협약 '당사국총회'Conference of the Parties21 본회의에서 195개 당사국이 채택한 협정이다. 버락 오바마 전 미국 대통령 주도로 체결된 협정으로, 산업화 이전 수준 대비 지구의 평균온도가 섭씨 2도 이상 상승하지 않도록 온실가스 배출량을 단계적으로 감축하는 내용을 담고 있다.

EU는 이 목표를 달성하기 위한 일환으로 탄소중립을 위해 세금을 강화하겠다는 초강수를 두었다. 2021년 EU 집행위원회는 2030년 온실가스 배출량 55퍼센트 감축을 위한 전략 패키지 '핏 포 55'Fit for 55를 발표하고, 화석연료 퇴출 등 기후변화에 대응하기 위한 강력한 의지를 표명했다. 이 선언의 핵심은 '탄소국경세'라고 불리는 '탄소국경조정제'Carbon Border Adjustment Mechanism다. EU는 이를 통해 역내로 수입되는 제품의 탄소 함량을 조사해, 역내 생산 제품보다 탄소배출량이 많은 제품에 대해 2026년부터 관세를 부담시킬 예정이다. 2035년부터는 내연기관 자동차 판매도 사실상 금지된다. 이와 관련해서는 중국과 러시아가 가장 큰 타격을 받을 것으로 예상되는데 한국 산업계에 미칠 영향도 적지 않다. EU가 탄소국경세 도입 의사를 밝힌 뒤, 미국 정치권에서도 탄소국경세 도입을 검토해야 한다는 의견이 나오고 있다.

사실 유럽의 '핏 포 55'는 세계무역질서를 재편하고자 하는 유럽의 의도가 다분히 담겨 있다. 연간 100억 유로(약 13조 7,900억 원)에 달하는 세금을 거둬들여 유럽 기업을 보호하고 막대한 재정지출을 메우겠다는 것으로, 기후 위기 대응을 명분으로 탈탄소 경제주도권을 확보하겠다는 EU의 속내가 엿보이는 대목이다. 이에 대해 다른 국가들은 우려와 비판의 목소리를 높이고 있으며 보복 조치를 감행할 가능성도 커지고 있다. 이처럼 탄소국경세를 두고 각국은 저마다 속내와 의도를 숨긴 채 대응하고 있는 실정이다.

재닛 옐런Janet Yellen 미국 재무장관도 기후변화에 대응하기 위해 국제기구와 금융기관들이 적극적인 행동에 나서야 한다고 압박했다. 금융기관들이 기후변화에 따른 금융 안정성 리스크를 제대로 평가하고 있는지에 대해 심사하겠다는 것이다. 이는 조 바이든 대통령이 2030년까지 미국의 탄소배출량을 2005년 대비 50퍼센트 수준으로 감축하겠다고 공약한 내용을 실천하기 위한 방안 중 하나다.

산업 분야뿐 아니라 금융 분야에서도 새로운 프레임이 필요함을 강조했다는 점에서 특히 주목받고 있다. 실제로 미국의 금융당국은 ESG 경영을 잘하는 회사에 돈이 몰리도록 금융 규제도 바꾸고 있어서 향후 투자 지형의 지각 변동은 불가피할 전망이다. 이제 기업들은 ESG 투자에 울고 웃을 수밖에 없는 실정이다.

코로나19 팬데믹에서 벗어난 후에 세계 경제를 기다리고 있는 것은 기후변화에 따른 신新경제 전쟁이다. 팬데믹이 어느 정도 정리될 즈음이면 기업들의 존폐가 갈리고, 실업난과 부의 양극화 등 각종 경제의 민낯이 드러날 것이다. 동시에 이 전쟁에서 승기를 잡기 위한 강대국과 글로벌 기업들의 기싸움은 본격화된다.

전 세계가 직면한 위기를 극복하기 위한 자본주의 리셋

코로나 팬데믹을 거치면서 전 세계의 국가부채는 국내총생산 GDP, gross domestic product을 넘어서 제2차 세계대전 이후 최대 규모까지 불어났다. 그럼에도 불구하고 일부 국가들은 더 많은 돈을 차입해 정부 지출을 늘리고 있다. 이는 국가부채에 대한 인식 변화와 고도의 경제성장이 부채 증가에 따른 부작용을 상쇄시킬 수 있다는 낙관론에서 비롯된 결과다.

하지만 국가부채가 인플레이션과 채무불이행, 즉 디폴트 사태를 초래할 수 있음을 간과해서는 안 된다.

〈파이낸셜 타임즈〉에 따르면, 미국은 의회가 부채한도를 높이지 않으면 2021년 하반기 채무상환에 필요한 정부 현금이 고갈될 위기에 직면해 있다고 보도했다. 미국의 재정부채는 2021년 7월 28조 5,000억 달러(약 3경 3,000조 원)에 육박했다. 재무부는 디폴트를 피하기 위해 세입과 세출을 조절하는 이례적 조치를 취하고 있다. 하지만 의회예산처 Congressional Budget Office 는 이러한 조치로 마련된 자금도 예상보다 빨리 소진될 것이라며 우려를 표했다.

이처럼 코로나19 구제와 경기 회복을 위한 현금흐름을 둘러싼 불확실성은 갈수록 커지고 있다. 더 큰 문제는 이 모든 것이 이미 진행 중인 기후와 사회 위기를 더욱 악화시킬 것이라는 점이다. 일부 국가에서는 코로나19 위기를 환경 보호를 비롯한 ESG 집행을 약화시키는 변명의 도구로 사용했다. 그 과정에서 억만장자들의 부는 천문학적으로 증가했고, 사회 곳곳의 불평등은 해결되지 못한 채 세계는 덜 지속가능하고 덜 평등하며 더 취약하게 변하고 있다.

최악의 시나리오를 막기 위해서는 세계의 경제 및 사회 시스템을 완전히 새롭게 바꿔 기반을 다시 구축해야 한다. 이것이 ESG를 메가 트렌드로 안착시킨 이유이며 재앙적 결과를 피하기 위한 마지막 조치다. 지금까지 기업은 영리를 최우선 목표로 삼았다. 그러나 이제 기업들은 영업이익이 아니라, 기후변화를 막고 공정한 사회를 만드는 것을 주요 목표로 두고 구체적으로 행동해야 한다.

세계경제포럼의 수장인 클라우스 슈밥은 다보스포럼에서 "이제 기업은 주주뿐만 아니라 모든 이해 관계자, 즉 국민에게 환경보존과 사회복지 서비스를 제공해야 한다."고 주장했다. 이를 위해 자본주의는 '거대한 리셋'을 감행해야 한다. 시장은 공정한 성과의 장이 되어야 한다. 투자는 세계적인 불평등 및 기후 위기를 해소하기 위해 노력하는 기업을 중심으로 이루어질 것이다. 이를 위해 각 기업은 ESG 위원회를 설립해 구체적인 노력을 기울임으로써 지속가능 보고서에 실질적인 결과를 담아내야 한다. 이것은 해당 기업뿐 아니라 전 세계의 자본주의를 살려내는 방법이기도 하다.

ESG 평가,
지속가능한 가치 창출의 도구인가

"ESG요? 기업 생존의 필수 요건이죠. 투자자가 기업의 가치를 평가하는 주요 요인이고요. 그런데 평가기관이 너무 많고 그 기준도 정해지지 않아서 혼란스럽습니다."

"ESG 평가 사업에 여러 사업자가 참여하고 있습니다. 그런데 평가기관마다 제시하는 점수가 달라요. 그래서 ESG 전략을 수립하는 데 애를 먹고 있다니까요."

경영 현장에서 ESG 관련 업무를 하는 담당자들의 공통적인 고민거리다. ESG 관련 정보 수요는 급격히 증가하고 있지만, 평가기관마다 평가 기준이 다르고 기구별 보고 기준도 제각각이라 기업과 투자자 및 실무자에게 혼란을 주고 있다. 이러한 혼란은 ESG경영 활성화를 가로막는 걸림돌이다.

현재 ESG 평가 기준은 전 세계 70개국에 약 360개 정도가 있다. 해외에는 MSCI의 ESG Leders 지수, DJSI의 S&P ESG 지수, FTSE4Good, 서스테이널리틱스Sustainalytics 등이 있다. 국내에는 '한국기업지배구조원'Korea Corporate Governance Service, 서스틴베스트, 대신경제연구소 등이 기업의 ESG경영을 평가하고 있다. 문제는 이들 기관마다 평가 기준과 공시방식 등이 다르다는 점이다.

기업 가치 평가 기준, 기울어진 운동장인가?

최근 들어 ESG는 반드시 지켜야 하는 기업공개 시스템으로 받아들여지는 추세다. 기업공개를 위해 전 세계적으로 인정되는 이 시스템은 비즈니스의 연속성을 가능케 하고 세계를 상호 연결하는 데 있어 중요한 통찰력을 제공한다. 우리나라도 2025년부터 자산 2조 원 이상의 상장사에 ESG 공시를 의무화하고, 2030년부터는 모든 코스피 상장사의 ESG 공시를 의무화할 예정이다. 이처럼 ESG는 기업의 가치평가 기준으로 자리 잡아가는 중이다.

컨설팅업체와 언론사 등도 ESG 평가 사업에 참여하고 있다. 대표적으로 미국 〈월스트리트저널〉은 세계 5,000개 기업을 대상으로 ESG 수준을 평가한 뒤 '100대 지속가능기업'을 선정해 발표하고 있다. 앞서 말했듯 수많은 기관이 기업의 ESG 환경 평가에 나서고 있지만 평가 지표와 범위가 상이하다는 문제가 있다.

모건스탠리의 경우 '트리플C'부터 '트리플A'까지 7단계로 나눠 점수를 주는 반면, 톰슨 로이터는 12단계, 모닝스타는 5단계로 나눈다. 즉 같은 '5점'을 받아도 기관에 따라 해석과 평가가 달라질 수 있다. 미국 MIT의 연구에 따르면, MSCI와 톰슨 로이터의 ESG 평가 상관계수는 0.38에 불과하다. 그만큼 업종 분류 기준, 사용 데이터, 평가 방법 등이 기관마다 제각각이라는 의미다.

가령 테슬라는 MSCI에서는 중상위 그룹인 A등급을 받았지만, 저스트 캐피털에선 하위 10퍼센트 그룹으로 분류된다. MSCI는 테슬라의 친환경 에너지 정책에 큰 가점을 줬지만, 저스트 캐피털은 고객 응대나 안전사고 문제 등 'S' 요소가 다른 기업에 비해 부족하다고 판단했다. 한국의 대표적인 플랫폼 기업인 네이버를 살펴보면, 2020년 한국기업지배구조원에서 7단계 중 A등급(두 번째로 높은 등급)을 받았고 MSCI에서도 세 번째로 높은 등급인 A등급을 받았다. 하지만 S&P는 'S&P가 요구한 설문에 참여하지 않았다는 전제하'에 100점 만점에 10점을 부여했다. 이처럼 평가기관에 따라 결과는 천지 차이다.

오늘날 글로벌 기업과 금융기관이 가장 많이 활용하는 지표는 MSCI의 ESG 평가다. 평가기관 중 700개 안팎으로 가장 많은 기초 데이터를 활용한다. MSCI는 기업을 산업 분류에 따라 에너지·소재·금융·정보기술 등 11개의 대분류로 나눈 뒤 다시 세부 산업군으로 나누어 가중치를 부여해 등급을 정한다. 전문가들은 MSCI의 평가방식이 복잡해서 탄소배출량 등 주요 개별 지표의 변별력이 생각만큼 높지 않다고 평가한다. 또한 글로벌 평가기관들은 헤지펀드의 이해관계를 반영하고 있다는 점도 무시할 수 없다.

MSCI의 평가에서는 매출이 급성장하는 기업도 좋은 점수를 받기 어렵다. 탄소배출량 감소를 평가할 때 '배출 총량' 지표를 쓰기 때문인데 생산량이 늘어 공장 가동률을 높인 기업은 불이익을 당할 수밖에 없다. 그래서 일찌감치 ESG경영 평가를 시작한 유럽 기준으로 살펴보자면, 한국 기업은 국제 평가를 받는 데 상당히 불리하다. 중공업 의존도가 높아 환경오염 논란에서 자유로울 수 없기 때문이다.

특히 한국은 인구 대비 오염물질 배출량이 중국보다도 많고, 그린 에너지 연구개발 투자 비용도 유럽에 비하면 뒤처진다. 사회공헌에 있어서도 기부 활동에 집중하는데 이 역시 국제사회에서는 약점이다. 해외 평가기관은 이 부문보다는 환경 부문 가중치가 높기 때문이다. 이러한 이유로 한국 기업은 작은 스캔들도 치명적인 악재로 작용하거나 애써 노력한 ESG경영활동이 저평가받는 경우가 있다. 이처럼 한국의 사회적 맥락을 고려하지 않은 글로벌 평가 기준을 그대로 가져다 쓰면 국내 기업은 불리할 수밖에 없다.

그렇다면 한국의 평가기관은 어떨까? 국내 비즈니스 환경에 정통한 장점이 있지만 조직 역량 측면에서는 한계가 있다. 일단 조사의 충실도가 글로벌 평가기관을 따라가기 힘들고 'E'의 경우 데이터 수집이 어렵고, 'S'는 기준의 적절성 논란이 있어서 상대적으로 덜 반영하는 측면이 있다. 기관마다 서로 다른 결과가 나오는 상황을 감안해서 어떤 기관의 평가에 중점적으로 대응할지 전략을 세울 필요도 있다.

ESG 평가, 리스크 최소화를 염두에 두고 '사람'에 집중하라

　전 세계는 오랫동안 기후변화와 자원 제약, 경제적 불평등과 인종적 불의에 이르기까지 사회·환경적 도전과 관련된 위험과 기회를 효율적으로 공유할 체계를 갖추지 못했다. 그래서 ESG 평가를 통해 일관되고 포괄적인 기업공개 시스템을 갖출 필요가 있다. 이는 기업이 지속가능한 가치를 창출하는 것은 물론, 그것을 측정하고 전달하는 데 유용한 도구로서 기능한다. 나아가 비즈니스가 운영되는 세계 간의 중요한 상호 연결고리가 된다.

　앞서 언급한 평가기준이 지닌 문제점은 차츰 개선될 것이다. 그 과정에서 중요한 것은 글로벌 일관성을 달성하고 복잡성을 줄여나가는 데 있다. 너무 많은 경쟁 표준, 프레임워크 및 이니셔티브가 시장을 발전시키는 데 장애물이 되어서는 안 된다. 평가를 위한 평가와 그로 인한 경쟁은 혼란을 가중시킬 뿐이다.

　안드레스 기랄Andres guiral 연세대학교 경영대학 부학장은 "상징적인 활동보다는 실제 가치를 창출할 수 있는 실질적인 활동을 평가해야 한다."고 강조한다. 평가기관의 점수에 의존하기보다는 핵심 비즈니스에 초점을 맞춰서 제품의 품질과 소비자의 만족도를 높이는 것이 중요하다는 것이다. 아울러 직원들의 만족도를 높일 경우에 더 좋은 평가를 받을 수 있다는 조언도 덧붙였다. 기업의 ESG 활동이 부수적인 사업으로 여겨져서는 안 되며 핵심 사업과 연계돼야 한다는 지적이다.

이처럼 기업의 ESG 전략은 단순히 규제에 대응하는 수준을 넘어 새로운 제품과 기술로 이어질 때 더 높은 수준의 ESG경영의 실현이 가능하다. 정부 규제와 투자자들의 요구에 억지로 등 떠밀려 ESG경영을 하는 게 아니라, 제품 및 서비스 혁신을 통해 ESG를 경영의 핵심 원칙으로 받아들이는 기업만이 살아남을 수 있다.

오늘날 ESG는 민간이 주도했고 ESG 평가도 민간과 시장이 주체다. 민간 ESG 평가기관이 난립하고 있지만 이 또한 시장이 해결할 문제다. 우리는 이미 기업이 지속가능한 가치 창출을 측정하고 전달하는 데 유용한 도구가 필요하다는 확신을 공유하고 있다. 이제는 함께 노력하면서 서로의 목표를 일치시키기 위한 연대를 강화해나가야 할 때다. 보다 지속가능하고 탄력적인 미래로 시장을 이동시키기 위해서는 개인의 야망을 ESG 집단행동으로 전환해야 한다.

지속가능한 성장은
ESG의 진정성에 달렸다

2021년 7월 현대차그룹은 5개 계열사가 2050년까지 'RE100'을 달성하겠다고 선언했다. 사용전력량의 100퍼센트를 풍력과 태양광 등 재생 에너지로 조달하겠다는 것이다. 하지만 그린피스는 "현대차의 2050년 목표 연도는 '마감 기한에 맞춘' 한가롭고 게으른 목표다."라고 지적했다. RE100에 가입한 글로벌 기업들의 평균 목표는 2028년으로 현대차보다 무려 23년이나 앞서 있기 때문이다.

'그린워싱'Greenwashing 논란은 ESG 투자가 전 세계적으로 본격화되면서 동시에 생긴 부작용이다. 기업이 자사의 친환경적인 면을 실제보다 과장해서 홍보하는 것은 결과적으로는 신뢰도를 떨어뜨리는 행위다.

결국 ESG경영의 관건은 '진정성'이다. 실질적이고 근본적인 개선 없이 기업의 이미지 홍보 수단으로 활용하는 데 그친다면 투자자들에게 외면당하고 만다. ESG 열풍은 일시적 유행이 아니라 돌이킬 수 없는 변화의 시작이다. 따라서 어설프게 뒤따라가며 흉내만 낸다는 것은 치명적인 실수를 자처하는 셈이다.

투자회사 제너레이션 인베스트먼트 매니지먼트의 보고서도 그린워싱의 위협을 우려하고 있다. 엘 고어 전 미국 부통령이 회장을 맡고 있는 제너레이션 인베스트먼트 매니지먼트는 트렌드 보고서를 통해 "너나 할 것 없이 탄소 제로, 환경 친화, 재생 농업 등을 약속하고 있지만 실제로 높은 수준의 친환경을 달성할 수 있을지 의문이다."라고 지적했다. 대부분의 기업들이 장기적인 관점에서 친환경 약속을 하고 있지만 이를 달성할 구체적이고 단기적인 실천 계획은 부족하기 때문이다.

ESG 최고 평가 기업은 어떤 노력을 기울이고 있는가

글로벌 기업 중 ESG 점수가 가장 높은 곳은 어디일까? 바로 마이크로소프트다. 마이크로소프트는 2017년부터 지금까지 MSCI의 평가에서 최고 등급을 받았고, S&P ESG 지수와 FTSE4Good에서도 최상위권에 속한다. 마이크로소프트가 이런 평가를 받은 이유는 탄소 저감의 모범 사례로 꼽히기 때문이다.

마이크로소프트는 2019년부터 기업 운영 과정에서 생긴 탄소배출량

보다 더 많은 탄소를 대기 중에서 없애겠다는 목표를 세웠고, 실제로 탄소배출량을 전년 대비 6퍼센트(약 73만 톤)가량 줄였다. 세계 각지의 데이터센터와 건물에 쓰이는 에너지를 재생 에너지로 전환한 것이 주효했다. 2025년 내에 데이터센터와 기타 설비에 공급하는 전력을 100퍼센트 재생 에너지로 쓸 계획도 세웠다.

2018년부터는 스코틀랜드 오크니섬 인근 바다에서 해저 데이터센터를 시험 가동했다. '프로젝트 나틱'이라 불리는 이 실험은 북해의 차가운 바닷속에 데이터센터를 집어넣어 자연 냉각이 가능하게 하고, 데이터 입출력과 연산에 필요한 전력은 조력과 파력 발전으로 조달했다. 현재는 스코틀랜드 실험의 12배 규모인 상용 해저 데이터센터 설치를 준비하고 있다. 그 외에 '수자원 포지티브' 프로젝트도 운영 중인데, 전 세계 구글 캠퍼스에서 사용하는 물의 양을 줄이고 재활용 시스템을 통해 물을 보급할 방침이다.

주목할 만한 것은 IT를 ESG에 적극 활용한다는 점이다. 구글은 2017년부터 시작한 '지구를 위한 AI' 사업으로 세계 각국의 생태학자 및 환경보호기관 등과 협업해 환경 문제를 해결하는 기술에 지원하고 있다. 그리고 100여 개국에 제공하고 있는 '지속성 계산기'는 AI와 데이터 분석 기능을 갖추고 있어 각 기업의 지속가능성 자료를 관리해준다. 뿐만 아니다. 친환경 분야에서 새로운 거래 플랫폼을 내놓거나 각종 계약 표준을 고안해내는 등 ESG경영을 신규 사업과 연관 지어 새로운 미래 먹거리를 만들어나가는 중이다. 구글은 이러한 구체적인 경영 내용에 힘입어 각 업계의 ESG 기준을 선도하는 위치에 올라섰다.

국내에서는 어떤 기업이 지속가능한 ESG 목표를 세우고 있을까? 대표적인 기업은 SK그룹으로, ESG경영의 일환으로 세계적 수준의 지배구조 구축에 앞장서고 있다. 2021년 7월 〈지속가능경영보고서〉에서는 2020년 한 해 동안 ESG경영을 통해 1조 원이 넘는 사회적 가치를 달성했다고 밝혔다.

특히 정유·화학 중심의 사업 포트폴리오를 '그린' 중심으로 재편하고 있는 SK이노베이션은 〈2050년 넷제로를 위한 구체적인 방안이 담긴 특별 보고서〉도 공개했다. 국내 기업이 넷제로 추진 계획을 구체적으로 공개한 것은 처음이다. SK이노베이션이 내놓은 계획은 제품 생산 및 전기를 생산하는 과정에서 배출하는 탄소를 2025년에는 25퍼센트, 2030년에는 50퍼센트 수준으로 줄이고 2050년에는 100퍼센트 넷제로를 달성한다는 것이다. 이를 위해 2030년까지 1조 5,000억 원을 투자해서 친환경 연료 사용을 비롯해 태양광, 풍력 등의 신재생 에너지 활용 비율도 높일 예정이다.

SK그룹보다 일찍 ESG경영을 실행해온 기업은 풀무원이다. 한국기업지배구조원의 ESG 평가에서 식품기업 최초로 4년 연속 통합 A+등급을 받았다. 2020년 서스틴베스트가 발표한 하반기 상장기업 ESG 평가에서도 가장 높은 등급을 받았다. 풀무원의 ESG 중점 과제는 '플랜트 포워드'Plant Forward 식품 개발과 연구다. 그 일환으로 육류 대체 제품인 고단백 '두부면'을 출시해 좋은 반응을 얻었다. 또한 제품생산 전 과정에서 ESG 요소를 적용하고 있다. 에너지 낭비를 최소화하는 패시브 건축으로 공장 등을 짓고 있으며 2022년 말까지 100퍼센트 친환경

포장지를 사용할 계획이다. 물류 수송에도 전기차 사용을 적극 검토 중이다.

그런데 마이크로소프트조차도 기업 정보 공개만큼은 꺼린다. 연례 보고서에 ESG 자료가 포함되면 불확실성이 커져 법적 소송 등의 위험에 노출될 가능성이 크기 때문이다. 하지만 기업의 정보 공개에 대한 금융당국과 자산운용사의 압력은 점점 더 거세질 것이다. 거버넌스 측면에서도 기업 정보는 투명하게 공개해야 ESG경영의 의의를 확보할 수 있다.

결국엔 진정성 있는 기업만 살아남는다

ESG경영은 기업의 스토리가 아닌 비즈니스를 통해 구체적으로 보여줘야 진정성을 얻을 수 있다. 그 대표적인 기업이 파타고니아다. 파타고니아의 '지속가능경영'의 역사는 이미 50년을 넘어섰다. 그 오랜 역사만큼이나 특별한 것은 ESG를 전면에 내세우지 않지만 ESG를 가장 잘 실천하는 기업이라는 점이다.

무엇보다 파타고니아는 지속가능한 실행 전략을 수립해서 실천해오고 있다. 대표적으로 기업의 전사적인 마케팅 캠페인을 통해 환경경영을 지향하고, '글로벌 제로 웨이스트'zero-waste 주간을 지정해 환경오염의 폐해를 알리는 캠페인을 벌이고 있다. 또한 '지구를 위한 1퍼센트'1% for the Planet라는 구호를 내걸고 매년 매출액의 1퍼센트를 지역 환경 및 사회 이슈 활동가들을 위해 지원한다. 현재까지 약 1,000억 원에 가까운 금액을 후원해왔다.

그 외에도 파타고니아 제품들을 중고 거래할 수 있는 온라인 숍을 운영하거나 재활용 소재를 이용한 신제품을 출시하는 등 제품 디자인에서부터 생산과 판매 그리고 경영 전반에 ESG 개념을 실행하는 경영을 지속해오고 있다. 2007년부터는 파타고니아 상품을 생산하는 모든 공장의 ESG 정보를 공개하기 시작했다. 2025년까지 RE100을 달성하고 생산 제품에 재활용 소재 비중을 높이는 경영 목표도 세웠다.

파타고니아의 ESG가 주목받는 또 다른 이유는 자사의 ESG 정신을 동종업계와 나누는 커뮤니티를 운영한다는 점이다. 유사한 목표를 지향하는 이들과 함께 지속가능성을 실천하는 방법을 논의하고 정보를 교환하며, ESG경영을 시작하는 스타트업에 자문을 하기도 한다. 그렇다면 파타고니아의 경영 실적은 어떨까? 지속가능경영의 글로벌 톱 기업에 걸맞게 2015년 이후 한국에서만 연평균 30퍼센트 이상 성장했다. 글로벌 경영 실적은 연간 매출 '1퍼센트 기부'라는 원칙을 고려해 역추적해보면 연간 10퍼센트 이상의 지속적인 성장세를 보이는 것으로 파악된다.

그런데 더 놀라운 점은 파타고니아가 경영 실적에 관계없이 전년 대비 영업이익의 10퍼센트를 무조건 CSR 예산으로 배정하고 있다는 점이다. 이런 이유로 파타고니아는 'ESG경영이 곧 기업의 지속가능한 파이낸셜 스토리이자 비즈니스'임을 보여주는 가장 대표적 기업으로 꼽히고 있다.

ESG경영 보고서나 가시적 지표보다 중요한 것은 진정성이다. 사업의 전 과정에서 발생하는 탄소배출을 줄이기 위해 노력하고, 생산과 판매 전반에 ESG 정신을 반영하며, 나아가 투명한 지배구조를 통해 산업재해를 줄여야 한다. 공존 공생을 위한 근본적인 노력과 진정성이야말로 ESG 우수기업이 되는 바탕이다.

ESG경영, 왜 거버넌스가 중요한가

통상 'G'를 의미하는 거버넌스는 '지배구조'로, 기업 등 조직이 전반적으로 운영되는 총체적인 시스템을 일컫는다. 이는 경영의 투명성이나 공정성과도 밀접한 연관이 있다. 기업 활동에서 거버넌스는 자본시장에 공시를 잘하고 있는지, 회사 조직 및 직무와 관련한 내부 통제가 유효한지, 상호견제와 감시 등이 적정한 수준으로 이루어져서 경영의 투명성이 담보되는지를 따져보게 된다.

ESG경영을 내세운 해외 기업들은 'G'에 대한 대책에 집중하는 추세다. 실제로 해외 ESG 평가기관들은 매년 새로운 G 지수를 추가하고 있다. 이사회 여성 이사 비율, CEO의 임금 산정 방식, 로비 자금, 뇌물방지책, 리스크 관리 등 거버넌스 평가 지표를 늘렸다. 그런데 상대적으로 한국 기업은 이런 변화에 적응이 더딘 편이다. 한국 기업들은 'E'와 'S'에 비해 경영의 투명성을 확보하기 위한 'G'에 대한 대책에는 여전히 소극적이다.

대표적인 사례로 삼성전자를 꼽을 수 있다. 삼성전자는 동일 업종으로 평가받은 애플에 비해 ESG 평균 지수에서는 앞섰다.

하지만 G 지수는 애플이 30을 기록해 삼성전자보다 7점이나 높다. 자동차 분야도 마찬가지다. 현대차는 토요타를 세 분야 모두 앞섰으나, 기아는 G 지수에서 토요타에 뒤졌다. SK하이닉스는 대만 TSMC에 비해 3가지 지수에서 모두 뒤졌는데 특히 G 지수에서 순위 격차가 가장 컸다. 우리 기업들의 경우, 총수 중심으로 기업 경영이 이뤄져온 특성 때문에 거버넌스에 관심을 가진 역사가 글로벌 기업과 비교해 상대적으로 짧고 대응도 소극적이기 때문이다.

이에 대해 금융당국과 자산운용사 등은 한국의 기업들에게 이사회 의장과 대표 이사의 분리, 이사회 개혁과 같은 경영의 투명성을 높이려는 노력을 더 해야 한다고 촉구하고 있다. 최근 국내 기업들도 ESG경영을 위한 위원회 설립에 박차를 가하면서 거버넌스의 중요성을 몸소 체감하는 중이다. 실제로 10대 그룹의 주력 계열사들이 모두 ESG 위원회를 설립했다. 국내 대기업들의 ESG 위원회 신설은 단기적이고 정량적인 경영 성과 지표에만 의존하지 않고, 기업의 중장기적인 가치에 큰 영향을 미칠 비재무적 성과에도 집중하겠다는 의지로 해석할 수 있다. 그런데 중요한 것은 위원회 설립이 아니라 이들이 제대로 된 논의를 하고 영향력을 행사할 수 있도록 실질적인 권한을 주는 것이다.

현재 ESG 투자나 ESG경영에서 거버넌스는 환경과 사회에 비해 상대적으로 덜 주목받고 있지만, 실질적으로는 가장 중요한 영역이다. 공정하고 윤리적인 거버넌스 구축이 이루어져야 ESG 이행 과정을 지속적으로 점검할 수 있기 때문이다. ESG를 경영 전반에 적용해서 넷제로 추진뿐 아니라, 유망 사업 개발 및 투자, 중장기 전략 실행 등을 이끌어 나가기 위해서도 거버넌스의 역할은 커질 수밖에 없다.

세계의 돈이
ESG로 몰린다

"기후변화는 금융산업 밖에서 발생하지만, 금융업종 내에서 느낄 수 있는 다른 종류의 충격과 유사하다. 금융시장은 기후변화 도전에 대비해야 한다."

2021년 3월, 레이얼 브레이너드Lael Brainard '연방준비제도'Federal Reserve System 이사는 한 연설에서 기후변화가 금융에 미치는 영향이 심각하다고 경고했다. 전 세계의 기후변화가 예측 불가능하고 잠재적으로 심각한 경제·재정적 영향을 미칠 수 있기 때문에 녹색 경제로의 전환 속도를 더 높여야 한다고 강조한 것이다. 브레이너드 이사는 2019년에도 기후 위기가 불확실성을 초래할 수 있다는 사실 자체가 투자와 경제 활동을 방해할 수 있음을 강조했다.

일단 기업들의 발등에 떨어진 가장 급한 불은 탄소 감축이다. EU와 미국, 중국 모두 같은 노선을 유지하고 있다. 그러므로 기업들은 체질을 개선하지 않으면 막대한 세금을 물게 될 것이다. 이미 금융시장에서는 ESG를 도외시하는 기업에는 투자하지 않으려는 움직임이 시작됐다.

앞으로는 투자시장에서도 ESG를 추구하는 기업들에 돈이 몰릴 것이다. 투자자들도 특정 기업을 투자 대상으로 고를 때 ESG 요소를 선택의 기준으로 삼을 수밖에 없다.

탄소국경세, 기업들이 도망갈 곳은 없다

2021년 7월 EU 집행위는 탄소국경조정제 초안을 공개했다. 2023년 1월 1일 탄소국경조정제를 발효해 3년의 전환 기간을 거친 후인 2026년부터 본격적으로 시행한다는 계획이다. 탄소배출량 산정 방법, 원산지에서 지불한 탄소 가격, 검증, 인증서 가격, 전환 기간 중 보고서 제출 의무 등 법안의 세부 내용에 대해서는 집행위가 이행법률을 통해 구체화할 예정이다.

유럽에 이어 미국도 탄소국경세 도입을 검토 중이다. 기후변화 정책취약국에서 들어오는 수입품에 세금을 물리는 방안을 민주당이 검토하고 있다. 민주당 상원의원들은 '인프라 투자·기후변화 대응·가족 서비스'를 위한 지출 계획을 추진하기로 합의하면서, 재원 조달 방안 중

하나로 '오염 유발국 수입세' 부과 방안을 포함시켰다. 탄소 저감을 위해 노력하지 않는 '기후변화 무임승차국' 제품에 세금을 물리겠다는 의지를 반영한 것이다.

세계 최대 탄소배출국인 중국도 '탄소배출 제로'를 선언했다. 시진핑 주석이 2020년 유엔총회 화상연설에서 '2030년 전까지 탄소배출량 정점을 찍고 2060년 전까지 탄소중립을 실현하겠다'고 발표했다. 2021년 7월에는 상하이에 전국 통합 탄소배출권 거래시장을 열었다. 시진핑 국가주석이 선언한 '2060년 탄소중립'으로 가기 위한 첫 번째 조치다. 상하이환경에너지거래소 시장에 참여하는 기업들은 정부에서 매년 일정량의 탄소배출권을 할당받는다. 탄소 감축 노력을 통해 남는 배출권을 거래소에서 모자라는 기업에게 팔 수 있다. 중국은 각 기업에 배정하는 배출권을 지속적으로 줄여 전체 온실가스 배출량을 감축해간다는 계획이다.

물론 중국의 탄소중립 선언이 구호에만 그칠 것이란 관측도 있다. 탄소중립을 위해서는 화력발전을 줄여야 하는데, 2021년 상반기 세계 신규 화력발전소의 60퍼센트를 중국에 지었기 때문이다. 이처럼 탄소중립과 탄소국경세를 둘러싼 이견과 잡음은 끊임없이 생겨나는 실정이다. 그럼에도 변함없는 사실이 있다. 이를 피할 수 있는 국가와 기업은 없다는 것이다.

노벨경제학상 수상자인 조지프 스티글리츠Joseph Stiglitz 컬럼비아대학 석좌교수는 '탄소 가격 문제로 2008년보다 더 심각한 금융위기가 일어날 것'이라고 경고했다. 2008년 금융위기가 부동산의 서브 프라임에서 시작됐고, 모기지의 잘못된 가격책정이 문제의 원인이었듯 현재 탄소 가격 책정도 문제가 있다고 본 것이다. 단도직입적으로 말해 기후 목표 달성을 위한 수준에 전혀 미치지 않는 낮은 가격이라는 말이다. 스티글리츠 교수는 지금처럼 계속 낮은 가격이 유지된다면 탄소배출 억제 프로젝트나 규제들이 더 이상 진전되지 않을 것이라고 내다봤다.

앙헬 구리아Angel Gurria '경제협력개발기구'OECD, Organization for Economic Cooperation and Development 사무총장도 탄소 가격을 더 높게 올려야 한다고 주장했다. 이처럼 탄소배출 제로를 위해 탄소 가격을 크게 높이자는 논의는 본격화되고 있다. 탄소중립을 위한 노력을 서두르지 않으면 전 세계적인 '탄소 전쟁'에서 살아남기 힘들 것이다. 이 패러다임은 비단 제조업계뿐 아니라 금융업 등 분야를 막론하고 '돈'이 몰리는 모든 곳에 막대한 영향을 미친다.

ESG를 향한 거대한 자금 이동이 시작되다

ESG는 세계 최대 자산운용사인 블랙록의 CEO 래리 핑크Larry Fink 의 편지 한 통에서 시작된 것이나 다름없다. 래리 핑크는 2021년 1월 기업 CEO들에게 보낸 연례 서한에서 "기업의 사업구조가 넷제로와 양립할 수 있는 계획을 공개하라."고 강조했다. 이는 탄소중립 달성 목표를 기업 전략에 어떻게 통합하고 있는지 알려달라는 의미로, 기후변화와 지속가능성을 투자의 최우선 순위로 삼겠다는 의지를 표현한 것이다.

글로벌 자본의 흐름을 좌우하는 자산운용사가 '고객의 우선순위에서 기후변화만큼 중요한 것은 없다'고 선언함한 것은 자본시장에서 ESG 투자를 메가 트렌드로 만들기에 충분했다. 이에 기업들은 탄소중립을 위한 구체적인 전략을 내놓지 않을 수 없게 되었다.

글로벌기관들은 ESG 투자원칙을 이미 실천하고 있다. 네덜란드공적연금은 2020년 6,000만 유로(약 826억 원) 규모의 한국전력 지분을 매각했다. 한전의 탄소배출 감축 노력이 부족하다는 것이 그 이유다. 또한 포스코를 상대로는 미얀마 군부 기업인 미얀마경제홀딩스와의 합작회사 관계를 끊을 것을 압박했다. 포스코강판이 미얀마경제홀딩스와 철강 합작회사를 설립해 운영하고 있어, 포스코가 미얀마 군부의 '돈줄'이 되고 있다는 우려 때문이다. 유럽계 투자자들은 앞으로도 한국 기업들에 더욱 투명한 ESG 공시를 요구할 가능성이 높다.

이처럼 글로벌 연기금들은 '네거티브 스크리닝'Negative Screening을 통해 기업들을 견제하기 시작했다. 네거티브 스크리닝이란 ESG 문제가 있는 기업을 투자 대상에서 아예 배제하는 원칙이다. ESG 우수 기업에 투자하는 포지티브 스크리닝보다 적극적인 형태다. 뿐만 아니라 글로벌 자산운용업계의 ESG 투자도 본격화되는 상황이다. 최근까지도 자산운용사들은 ESG 정책에 관한 의결권 행사에 소극적인 태도를 보여왔지만 점점 더 기업의 지속가능한 경영 정책에 의결권을 행사할 것으로 보인다. 피델리티자산운용도 투자 기업들에 ESG경영을 압박하고 나섰다.

피델리티는 자체 투자 포트폴리오 내에서 온실가스를 대량 배출하거나 탄소배출에 큰 영향을 미치는 1,000여 개 기업들을 골라낸 후, 이들에 대해 기후변화 대응과 이사회 다양성 등을 살펴볼 계획이라고 발표했다. 기후변화 정책을 갖고 있지 않거나 탄소배출량을 공개하지 않는 기업 이사들의 재신임에 반대표를 던질 예정이라고 경고했다. 국내에서도 ESG 투자에 대한 경향은 점점 더 강해지는 추세다. 국민연금도 2022년까지 ESG 50퍼센트 투자 확대(400조 원 이상) 계획을 발표했다.

블랙록의 수장 래리 핑크의 말처럼 이제 ESG는 가장 중요한 투자 기준이 된다. 나아가 수년 내에 대륙이 이동하는 정도의 거대한 자금 흐름이 일어나게 될 것이다.